NEW
GROWTH
POINTS

全球变局下中国经济的增长路径

新增点

管清友 王小鲁 周小川 等——著

ZHEJIANG UNIVERSITY PRESS
浙江大学出版社

图书在版编目（ＣＩＰ）数据

新增点：全球变局下中国经济的增长路径 / 管清友
等著. — 杭州：浙江大学出版社，2020.11
ISBN 978-7-308-20640-2

Ⅰ．①新… Ⅱ．①管… Ⅲ．①中国经济—经济增长—
研究 Ⅳ．①F124.1

中国版本图书馆CIP数据核字(2020)第189908号

新增点：全球变局下中国经济的增长路径

管清友　王小鲁　周小川　等　著

策　　划	杭州蓝狮子文化创意股份有限公司	
责任编辑	杨　茜	
责任校对	张一弛　陈　欣	
封面设计	王星媛	
出版发行	浙江大学出版社	
	（杭州市天目山路148号　邮政编码310007）	
	（网址：http://www.zjupress.com）	
排　　版	杭州真凯文化艺术有限公司	
印　　刷	杭州钱江彩色印务有限公司	
开　　本	710mm × 1000mm　1/16	
印　　张	14.75	
字　　数	234千	
版 印 次	2020年11月第1版　2020年11月第1次印刷	
书　　号	ISBN 978-7-308-20640-2	
定　　价	52.00元	

第 1 章　宏观经济之辩：
中国经济要不要"保6"？

第 2 章　问题与突破：
资本市场的危与机

第**3**章 **创新与转型：**
金融改革如何布棋？

第**4**章 **寻找新增点：**
新周期下中国经济的增长路径

第 1 章

宏观经济之辩：
中国经济要不要"保6"？

漫长的告别：中国经济出清快与慢

管清友　经济学家、如是金融研究院院长、如是资本创始人

进入21世纪以来的中国经济可以分为三个发展周期：第一个周期是从2001年加入WTO到2008年全球金融危机，这个阶段中国的发展主要靠拓展外需，我们成了最大的"世界工厂"；第二个周期是金融危机到2016年金融泡沫见顶，这个阶段中国的发展主要靠扩大内需，我们创造了全球最火热的房地产销售和投资纪录、最完善的高铁基建网络、最大的汽车消费市场、最大的智能手机保有量，我们在很多领域成了最大的"世界市场"；第三个周期是2017年开启金融出清到现在，政策收紧，回归本源，经济陷入一场迟到的出清，金融市场出现爆雷潮。这场出清其实是对传统发展模式的告别，从历史经验看，出清周期还远没走完，这将是一场"漫长的告别"。

我们分三个部分来讲述这个故事：

第一部分，狂飙的增长：中国经济急速发展的20年。系统梳理过去两个十年，史无前例的外需和内需膨胀，如何让中国经济狂飙突进。

第二部分，注定的告别：中国经济极难的一道坎。分析中国经济目前面临的核心问题，和过去相比，我们为什么必然要迎接一场告别。

第三部分，漫长的切换：快出清与慢出清的抉择。告别的过程到底是快还是慢？从国际经验看，快出清和慢出清都有成功与失败的先例，中国最终会走向哪一条路？

狂飙的增长：中国经济"最快"的 20 年

第一个周期：2001—2008年，激活外需，成为最大的"世界工厂"。

2001年中国加入WTO之后，"中国制造"加快走向世界，外需成为拉动经济增长的重要引擎。国家统计局数据显示，在这个周期内，中国经济增速从2001年的8.3%一路飙升到了2007年的14.2%，出口增速平均为29%。2001年，出口占GDP的比重大约是20%，净出口对GDP的拉动为负贡献，5年之后，这两个数据就达到了近20年的最大值35%和1.9%（2006年GDP增速为12.7%）。从全球视角来看，2000年中国出口金额在全球的占比仅为3.8%，排在美国的12%、德国的8%、日本的7%、法国的5%、英国的4%之后；2009年，中国超过美国和德国成为全球第一大出口国，出口金额的全球占比提升到了10%。

当然，WTO只是一个标志，外需并不是天上掉下来的馅饼，实际上得益于两个红利：

一个是外部的全球化红利。20世纪80年代以来，全球化进程明显加快，国际分工逐渐清晰，全球出口占生产总值的比例从1986年的13%提升到了2007年的高点25%，主要原因是：第一，主要经济体的市场机制逐步建立，打破了过去计划经济的严格限制；第二，信息技术革命爆发，一方面从技术层面支持了全球贸易，另一方面加速了市场分工的形成，劳动密集型产业从发达国家转移到发展中国家。

另一个是内部的人口红利。从20世纪70年代开始，中国的劳动力人口占比快速提升，到2005年几乎已经是全球最高的。廉价的劳动力吸引了大量的劳动密集型产业和低技术产业来中国投资设厂，比如耐克的鞋在2000—2005年有40%产自中国。

第二个周期：2009—2016年，扩大内需，成为最大的"世界市场"。

2008年全球金融危机之后，出口引擎开始失速。一方面是外部的全球性经济增长乏力，各国日子都不好过；另一方面是内部劳动力成本攀升，出口竞争力开始下降，出口产业开始向海外转移。压力之下，我们被迫把精力转向国内，开始沿着地产、金融、基建、消费四条线刺激内需，这四个引擎在这几年彻底爆发，推着中国经济继续狂飙。

第一个引擎是地产，点燃地产的是空前的地产刺激政策和家庭部门加杠杆。过去10年，中国人口继续往城市大迁移，城镇化率大幅提升，这是地产走强的基本面。但真正让地产狂飙起来的还是一轮又一轮的货币政策和房地产刺激政策。《中国工薪阶层信贷发展报告》显示：一方面，政策不断宽松，2008—2009年、2011—2012年、2014—2015年，配合着宽松的货币政策，三轮刺激之后，中国各个城市的房价普遍涨了至少2倍，一线城市的房价更是坐上了火箭，北京房价从2008年到2017年的最高点涨了近10倍。另一方面是家庭部门的杠杆率大幅提升，从2008年的17.9%飙升到了2017年9月的52.6%。经过10年的暴涨，北京、上海、深圳的房价已经几乎是全球最高的，房价收入比更是全球前三名。2008年之后房地产及其产业链对GDP的贡献率也迅速提升，2013年达到峰值17.8%，远超过美国、日本及欧洲主要国家。

第二个引擎是金融，点燃金融的是史无前例的货币宽松政策和监管自由化。金融危机之后，全球各大央行开始以零利率和量化宽松（QE）等方式进行非常规的货币宽松政策，中国央行也被裹挟进了这场宽松的洪流，先后进行了三轮货币宽松政策（2008—2009年、2011—2012年、2014—2015年），1年期贷款基准利率从7.47%降到了4.35%。央行的资产负债表规模在2008—2017年始终高于美国、日本、欧洲央行，位列全球第一。货币宽松是金融业发展的燃料，但这还不够，相对宽松的金融监管才是真正的导火索。过去10年金融创新跑得比监管快太多，很多新兴金融业务和业态在几乎无监管状态下如雨后春笋般发展起来，最典型的例子就是P2P。2012—2015年，中国涌现出数千家P2P平台，甚至超过了美国，但直到2015年才明确P2P的监管体系。也就是说，大部分的平台是"裸奔"出来的。在宽松的货币政策和监管环境之下，金融成为拉动经济增长的重要引擎，最高峰时期是2015年。

第三个引擎是基建，点燃这个引擎的是以"四万亿"为代表的地方政府加杠杆。原本地方政府不允许举债，但2009年"四万亿"之后，出于稳增长的需求，各地方政府举债的缰绳被彻底切断。中央不让地方政府举债，地方政府就组建了各种地方融资平台进行融资，一开始是银行贷款，后来额度不够用了，又开始通过信托做"通道"融资；银监会后来限制信托通道，银行又通过券商、基金子公司等绕开监管。即便如此，2013年中央一查地方政府账本，发现地方债务已高达18万亿元，这迫使中央在2014年发出43号文，规定融资平台和地方政府"脱钩"。但没想到，地方政府很快又找到了新的突破口，2015年之后，数以万亿计的PPP、政府引导基金、专项建设基金暴发式增长，仅政府引导基金的目标发行规模在2017年就高达3.5万亿元，PPP项目库最多时储备了十几万亿元的项目。就这样，以高铁、地铁为代表的基建潮一路狂飙。2009—2016年，中国的基建投资增速平均值约22%，是GDP名义增速的2倍。中国的高铁里程从0飙升到3.5万公里，成为名副其实的基建大国。

第四个引擎是消费，点燃这个引擎的是居民财富的增长和各种消费补贴政策。地产、金融的膨胀让居民的财富快速增长，再加上政府又先后搞了几轮消费刺激政策，如家电下乡、汽车补贴、购置税减免等，居民的消费需求意愿出现爆炸式增长，中国在很多领域迅速成为世界最大的消费市场。中汽协发布的数据显示，中国在2009年汽车销量超过美国，2012年超过欧盟，成为全球第一大汽车消费市场；2017年中国的汽车销量达2888万辆，占全球总销量的30%，达到历史最高点。再比如中国的智能手机和应用市场的蓬勃发展，在很多方面也居于世界领先地位。市场研究公司eMarketer2019年发布的全球电商报告显示，中国电商市场的发展也遥遥领先，2018年淘宝网交易额达到5150亿美元，天猫交易额达到4320亿美元，位列全球一、二名，第三名的亚马逊交易额为3440亿美元。

注定的告别：中国经济"最难"的一道坎

狂飙了20年，中国经济站上了前所未有的高度，但高处不胜寒，从2017年开始，中国经济也逐渐体会到一些前所未有的寒意。就在这两三年的时间里，中国经济增速不断下行，创下20多年来的新低；我们的汽车销售量结束了连续28年的增长，第一次出现下降；我们的基建增速骤降，出现多年未见的5%以下的增速；我们最主要的顺差来源国美国突然发起贸易战，出口企业压力倍增……种种迹象指向同一个信号：过去20年的增长引擎已经开始老化，在新的引擎启动之前，我们必须面对这场不可避免的告别。

告别"世界工厂"，因为我们已经不再是一个廉价劳动力大国。2013年之后，中国的劳动力人口占比开始下行，根据世界银行的预测，中国的劳动力占比下降将持续到2060年，印度、非洲将接替中国，享受人口红利。根据波士顿咨询2015年发布的报告，中国的制造业成本已接近美国。2004—2014年，中国的劳动力成本增长飞快，年增长率为10%～20%，世界其他前25名的大出口国（除了俄罗斯）劳动力成本年均增长率仅为2%～3%；中国的能源成本是美国的2倍左右，这也是以福耀玻璃为代表的中国制造业企业在美国投资设厂的原因。单看劳动力成本，相比于东南亚、南亚、非洲的大部分国家，中国的劳动力成本偏高，是越南的4倍、印度的5.5倍、尼日利亚的5.8倍。2005年之后，耐克代工厂从中国大举迁入东南亚，2018年全球49%的耐克鞋产自越南，中国生产的只有23%。

告别"金融自由化"，因为化解金融风险已经成为当务之急。狂欢之后是泡沫，泡沫的落幕是爆雷。前面我们所说的在无监管状态下萌生的数千家P2P平台，现在有90%以上都停业或者出问题了。除了P2P之外，信托、债券、理财险、股权质押等金融产品和金融工具也都被玩坏了，整个金融体系存在巨大的泡沫，在发生系统性金融风险的边缘疯狂试探。因此，2016年7月的中央政治局会议提出了"抑制资产泡沫"，目的就是要趁局面还能控制住的时候把资产泡沫一个个刺穿。2016年之后，"债灾"、P2P爆雷潮、信托违约潮、信用债违约潮，甚至是保险机构和中小银行，一个接着一个爆雷，从"编外军"到"正规军"，从民企到国企再到政府背书的平台，金融出清如今依然处在最激烈的阶段。

告别"房地产金融化"，因为房地产市场经过20年炒作，已经背离了"居住"的本源。房地产几乎成了一种投机性的金融资产，最典型的就是一线城市的房子。如果任由泡沫越吹越大，会产生两种风险：一是对于商品房刚需群体（年轻人和低收入阶层）来说，可能永远也买不起房了，不少人可能直接就丧失信心"洗洗睡了"，这容易引发社会危机；二是一旦局部房价出现下降，很容易引发"踩踏式"抛售和连锁反应，从而使整个房地产市场和国民经济遭受重创。因此，2016年年底的中央经济工作会议提出了"促进房地产市场平稳健康发展"，2018年提出了"房住不炒""因城施策"。这轮经济周期从2017年第四季度开始下行，但房地产政策基本没有放松。2019年LPR改革把房贷利率和短期利率隔离，从8月改革到同年11月，1年期LPR利率（与过去1年期贷款基准利率作用相似）下行了16bp（basis point，基点），5年期LPR利率只下行了5bp，而很多城市的房贷利率不降反升。房地产企业的融资环境也大幅收紧。

告别"基建债务化",因为地方政府平台的杠杆已经出现结构性的失衡。由于过去鼓励地方政府利用融资平台融资,积累了大量的地方政府平台隐性债务。2018年央行发布的《中国金融稳定报告》指出,我国对于地方政府隐性债务风险的防范化解更为紧急,甚至有地方政府的隐性债务余额较显性债务高出80%。以贵州独山县为例,独山县是年收入不到10亿元的国家级贫困县,总债务却高达400多亿元,很多融资成本在10%以上,2018年以来,独山县开始出现债务违约,城投债、资管产品出现延期兑付。2018年以来基建也开始了逆周期调节,但跟过去不是一个量级。2009年出台"四万亿"计划和鼓励地方政府利用融资平台融资之后,到2013年我们测算的地方政府债务规模为18万亿元;2015年放开PPP(Public Private Partnership,公共私营合作制)之后,2016年和2017年我们估算财政部、发改委口径PPP以及隐性PPP落地规模都在10万亿元以上。本轮周期中融资平台、非标准化债权资产、PPP等"歪门"都关死了,正门只是地方专项债放开了一点点,2019年地方政府专项债新增0.8万亿元,总规模2.15万亿元。

漫长的切换:快出清与慢出清的抉择?

告别过去,是为了与未来更好地相遇。中国经济未来的目标已经明确:告别高速度增长,转向高质量发展。这个切换的过程注定是艰难的,世界经济史上有太多国家经历过类似的出清,区别只在于出清的快与慢。

有的国家选择了"快出清"。这种选择意味着承受短期经济的下行(甚至是崩溃)和金融风险的释放,容忍家庭、企业甚至是政府违约破产,容忍个人大规模失业,以此来快速地消化掉繁荣时期埋下的风险和弊病。这种选择的好处是让大家可以快速调整、轻装上阵,给新经济留出空间;坏处是剧烈的出清必然会引发一些社会风险甚至是动荡。

比如2008年次贷危机后的美国,牺牲一批"大而不倒"的企业,在西方国家中最早摆脱危机。美国的玩法几乎是完全市场化,生死由命。从2007年贝尔斯登出事之后,在1年多的时间里大批金融机构和企业破产倒闭,比如世界上最大的投资银行之一的雷曼兄弟,美国的失业率也大幅上升。

快出清引发了全球金融市场的巨大风暴，上万亿美元的金融泡沫破裂，美国房地产价格大跌30%，其他国家的金融市场由于广泛参与美元资产投资，也遭受了巨大的打击，全球经济陷入衰退。这次衰退过后，美国进行了比较及时的救援，在5年之后基本走出危机；欧洲在金融危机1年之后又陷入了主权债务危机，用了8～10年的时间走出阴霾；还有大量的经济体至今仍然还没有走出2008年金融危机。

又比如20世纪90年代末亚洲金融危机后的中国，采用"砸锭压锭""国企下岗"等非常规政策极速出清。当时中国政府主要采取了以下政策组合：货币政策"中性偏紧"，银行信贷并未因经济下滑而大幅投放；使用行政手段，兼并破产落后企业、下岗分流职工。这次出清历时大概2年，在出清任务基本完成之后，中国借加入WTO之机，实现了经济的腾飞。

有的国家选择了慢出清。这种选择意味着通过货币和财政等政策对经济下行进行托底，避免家庭、企业甚至是政府的大规模违约破产，寄希望于新经济的发展能够慢慢把过去的问题消化掉。好处是更能保证经济社会的稳定，避免经济危机转化成社会动荡；坏处是僵尸企业等一些过去经济留下的老问题会导致内耗，挤占新经济的发展资源和空间，经济运行的效率下降，同时由于过于宽松的政策，还容易催生资产泡沫，埋下金融危机的风险。

典型的例子就是20世纪80年代的日本，面对经济下行不断用宽松政策托底，僵尸企业横行，改革转型相对滞后，最终陷入"失落的20年"。日本在80年代面临的问题和目前的中国很像，外部受到日美贸易战和日元升值的挤压，80年代日本出口增速大降，尤其是在1986—1987年，出口增速降为负值；与此同时，内部人口老龄化，重化工业等主导产业出现衰落。在外部出口下降和内部产业转型的压力之下，日本不得已开始实行货币金融大宽松政策，甚至有些无法自拔，基准利率一路下降。

日本政府的"托底"和"拖延"政策不仅没有转化成实体的增长，反而把资产泡沫彻底吹了起来，日经指数在1984—1989年5年涨幅接近3倍，最高峰时全部日企市值是美企的1.5倍，占全世界企业市值的一半；签订完"广场协议"之后，东京的房价直接暴涨120%，全盛时期卖掉东京就可以买下整个美国。1989年受美国货币政策影响，日本货币政策转向，连续5次加息，资产泡沫骤然破灭，日本经济从此陷入"失落的20年"。

中国经济的出清会走向何方？从目前的情况看，既不能完全复制美国等发达国家的经验，也不能完全照搬中国20世纪90年代的经验，因为我们今天面临的问题比任何时候、任何国家都更加特殊。

（1）和美日等西方发达国家相比，我们的内部环境更复杂

首先，社会体系的结构失衡明显，保障体系尚不完善，风险点更多。根据国际货币基金组织（IMF）的统计，2018年中国的人均GDP为约9000美元，约合6万元，是西方发达国家的1/4左右，而且收入差距很大。中国的城镇化率约为60%，而美国、日本等发达国家城镇化率普遍达到80%～90%，2015年农村人均收入约1.1万元，按照10%的年均增长速度来算，2018年大约有1.5万元，仅为人均GDP的1/4。西部地区的人均GDP水平仅有3万～4万元，而北京、上海的人均GDP水平达到13万～14万元，东南部沿海省份的人均GDP达到了10万元左右。中国的保障体系尚不完善，比如失业金的金额较低，而且领取条件很高，比如北京失业金标准大约为每月1500～1600元，只够在六环租一间10平方米的屋子。

其次，金融体系和监管体系还处于初级阶段，容易滋生泡沫，抗风险能力差。国内监管不成熟，很多业务还在"猫捉老鼠"，而欧美已经经历了几轮监管整顿，市场环境比较健康。比如在财务造假方面，2002年一年美国经历了25起影响恶劣的重大财务造假事件，包括臭名昭著的安然事件，此后美国加强了对财务造假的审查和处罚力度，在美国财务造假的公司要面临着至少500万美元的罚款与10～25年的有期徒刑，帮助上市公司财务造假的会计师事务所、投资银行等也面临着巨大的赔偿风险，2004年之后美国的财务造假事件基本销声匿迹。

最后，工业体系的自主性、内生性相对较弱，抗周期性比较差。比如中国的半导体产业，中国是全球最大的半导体市场，市场规模占全球的30%以上，但核心技术国产化程度较低，更多依靠外需和市场扩张，自我修复能力不足，主动创造需求的能力不足。中国的集成电路（半导体产业的核心产品）始终是进口多于出口；从2018年全球芯片设计领域市场占有率来看，美国占据全球68%的份额，处于绝对领先地位，中国仅占29%（中国大陆占13%，中国台湾占16%）。典型的案例就是中兴，最近几年中兴因为核心技术专利问题麻烦缠身，2018年与美国政府达成和解协议，赔付了10亿美元的罚款。

（2）和20世纪90年代末中国相比，我们目前的外部环境更恶劣

90年代末中国能成功地快速出清，和当时的外部环境有很大关系。2001年中国加入WTO，一下子把外需打开了。中国通过贸易顺差从外国人身上赚到了钱，这样正好弥补了国内快速出清带来的空白，也迅速消化了改革出清带来的阵痛。现在为什么不行了？

第一，逆全球化挤压商品贸易出口。2012年开始，中国的出口金额增速大幅下降，逆全球化之下商品出口增速还将继续放缓，甚至长期处于负增长。

第二，产业转移导致商品贸易的进口需求增加。过去在中国生产的企业跑到国外生产，最典型的案例是耐克和福耀玻璃。耐克代表了劳动密集型产业的转移，福耀玻璃代表了制造业的转移。2016年福耀玻璃在美国建厂投产，主要原因就是中国的生产成本与美国相差无几，这其中不仅包含了劳动力和土地成本，还有运输、税收、能源和垄断成本。

第三，服务贸易逆差扩大，很快可能会吃掉商品贸易的顺差。

在这样的内外环境之下，中国经济快出清的风险确实很大，权衡之下，慢出清成为一个必然的选择。总的思路就是一手用适度的宽松政策托底经济，另一手抓紧改革开放，加速转型，这导致出清的速度和节奏都比西方国家要慢得多。从历史经验和现状来看，本轮出清可能还要持续3到5年的时间。

当潮流逆转的时候，每个人都面临着新的抉择。过去20年逆流而上，未来20年要顺流而下。对投资者来说，投资策略要从"赚快钱"向"赚慢钱"转变，抱紧核心资产，不要再沉迷于短期投机。对企业家来说，经营策略要从"大而不倒"向"小而美"转变，不盲目扩张，不过度加杠杆。对创业者来说，创业策略要从"流量扩张"向"流量变现"转变，扎实做好产品、积累用户，盈利才是检验创业成功的唯一标准。

致2020：不确定性的代价

彭文生　光大集团研究院副院长、光大证券全球首席经济学家

从日历来讲，我们进入2020年，开启21世纪第三个10年，容易让人想到未来十年将带来什么。我在2019年12月中旬光大证券年度策略会上做了题为"下个十年：数字经济"的发言，提出数字经济是对未来发展具有系统重要性的新增因素。另一方面，2020并不必然有特殊的含义，从数字来讲就是2019加了一个1。我们如何看未来，取决于我们怎么认知现在，很多事都是有路径可循的。

2019年全球经济增长普遍性放缓，中国也不例外，但中国GDP增速下降的速度似乎超出预期，尤其是下半年，由此在年底引发了2020年要不要、能不能"保6"的争论。有两个因素特别受到关注，一是中美贸易摩擦，另一个是信用紧缩压力尤其是包商银行事件的影响。大家讨论的也不仅是总需求三驾马车，更有经济的潜在增长率和相关的中长期结构与改革问题，比如对民营企业营商环境的担忧。如何看待这些因素？这些对未来有什么意义？

思想的力量

凯恩斯曾说"思想的力量超过既得利益的声音"，强调理念和思维的重要性。但不同的人认识世界的思想可能不同，声音大但错误的思想比既得利益的危害更大。全球金融危机后主要经济体的增长显著低于危机前的10年，中国的增长在2007年达到高点后呈现趋势性下行的态势。从低通胀、低利率来看，主要问题似乎是需求不足。按照通常的逻辑，需要扩张性的宏观政策刺激总需求，但央行极度宽松的货币政策的效果似乎并不理想，反而引发人们对其负面影响的担忧，比如负利率、贫富分化等。

应该如何理解低增长和需求不足的问题？我们可以从三个视角来看，分属经济学三大派别，其根本思想有重大差异，政策含义也自然不同。首先

是古典经济学或者说主流经济学，认为市场有效配置资源，供给创造需求，不存在持续的供需失衡。需求与供给是一体两面，增长的趋势下行是因为潜在增长率下降，反映了基本面因素。比如对于发达国家过去10多年的增长下滑，流行的解释有劳动生产率增速下滑、人口老龄化等。潜在增长率观察不到，实证估算误差大，更重要的是在理论概念上也有争议。

近期关于保增长讨论的一个重要方面就是中国的潜在增长率，对于人口老龄化带来的劳动力减少的负面拖累应该说已有基本共识，但对于劳动生产率或者全要素生产率（使用现有劳动力和资本的效率）则争议较大。

在微观层面，潜在增长率被定义为资源有效配置时的增长率，由此有一个误解，就是把潜在增长率理解为可能的最快增长速度。比如中国的市场发展不成熟，还有不少体制机制的障碍，经济体制改革提高资源配置的效率，进而提升潜在增长率。这在理论上讲是对的，但对我们讨论2020年的形势意义不大，改革动力往往是内生的，反映了现有经济社会利益格局，突破不容易，而且改革取得效果需要时间。

即使是在成熟的市场经济体，过去10多年的经历也对潜在增长率的概念提出了挑战。那就是为什么极度宽松的货币政策没有带来通胀？或者说为什么货币政策放松对需求的刺激效果不大？主流经济学的一个解释是货币政策放松力度还不够，经济体有一些因素使得需求长期疲弱，自然利率持续下行，而名义利率有零下限，限制了依靠货币政策来刺激总需求的空间，这就是所谓的"长期停滞"论。但零不一定是利率的下限，欧洲和日本都出现了负利率，为什么需求还是疲弱？更重要的是，难道市场有效配置要求资金的价格是零甚至是负的吗？

古典经济学假设的有效配置资源，讲的是给定现有财富分布下市场供求形成的资源配置。问题是现有的财富分布是不是可持续的或者说能不能被社会的伦理道德所接受？对古典经济学的一个挑战是收入分配的视角。最著名的是马克思的"资本论"，在大规模工业生产中劳动者创造的剩余价值被资本占有，导致大众消费不足，资本主义市场经济面临周期性的生产过剩危机。二战后的30年全球贫富差距缩小，但自20世纪80年代市场化以来，各国的贫富差距再次扩大，由此法国经济学家托马斯·皮凯蒂的《21世纪资本论》成为畅销书。

在西方国家，贫富差距在公共政策层面的影响已经体现出来，英国工党、美国民主党代表性人物都提出了调节收入分配的政策主张，包括增加对富人的税收，这按照过去40年的标准来看是偏左的。英国工党甚至提出对基础设施（包括电信、铁路、水、能源传输）全面国有化。2019年的英国大选结果显示，大多数英国民众不能接受工党的政策主张。2020年的美国大选，现在看来民主党候选人也难以战胜共和党的特朗普。但这不代表贫富差距问题不重要，相反，在现有的政策框架下，资产价格上升拉大贫富差距，问题在进一步恶化。

收入分配也是中国社会关注的一个焦点，在公共政策上已有所体现，改善社会保障，扩大公共服务的覆盖面，尤其是这几年的精准扶贫都取得了明显的成效。但过去长时间累积的财富分配差距仍然巨大，这不仅是社会问题，也是经济问题。突出的例子是房地产，高房价抑制了中低收入阶层，尤其是年轻一代的消费。但房价下跌又往往被认为会降低有房者的消费并带来金融风险。房地产成为掣肘货币政策的重要因素，放松有顾虑，紧缩也有顾虑。

对古典经济学的另一个挑战来自凯恩斯，凯恩斯认为市场并不总能有效配置资源，有时会失灵。和古典经济学相信市场供求带来均衡不同，凯恩斯认为经济总是处在不均衡的状态，不均衡是常态，均衡反而是暂时的。凯恩斯强调经济活动主体尤其是投资者面临的不确定性，结合动物精神和羊群效应，导致经济在繁荣和崩溃之间轮回。

全球金融危机后，人们开始反思经济学，重新学习凯恩斯的理论，但对凯恩斯还是存在很多误解。一是简单地把扩张性的宏观政策甚至政府对经济活动的过度干预归责于凯恩斯理论；二是认为凯恩斯不关心长期问题，只注重短期问题，凯恩斯有一句著名的话"长远来看，我们都死了"。国际知名历史学家尼尔·弗格森在2013年的一个会议上说，凯恩斯不关心下一代是和他的性取向及其没有子女有关，此言一出引发众怒，弗格森公开道歉。其实，从批评一战后和平条约到积极参与设计二战后的国际货币体系，都显示出凯恩斯是关心长期问题的。对凯恩斯不关心长期问题的误读反映了对其强调的"不确定性"的理解的偏差。

不确定性、利率、流动性溢价

凯恩斯强调经济和社会活动中充满不确定性，我们无法预知未来，这和古典经济学有根本区别。20世纪70年代末兴起的新古典经济学有所谓合理预期假设，认为存在足够充分的信息，使人们对未来的预期不会同时持续犯错。不确定性对投资影响最大，因为投资是现在投入资金以期待未来多少年的现金流回报，所以预期很重要。2019年中美贸易谈判一波三折，虽然在年尾出现明显的缓和，有望达成第一阶段的协议，但贸易摩擦的过程带来的不确定性对中美、对全球经济都带来了负面的冲击，尤其是冲击了对制造业进行投资的信心。

不确定性对投资的影响不仅体现在降低投资的利润回报预期，更现实的影响是融资成本增加。当不确定性增加时，人们增加对流动性（货币）的需求，降低对风险资产的需求，由此导致风险投资的融资成本增加。这是一种流动性溢价，投资者持有风险资产比如企业债券，放弃持有货币所要求的补偿。应对流动性需求增加，一个应对政策是增加流动性供给，以限制流动性溢价上升。2019年全球主要央行都在降息，这样普遍性的政策放松是美国次贷危机后的第二次，在相当程度上反映了两个最大经济体之间贸易摩擦的影响。

就中国来讲，2019年还有一件事增加了投资者对未来预期的不确定性，那就是包商银行事件。金融风险的暴露和释放带来的影响在批发市场尤为明显，一度导致回购利率显著上升。央行通过增加流动性供给等措施稳住了资金市场，但一些中小金融机构面对的融资条件紧缩贯穿2019年全年。流动性溢价是一个不确定的量化指标，不同的债务主体面临的流动性风险不同，投资者或者交易对手要求的风险补偿也不同。

不确定性是人的认知，而人的认知有动物本能，很难从理性的角度来解释，容易产生群体的过度乐观和过度悲观。从繁荣到崩溃，货币发挥了特殊的作用，当不确定性降低时，投资者对流动性的需求降低，风险资产价格上升、融资成本下降，带来经济活动的繁荣；当不确定性增加时，流动性需求增加，风险资产价格下跌、融资成本上升，导致经济活动的衰退。所以凯恩斯认为货币不是中性的，货币不仅仅影响物价，也影响就业等实体经济。

这样看来，货币似乎是不好的，其实货币在应对不确定性方面起到了很好的对冲作用，在宏观上来讲起到了类似保险的分散风险、提升资源使用效率的作用。我们可以想象一个情形：如果没有货币（流动性资产），每个人只能通过持有实物（比如粮食）来应对未来的不确定性（2020年可能发生的灾荒），加总起来就是巨大的资源浪费，因为食品短缺不会同时发生在每个人身上。

问题是对流动性资产的需求和供给不匹配是常态，因为有不确定性，就会由此带来经济活动的波动。近几年国际金融业的一个热门话题是安全资产荒，这可以说是凯恩斯的流动性偏好概念的一个延伸。

民营企业困境与安全资产荒

流动性工具是安全资产，流动性越高，变现的成本越低，安全资产也包括长期的保值工具。消费者持有安全资产既有流动性需求，也有长期储值的需要，企业持有安全资产则主要是应对流动性风险。对"安全"的认知反映投资者的预期。在完全确定的世界，我们不需要安全资产，因为有充分的信息让我们精准匹配未来的消费和现在的投资。在不确定的世界，对信息不敏感的就是安全资产。经济学文献对此有个表述叫"No Question Asked（NQA）"，即不需要问任何问题，投资者没有动力去发掘对自己有价值的私人信息，就是安全资产。

安全资产的供给分为两大类：一类是公共部门生产的安全资产，政府债务比如说国债，还有中央银行发行的基础货币；另一类是私人部门（金融机构）生产的准安全资产，比如说银行存款。金融机构生产的安全资产没有国债那么安全，正常情况下它对信息不敏感，然而一旦有波动，它对信息可能变得非常敏感，容易发生挤兑甚至导致金融危机。美国次贷危机触发点就是典型的批发市场的债务工具的挤兑。

安全资产供求平衡难以把握，因为有不确定性的冲击。全球金融危机导致不确定性增加，人们对安全资产的需求增加，同时安全资产的供给减少，因为准安全资产遭到挤兑。美国的货币市场基金和南欧国家的政府债券，本来被认为是安全资产，但危机后却变成风险资产了。近年来贸易摩擦、英国脱欧带来的不确定性，都增加了全球投资者对安全资产的需求。2019年就国内来讲，包商银行事件增加了投资者预期的不确定性，5000万元以上的大额存款不保本，批发市场参与者的认知发生变化，带来市场波动。

安全资产荒或者说安全资产供不应求反映在价格变化上，或者说通过价格变化来达到供求平衡。封闭经济体通过无风险利率下降和信用风险溢价上升来实现。在开放经济环境下，因为美国是安全资产的主要提供者，全球追求安全资产，追求美国国债等安全资产，导致美元升值和其他国家尤其是新兴市场风险溢价上升。2019年美元汇率波动明显和贸易摩擦相关，恶化时美元升值，缓和时美元贬值，不仅因为美国是贸易逆差国，也和美国是主要安全资产提供者有关。

2019年还有一个热议话题，就是民营企业面临的经营环境，尤其是在金融风险释放的过程中，民营企业受到的冲击巨大。2017年金融工作会议以来，政策一直强调国有企业去杠杆，但似乎民企受到的影响更大，民营企业债务违约，融资条件紧缩。怎么解释这个现象？安全资产荒是一个视角。安全资产是一个相对的概念，对投资者或者债权人来讲，同等财务状况下，国企的负债比民企负债违约风险小是一个合理的认知。在不确定性增加时，安全资产荒对国企有利、对民企不利并不奇怪。

类似的现象在全球金融危机时在西方发达国家也发生过，风险偏好下降导致投资者追求政府债券、规避风险资产，政府通过国有化或者其他方式救助金融机构甚至一些实体企业，这是西方国家的"国进民退"。但是我们的情形和西方国家还是有重大差别的，那就是在中国，国有企业和民企是竞争的关系，而一般来讲政府不直接参与商业经营，和企业不是竞争的关系。这可以说是我们当前面临的困境，增加对民企的政策扶持当然有帮助，但是在不改变现有机制的情况下，增加不确定性就是对民企不利。

金融周期

不确定性对金融的影响很大，结合货币非中性状况，凯恩斯的经济波动观和货币金融紧密相连，也是金融周期概念的理论渊源。2019年金融周期下半场调整持续，顺周期性的一个重要体现就是信用紧缩自我强化的动能。

金融的顺周期性是指金融体系有一种放大周期波动的倾向，扩张的时候动能强劲，收缩的时候动能也强劲，这种顺周期性导致金融体系在一段时间信贷过度扩张，带来非银行部门高杠杆、银行资本充足率不够、流动性风险、期限错配等问题。由于金融体系在经济中的特殊地位，金融周期下行调整可能给整个经济带来很大冲击，甚至发生金融危机。

有两大因素会导致顺周期性：一是房地产作为信贷抵押品的特殊角色，房价上升和信贷扩张相辅相成，导致单个金融机构不能及时发现自己的风险，高房地产价格使得抵押品价值高，进而银行认知的资产质量高。过去几十年，几乎所有的信贷过度扩张都与地产泡沫联系在一起，中国也不例外。近年来在"房住不炒"政策下，房地产有所降温，对整体信用扩张的推动力量变小了，但过去累积的问题（高房价、高杠杆）消化起来需要时间。

顺周期性的另一个载体是零售和批发市场的紧密联系，或者说银行和资本市场的联系。投资者对不确定性的认知和相关的羊群效应增加了金融的顺周期性，而资本市场、批发市场的羊群效应比银行、零售客户的羊群效应强。美国次贷危机前，银行的信贷风险被资产证券化和相关的批发市场融资掩盖，风险的暴露被延迟，危机爆发后批发市场的收缩又加剧了向下的顺周期性。中国的中小银行机构对批发市场融资的依赖促进了过去的信用扩张，包商银行事件后又加大了2019年信用紧缩的动能。

宏观政策

展望2020年，中美第一阶段贸易协议有助于稳定预期，降低不确定性。虽然中美关系在新的时期错综复杂，未来难免有新的摩擦，但我们也不能低估达成阶段性协议对未来一段时间稳定预期、稳定投资的意义。从国内来讲，中国处在金融周期的下半场的调整阶段，在房地产泡沫的消化、金融风险的释放和管理的过程中，投资者面对的不确定性比过去有所增加，宏观政策如何应对和管理由此带来的冲击是我们在分析形势、研判未来时需要关注的问题。

回到经济学三大流派，为我们思考宏观政策提供了一个参照体系。古典经济学或者说过去40年的主流经济学相信市场可以有效配置资源，经济增速的疲弱反映了基本面因素变化，尤其是人口老龄化或者技术进步放慢，经济不存在持续的失衡。全球金融危机对这样的理念提出了挑战。就当前形势来讲，西方国家尤其是欧洲和日本面临的一个问题是自然利率是否低于零。中国的市场机制还不成熟，体制改革，促进市场配置资源可以提高潜在增长率和自然利率，但这需要时间，就2020年而言，这不是放松货币来刺激需求的理由。

凯恩斯理论认为不确定性和货币非中性结合是经济失衡的根本原因，需求不足主要是投资不足。就当前来讲，全球金融危机的后续影响、逆全球化、英国脱欧等增加了人们对未来预期的不确定性。针对不确定性带来的流动性偏好上升（安全资产荒）和实体投资需求疲弱，宏观政策要求货币放松和财政扩张，财政扩张既增加安全资产供给（国债）又直接促进实体需求，效率比单纯的货币放松高。凯恩斯的理论逻辑要求加强金融监管，因为信贷创造的存款是流动性资产的重要甚至主要部分，因此不确定性是放大经济波动的载体。

马克思的理论强调收入分配对经济的影响，需求不足主要是消费不足，由此导致生产过剩甚至经济危机。过去40年全球贫富差距扩大，在公共政策上已经带来一些改变，尽管这些变化还是温和的。以市场有效配置资源为基准情形，凯恩斯的理论和政策是对基准情形技术上的修正，不改变市场经济的基本机制，而马克思的《资本论》和皮凯蒂的《21世纪资本论》代表的是对基本市场机制的质疑和挑战。从全球当前的形势看，虽然贫富差距已成为热门话题，但大力度调节收入分配的政策似乎难以被主流民意接受。贫富分化带来储蓄过剩，增加了经济增长对投资的依赖，而投资受预期的不确定性影响较大。

那么宏观政策的现实路径就是凯恩斯的理念。我的观察是，在主要发达经济体里，危机后美国的宏观政策离凯恩斯的主张更近一些，美国加强金融监管、财政扩张、货币放松，财政扩张力度大于欧洲和日本，不仅是在危机爆发期，近几年美国的财政扩张和欧元区与日本的财政紧缩形成鲜明对比。2019年美国的财政赤字率预计接近6%，是近几年最高的，而这是在美国失业率创几十年新低的背景下发生的，按常理，自动稳定器作用意味着财政赤字率应该是下降的。财政政策的差异应该是美国利率水平比欧洲、日本高，并且能避免负利率的原因之一。

我们也面临政策的平衡和取舍问题。从金融周期下行视角看，大方向应该是"紧信用、松货币、宽财政"，这个"松货币"主要应该是支持财政扩张，而不是信用扩张。无论是监管的作用，还是市场自发的信用紧缩动能，都意味着信用紧缩是一个超越经济短周期波动的趋势。比如银行资本金不足和信用风险集中暴露等问题抑制信贷供给，根本问题是前期信贷扩张太快太多。货币政策放松降低融资成本，财政扩张增加企业和家庭的收入和净资产，两者共同作用，既有助于稳增长，也可以促进信贷需求，防止信用过度紧缩。

控制金融的顺周期性还涉及风险事件处置。2019年的包商银行事件带来一些争议，尤其是批发市场超过5000万元的大额借贷的处置，带来不少市场人士对打破批发市场债务刚性兑付的质疑。但如果不打破刚性兑付，仅追究股东的有限责任是否能带来足够的市场纪律约束？如果仅靠监管控制风险则可能带来过度监管，其危害是导致金融机构风险偏好过低，金融机构是否愿意接受？关键应该是如何平衡市场纪律约束和监管在维护金融稳定中的作用，两者都不可或缺，以避免极端的情形。

我们处在百年未有之大变局，人们对未来预期的不确定性增加，而过去累积的贫富差距会放大不确定性对经济的影响。如何在维护市场经济基本机制的前提下，管理和应对不确定性增加的影响，是全球范围内宏观政策面临的挑战。

2020年：中国经济需要"保6"吗？

沈建光　京东数字科技副总裁、首席经济学家

2019年的中国经济被两大意外所笼罩：一是中美经贸摩擦局势突变，特朗普政府对华关税不断升级，中国则反制强硬回击，两国经贸摩擦在"升

级—复谈—再升级—再复谈"的波折中不断加剧。二是面对严峻的内外部环境，防风险措施不松反紧，房地产融资和金融整治力度超出预期。

在此背景下，2019年中国经济走势前高后低，第三季度GDP同比增长6%，触及政府工作报告增速6%~6.5%的下限。对此，两种相反的观点涌现。中国社科院余永定主张，GDP增速"触6"之后应当"刹车"，宁愿财政状况暂时恶化也要稳住经济增长。市场经济学家陆挺等则认为，应珍惜已经不大的政策空间，慎用宽松政策。

对此，笔者认为，2020年不应当把目标定为"保6"，主要原因有三点：一是中国已经采取一定的刺激措施，但效果不佳；二是外部环境仍存在较大不确定性；三是过去的强刺激措施留下诸多后遗症，如果为"保6"而重启强刺激，可能影响防风险等政策目标的完成，得不偿失。

保增长措施已经在起作用

事实上，中国已经使用了适度刺激。2018年以来的本轮经济下行过程中，决策层对于短期保增长仍然高度重视，逆周期调控从未缺席。

货币政策方面，央行在2019年年内两次实施全面降准，合计降了1.5个百分点、释放中长期资金约2.4万亿元；分三次对部分中小银行实施定向降准，释放资金约2800亿元；定向支持中小微企业及民营企业，三次实施TMLF（Target Medium-term Lending Facility，定向中期借贷便利）操作，释放资金超过8200亿元；合理运用价格工具，推出LPR新报价机制后，LPR已3次下调，1年期品种已合计降低16个bp。此外，MLF、公开市场操作（OMO）也始终发挥作用，应对包商事件等短期冲击，保持流动性合理充裕。

财政方面，减税降费发挥了重要作用，国家税务总局发布数据，截至2019年第三季度，全国累计新增减税降费17834亿元，其中新增减税15109亿元，新增社保降费2725亿元，完成全年进度的90%；其中增值税减税7035亿元，个人所得税两步改革叠加减税4426亿元，小微企业普惠性政策减税1827亿元。

基建也是动作频频，2019年新增专项债限额2.15万亿元，截至9月已全部发行完毕；6月，中共中央办公厅、国务院办公厅发文允许将专项债券作为部分符合要求项目的资本金；9月，国务院常务会议明确提前下达2020年专项债部分新增额度，并扩大使用范围。此外，11月国务院常务会议还明确下调部分领域基建项目的资本金比例。

不过，中国经济数据看上去仍然较弱，根据国家统计局的数据，1—10月工业企业利润同比下降2.9%，制造业投资增长2.6%，社会消费品零售总额增长8%，均处于历史较低水平。这是否说明刺激未能奏效？笔者倾向于认为，虽然刺激的具体效果很难量化，但若无上述政策，中国经济可能早已"破6"，提前落入5%区段，从而使悲观预期进一步强化。

外部环境仍将左右增长前景

随着中国进一步走向开放，预计经济仍将受到外部环境约束。尽管中美谈判取得了积极进展，双方有望达成第一阶段协议，但2019年来两国经贸形势的反复波折表明，仍应警惕谈判不及预期的可能性。

此外，即便贸易协议短期内可以落实，已经加征的关税也不会全数取消，关税已经造成的损失更是难以挽回。2019年12月15日对1800亿美元商品加征的关税是否会推迟，是谈判走向的关键风向标。

受贸易萎缩影响，海外经济走势亦难言乐观。作为全球经济景气的"金丝雀"，韩国出口连续12个月同比负增长，复苏尚需时日。美国消费仍有韧性，但企业已经在缩减投资，通过税改回流本土的利润主要进入资本市场，对实体经济支持有限，若无其他重大变故，2020年GDP增速大概率会回落到2%以下。欧委会则将欧盟2020年经济增速下调至1.2%，出口导向的"火车头"德国仍是拖累。

同时，美国总统大选、英国脱欧等重大政治经济事件将在2020年登场，不排除围绕伊朗核问题等地缘政治风险点有其他"黑天鹅"事件发生，甚至特朗普"出尔反尔"、中美第一阶段协议达成后再撕毁也不是毫无可能。一旦外部环境恶化程度超预期，那么"保6"一来难度大，二来无必要。

深化改革开放，避免强刺激

最重要的是，过去面临经济压力时，中国往往采取强刺激，这些刺激政策尽管短期内对中国经济起到了稳增长作用，但随着中国经济体量不断扩张，潜在增速下降，刺激效果也在减弱。

强刺激还留下不少后遗症。笔者曾在《反思"四万亿"恐惧症》一文中指出，"四万亿"在中国经济濒临硬着陆之际推出，方向是正确的，只是执行过程中忽视了中国经济固有的结构性弊端。"四万亿"的主要问题包括地方政府财政行为缺乏约束、金融体系承担"准财政"功能、国有企业隐性担保机制、产业政策存在诸多弊端，造成房地产泡沫积聚、地方政府债务、银行坏账风险加大及产能过剩等问题，部分问题至今仍未得到彻底解决。

仅以房价为例，全球金融危机后，中国的每一轮刺激均伴随着房价的大幅上涨。笔者通过金融机构境内住户贷款和居民可支配收入指标计算，发现2018年两者的比值达到122%。以国际清算银行口径的居民偿付比（即使用剩余加权平均期限和贷款基准利率计算居民债务现值）作为杠杆率指标，可以得出中国居民杠杆率为10.32%，高于美国、英国、日本等主要经济体。

因此，笔者认为2020年仍将很大程度延续目前的政策思路。特别是在房地产领域，短期不将其作为刺激经济的手段，中期坚持"房住不炒"，遏制房地产高杠杆风险，降低对实体经济的挤出，只有在经济下行压力触及底线或房企资金链风险加剧时，才可能出现"因城施策"的边际微调。

财政方面，专项债提前下发带动基建投资将成为政策主线，但与之前大规模刺激的情景不同，2020年将以通信"新基建"为主要发力点。货币方面，央行行长易纲表示，"货币政策的主要功能是保持短期的需求平衡"，货币政策框架将协调稳增长与降成本的关系，并逐渐从以数量调控为主转变为以价格调控为主。

至关重要的是，应当尽可能达成中美第一阶段协议，维护良好的国际环境。当前一些媒体强硬表示，第一阶段协议应当取消加增关税，但这并不切实际，因为一旦触及取消加增关税，谈判将涉及政府补贴和知识产权保护等"深水区"，双方的拉锯必然升级，造成进一步拖延。笔者认为，第一阶段仍应聚焦在美方取消加增新的关税和中方购买美国农产品，这方面应该可以达成协议。

2020年是改革的关键之年，短期稳增长和长期促改革之间存在取舍，核心仍然是通过对外开放、加大创新研发等途径提升效率。特别是，借助显著高于世界平均水平的经济增长率和快速增长的国内市场需求，中国应当继续以开放回应孤立主义，实现竞争中性原则，优化营商环境，并通过加强科技创新和治理能力，吸引更多的外国投资者。改革开放取得实效，取得更大的中长期的收益，即便未来经济增速换挡、进入5%时代，也比靠强刺激取得6%的增长更加健康。

"潜在增速之谜"与"保 6"之争

卢锋　北京大学国家发展研究院教授、宏观经济研究中心主任

是否刻意强调"保6"这个特定数字并不重要，重要的是如何看待目前的经济形势和探讨如何应对。我对2020年宏观政策是否一定要"保6"没有特别意见，然而注意到争论双方对中国经济潜在增速的看法，折射出学界近年来有关研究呈现的"潜在增速之谜"现象，借此机会就此谈点个人思考。

我的初步看法是，求解"潜在增速之谜"要进行更细致的经验研究，同时还要结合中国转型环境下的发展经验，在潜在增速概念的认识上改进创新，从而在历史和逻辑一致的基础上更好地理解近年经济增速下行的原因，并探讨更有效的应对政策。

"保 6"分歧与共识

浏览"保6"之争的主要文章，争论主要集中在以下几个层面的问题。

首先是为什么要"保6"？正方观点强调近年经济增速持续下滑到2019年第三季度的6%，形势演变在企业家中和社会上形成经济增速进一步降低的"危险"预期，对去杠杆、就业、应对贸易战也有重要影响。"因此，采

取及时妥当的宏观措施，抑制经济进一步下滑是当前最紧迫、最突出的问题。"反方虽也同意"经济减速过快，逆周期调节政策确实有必要"，但认为没有必要过度夸大经济增速低于特定数值的危险性，而是强调"慎用宽松政策，用好宽松政策，尊重经济规律，注重投资效率"，甚至警示过度刺激是寅吃卯粮，"可能诱致断崖式下跌"。

其次是对中国财政、货币和其他宏观调控政策空间的评估。正方观点也不同程度地肯定了地方政府债务平台、宏观杠杆率方面存在问题，需加以关注，然而总体认为从通胀率、债务率、储蓄率、利率等货币政策工具看，都存在"相当大量的政策空间"。余永定教授演讲强调中国"通货膨胀处于低水平，且有出现通缩危险"，从国际比较的角度看，财政状况也比较好，因而应果断利用以提振经济增长。反方则认为近年政府已经采取多轮扩张性的宏观调控政策"稳增长"，从居民债务提升、投资回报下降、债务质量降低、企业部门外债飙升及国际收支其他制约因素考虑，对进一步扩张总需求的政策空间持比较保留的态度。反方强调"以市场化为核心的城市化发展战略至关重要"，认为与其用刺激性办法保6%增速，还不如用改革的办法稳住5%底线。

另外，值得关注的是，"保6"辩论双方都提及经济潜在增速概念对分析目前宏观形势和政策的相关性和意义，然而对潜在增速的具体评估意见大相径庭，甚至出现依据对潜在增速不同判断支持相反政策建议的情况。目前下行压力是近10年经济增速持续回落的结果，从经济学角度解释这样长时段的趋势性现象很难回避潜在增速概念，最近"保6"辩论对中国潜在增速的具体争议，再次凸显了学界相关研究的认知分歧与困惑。

辩论双方也有某些共识性看法。如双方都认同新时期经济发展仍应重视合理增速，重视经济下行压力问题；也大体认同面对下行压力，宏观调控政策需更加重视稳增长目标，加大逆周期干预力度；还认同在宏观调控政策发力的同时应设计更加积极的结构和体制改革政策。另外，辩论双方涉及对21世纪以来特别是近10余年一些重要经济政策议题的反思，包括2008年大规模刺激政策及退出决策，近年金融加杠杆和去杠杆政策的评价，央行多重政策目标适当性，等等。这些议题具有超出分析短期宏观调控政策的学术内涵，值得另文专题探讨。

潜在增速之谜现象

给定中国经济增速多年持续下行的走势，潜在经济增速这个宏观经济分析中具有基准意义的概念，在现实经济与政策分析方面得到前所未有的重视。然而，经济学界对中国潜在增速由不同方法得出的具体研究估测结果出现较大分歧，对潜在和现实经济增速可能形成方向相反的结论，从而对总需求和供给政策干预取向、总需求管理力度、经济增速调控目标等一系列问题，得到显著不同甚至方向相反的结论。"保6"之争再次凸显了一段时期学界有关研究呈现的矛盾困惑，为聚焦议题，可将其称为"潜在增速之谜"现象。

潜在经济增速是指充分利用技术、劳动力、资本等要素增长和配置潜力所能够实现的经济增速，或是在满足充分就业又不引发通货膨胀等宏观可持续条件下的可能或合意增速。潜在增速是潜在产出在特定时间过程中的变化率，因而这两个概念存在密切联系甚至具有一定程度的定义性重叠。然而，两者区别在于，给定时点潜在产出定义通常要采取技术和制度等因素给定不变假设，而中长期潜在增速定义则允许技术和制度发生必要变化：这些长期变量变化状态决定了长期潜在增速水平，其动态演变所面临的现实制约构成潜在增速赋值差异的结构性根源。明晰潜在产出与潜在增速之间的联系和区别，有助于从潜在增速角度更有针对性地分析现实经济问题。

潜在产出及其变动是宏观经济的供给侧内容，在学理上对主要由总需求因素制约的现实短期增长率与宏观平衡状态的评价基准。中国经济学界从20世纪90年代也开始结合中国经济现实展开相关专题研究。随着21世纪第二个10年以来经济增速回落走势逐步展开，2013年决策层提出"三期叠加"，肯定了经济形势特点之一是"经济增长换挡期"，潜在增速成为分析现实经济形势的重要分析概念和范式，表现为以相关概念作为主题的发表论文大量增加，现实经济形势和政策讨论中相关概念出现频率快速上升。

然而，对中国潜在经济增速的具体估计结果，或者囿于方法性质在客观评估现实方面存在某些困难，或者估计结果对某些关键参数处理的意见分歧较大并难以收敛。采用各种技术和模型估计结果难以摆脱对已有经济数据的依赖，随着现实经济增速回落，近期发表的文献对潜在增速的估计值也随之下降。这些研究都有学术价值，然而利用其前瞻性讨论潜在增速面临局限。

近年研究潜在增速的另一种方法，是借鉴东亚经济体（日本、韩国、中国台湾地区）高速增长期及后来向中速增长阶段转换的历史表现，间接推测中国潜在经济增速。与直接模型估计相比，东亚经验比较方法在技术上比较简单，直接模型估计方法受现实经济走势影响，具有某种补充意义。不过，这类研究也存在分析结论差异较大，甚至由此对某些相关问题形成相反结论的情况。

例如，林毅夫教授2011年提出，2008年中国大陆地区人均GDP相当于美国的21%，这个发展阶段相当于日本的1951年、韩国的1977年和中国台湾地区的1975年的水平。考虑上述3个经济体在各自对标年份之后的20年分别实现了9.2%、7.6%和8.3%的年均经济增速，推测中国2008年后的20年也有达到8%年均增速的潜力。考虑日、韩和中国台湾地区在上述20年比较期结束时，人均GDP分别达到美国的65.5%、50.2%和54.2%，那么中国到2028年用PPP衡量人均收入，有望达到美国的一半。林毅夫教授说明上述8%是潜在增速的可能性估计，需要各方面条件配合才能变成现实增速。

国务院发展研究中心原副主任刘世锦带领的研究团队对这个问题进行了深入研究。2011年，该团队认为："中国经济潜在增长率有很大可能性在2015年前后下一个台阶，时间窗口的分布是2013—2017年。增速下降大约为30%，如由10%降低到7%左右。"采用三种测算方法预测中国2011—2015年均增速为9.1%，2016—2020年均增速为7.1%。2013年，该团队预测中国经济增速一两年后探底，进入"中高速稳定增长期"，在"五年或者更长时间"维持在"比如说7%左右"。2015年刘世锦先生预测中国2015—2024年平均增速为6.2%，2019年将中国2020—2025年潜在增长率预测值下调到5%～6%。

安信证券首席经济学家高善文博士在2019年年底一次演讲报告中用类似的分析方法预测了中国未来10年的潜在经济增速。具体以购买力平价衡量的人均GDP，参考第二产业相对第三产业比例作为比较对象，认为中国大陆2010年接近日本1968年、韩国1991年、中国台湾地区1987年的水平。高善文博士在表达上引入一个创新方法，就是把上述年份与中国2010年作为对标年份，将中国经济增速5年均值与3个经济体各自同一指标及其简单均值在图形中进行比较，一目了然地显示出，"近年增速下降在东亚背景下是正常情况。2020—2030年增速不会超过5%，更要担心能否保住4%"。高博士"保4

争5"的预测观点以新颖方式呈现，引发各方较多关注。

我和刘鎏对此进行了进一步研究。采用人均收入、人均收入占美国人均收入的比例、城市化程度、第一产业劳动力占比等更全面反映后发优势及与发展阶段性相关的指标，结合中国大陆与日韩和中国台湾地区有关数据重新选择对标年份，发现2010年是中国大陆4个指标与3个经济体相应指标最为接近的年份，分别是日本1953年、韩国1978年、中国台湾地区1980年。观察结果显示，在东亚经济比较视角下，对标年份之后中国经济增速不应直接收敛到比较对象经济增速一口气向中等收入下降的阶段，而是在此之前应有一个像样的宏观景气周期。

对新观察结果可有强弱两种解读。强结论提示如能创造适当的发展环境，中国经济长期增速收敛到中速增长期之前，应有可能经历一个10多年的内生景气扩张和回落过程。弱解读则是就现有各种对近年经济下行走势具有新稳态解释的观点，或对中国目前经济增速下行走势直达中速增长具有合理化的看法提出一点存疑证据。或者换个说法，上述"新稳态"或"合理化"预测观点，需建立在对未来中国体制转型某种状态的隐含假设基础上。下面尝试结合中国当代体制转型和经济发展经验，对潜在增速的概念进行适当改进，以求理解调和上述有关潜在增速估计结果的较大差异。

"改革状态依存的潜在增速"

"潜在增速之谜"有待更细致的经验研究，然而也需结合中国经济发展历史和现实经验，对潜在增速概念本身进行理论思考。经济学现有文献对潜在增速的定义，假定存在与增长潜在有效发挥相匹配的体制条件，这个暗含假定在研究中国当代经济增长时能否成立有待反思商榷。我们知道，中国当代经济高速增长和相对追赶，本质上是体制与发展两重转型内容的互动过程，满足经济增长所需要的体制制度条件，是通过中国特色的渐进式改革推动体制转型逐步创造形成的。考虑是否存在改革进展突破满足体制转型条件对释放增长潜能的关键影响，有必要将与增长机制密切相关的体制改革状态纳入对潜在增速的定义，提出"与改革状态相关的潜在增速"概念。

中国当代经济发展经验事例显示出体制转型状态对潜在增速的重要影

响。改革开放时期，多次发生五年计划和长期规划对潜在增速的事前估计与后来实际增速出现很大反差的情况，其重要原因之一是潜在增速目标的研究和计划者难以事先预知后续重大改革突破，对已推出的改革举措也难以准确评估其复杂影响和效果。这类实践经验说明，有必要依据是否包含改革突破释放增长潜能效果，在概念上对潜在增速进行适当的类型区分。

最早一次事例是改革开放初期年计划增长目标与实际增速的反差。20世纪80年代初国家制定了1981—1985年国民经济和社会发展的"六五"计划，其中要求国民经济在80年代前半期年均递增4%，在执行中争取达到5%。然而我们知道改革开放初期经济增速获得了超高速增长，远远高于计划预期。

两者差别为什么这么大？计划经济时期中国经济年均增速约为6%，但是伴随宏观经济的巨大波动，可见其潜在增速应该显著低于6%。1979年中央针对"洋跃进"导致宏观不平衡问题，决定执行3年期经济调整方针，接受较低经济增速。针对调整方针执行中面临的问题，1980年年底中央有关负责人建议基建投资"铁公鸡，一毛不拔"，表达继续坚定执行调整方针的决心。

给定计划时期长期增速经验，结合当时经济调整现实要求，再考虑中长期计划需要留有余地，决策层把"六五"计划时期经济增速定为"保4争5"是审慎和适当的，因而是可以理解的。当然，限于当时经济学的研究情况，考虑到中国官方文件的表达方式特点，不会采用潜在增速概念；然而就其制定原理和基本内涵而言，可以把计划增速看作是反映当时学界和决策层对当时经济潜在增速的推测判断。

1981年经济增速确实回落到5.2%的低位，接近"六五"计划增长目标对潜在增速的预判。但可能让所有人都始料未及的是，改革开放初年中国体制变迁的一系列"破冰"举措，开始静水流深般地重构新时代经济发展的基本面与结构条件，并很快在宏观经济增长绩效层面表现出与早先历史阶段具有实质性差异的新特点，第一次呈现改革突破释放增长活力从而大幅提升潜在经济增速的规律作用。

粗略回顾当时大幅推高经济潜在增速的体制转型破冰举措，主要有以下几点：

一是家庭联产承包责任制改革大幅度提升农业潜在产出。依据林毅夫教授较早期有关计量研究成果，该时期中国农业总增长中，家庭联产承包责任制所做贡献约为46.9%，远远高于农产品收购价格的提高、农业生产要素价格降低等其他因素所做的贡献。

二是20世纪80年代初农业改革取得阶段性成功，推动乡镇企业开始"异军突起"，加上外出农民工大潮开始初期发力，快速扩大了非农就业机会。另外，知青回城倒逼劳动力市场改革，对个体经济松绑的改革政策推动"个体户"如雨后春笋般增长。几方面改革突破在劳动力市场带来突出成效，初步匡算由此额外创造的城乡非农就业岗位总数可能有2000万之多。

三是开始实施对外开放战略积极吸引外资，国际直接投资（Foreign Direct Investment，FDI）与国内劳动力和其他不可贸易要素结合，几乎是凭空在局部引发立竿见影的增长效果。如同我访谈东莞虎门最早的一家与香港企业合作加工贸易制作手袋案例显示的那样。"六五"时期中国引进FDI约50亿美元，考虑当时主要引入的是劳动密集型项目，投资就业弹性较高，估计能额外创造几百万个主要面向国际市场的非农就业。上述改革开放带来的非农就业估计数量，约占同期第二、第三产业新增的5150万就业量的一半。

四是贸易体制和汇率改革推进，从1978年开始到20世纪80年代中期，中国的出口总额实现了高速增长。国有企业改革开始探索，经营活力边际提升也具有激活增长效果。由此可见，把现实达到的潜在增速与计划潜在增速的差别主要归结为改革开放破冰释放体制转型推动的结果，既有学理依据，也可在经验数据层面得到支持。

中国体制转型是包含经济、社会、政治和思想理论的系统改革创新。对思想理论和意识形态而言，改革破冰时期解放思想和理论创新发挥了关键作用，否则家庭联产承包责任制改革和引进外资特区开放是难以想象的。当时思想理论创新是全方位的，既包括在广泛争论中确立实事求是和思想解放方针路线，中国共产党通过《关于建国以来党的若干历史问题的决议》，为改革开放体制转型提供理论和历史观支持；也包括对外积极主动调整与美国等主要西方发达国家的关系，直至用"和平与发展"取代"战争与革命"，在国际观和时代命题方面支持改革开放。

这个事例提供了难得的经济史意义上的大规模思想试验情景，清晰显示出没有改革突破假设条件下对中长期潜在增速的预测和计划，与实际发生改革转折性系统性突破条件下的潜在增速必然存在很大区别。两类增速比较及其体制含义给人们上了生动一课，为后续改革共识达成奠定了重要的经验基础。把这个经验事例内涵置于潜在增速理论层面思考，不难看出有必要把改革进程决定的体制转型状态纳入对潜在增速的定义。

两类潜在增速比较事例此后多次再现。如1991年国家制定了国民经济和社会发展十年规划和"八五"计划纲要，规定1991—2000年间经济平均增速为6%左右。然而实际上90年代GDP年度增速却要高于这一目标增速。1997年世界银行专家团队对21世纪中国经济增长前景做了全面分析，提出2001—2010年经济平均增速为6.9%。然而21世纪第一个10年年度增速最低是2001年的8.3%，最高为2007年的14.2%，10年间的平均增速为10.5%。两次预测的误差虽有多方面原因，其中未能重视或难以事先评估后续改革突破的影响是最重要原因。可见，有必要采用"改革状态依存的潜在增速"视角分析中国体制转型背景下的长期增长现象。

理解近年经济走势特点

中国经济改革开放40余年来年均增速约为9.5%，成为世界第二大经济体、第一大贸易国、全球经济增长最重要贡献国之一，取得了举世瞩目的巨大成就。然而进入21世纪第二个10年以来，中国经济增长呈现几点值得关注的特征性事实。

一是经济增速从两位数高点回落：2019年第四季度的6%，降幅超过四成。期间虽有短期回升，然而总体看是持续10年趋势性回落。

二是从较长时间窗口看，2019年《经济蓝皮书》显示，改革开放40余年经济增长大体经历三起四落的三个半周期。第一次下行调整时期最短约3年，第二次下行调整大体从1984年到1990年前后约6年，第三次从1992/1993年到1999/2000年前后约7年。本轮调整从2011年算起已有9年，如果把2007/2008年看作调整起始年份则10年有余，即便从增速"破8"计算下行期也已有7年。目前业内对2020年经济增速的中位预测大体是6%，可见市场预期经济增长仍将延续多年下行趋势。

三是投资——特别是民间投资大幅回落。实际投资增速从2010—2011年的20%上下，降到近年来一度呈负值，现回升到5%上下的相对低位。2010—

2011年民间投资增速比整体投资高7至10个百分点，近年降到与后者增速相仿和略低水平。21世纪第一个10年中期，民营投资甚至是国企的8～9倍，2007—2012年间除了"四万亿"刺激前后国企投资反弹，民企增速也是国企的几倍，然而2012年以来民企投资增速快速下跌，近年大部分时间低于国企，如2019年10月4.4%的增速比国有及国有控股企业投资增速低约四成。

当然，用两点论观察经济形势需要强调指出，中国经济运行同时呈现更多方面稳健和积极的事实。例如中国经济在发展阶段和结构快速转型中仍保持了中高速增长，中国仍是主要经济体中增长最快的国家之一。又如中国经济发展新业态、新技术、新因素活跃生长，体现中国经济增长的内在韧性与活力。再如中国经济增量巨大，每年增加相当于澳大利亚或荷兰的经济规模，是对全球经济增量贡献最重要经济体之一。很多类似经验事实说明，中国经济发展积极有利的基本面条件没有变，中国经济发展潜力仍然很大，对此应有充分认识和信心。不过如老话所说："优点不说跑不了，问题不说不得了。"为确保发展潜力充分释放和经济增长行稳致远，对于过往近10年经济增速持续走低和下行压力挥之不去的现象也需要认真分析应对。

上述经济下行现象肯定有多方面成因，对此经济学界和社会各界有很多讨论分析。例如针对早先景气增长与大规模刺激带来的产能过剩与过量库存，党的十八大后决策层顺应调整规律要求，稳健推进去库存和去产能，2013—2015年间经济增速逐步回落。又如环保监管力度加大，国家2013年开始实施为期5年的《大气污染防治行动计划》，在取得明显成效的同时也会对某些行业增长带来压力。再如针对宏观杠杆率上升偏快与局部金融风险增长，近年有关部门实施金融去杠杆政策，产生了积极效果，然而短期局部调控力度偏大客观上也带来了不利影响。还有外部环境变化特别是美国对中国挑起贸易战，也会在一定程度上制约中国经济增速。

从两类潜在增速比较角度看，也需关注新时期体制转型某些阶段性特点与长期经济走势的关系。决策层一直坚持改革开放，21世纪初在建立社保体制和完善民生体制改革方面取得突破性进展，在金融等领域市场化改革方面也取得重要进展。党的十八大后高层更加重视推进改革，党的三中、四中全会决定描绘经济体制与法治建设蓝图。中央深改组2013年12月成立，到2017年10月共召开38次会议，审议200多个文件，破解经济、社会、国防诸多领域改革难题。然而受种种客观因素制约，针对妨碍潜在增长能力发挥的某些关键领域改革仍有待深化。

例如房地产投资是满足城市化背景下国民住房消费需求较快增长的现实途径。在城市化快速推进阶段，房地产业合理可持续发展本来应是有利于中国经济增长的优势领域，然而在现行行政垄断供地体制制约下房地产合理发展与投资潜能仍未能充分发挥。观察2016年开始的新一轮房价飙升原因可见，进入21世纪以来多轮呈现的 "供地体制—垄断供地—逆向调节—房价波动—楼市调控" 的内生循环再次发生作用。面对新一轮房价飙升并伴随投机性炒作与违规融资，政府为管控风险不得不实施力度更大的需求管制措施，我们正在为供地体制机制深层局限付出代价。

又如基于户口管制实施的严控超大城市的政策取向也值得反思探讨。进入21世纪后，中国城市化发展中的大城市集聚效应更为彰显，与某些城市化政策和规划方针存在矛盾。我和石先进博士研究了历史时期10多个目前规模为特大超大城市先后制订的几十个规划样本，发现这些规划八成多都低估了期末人口规模，平均低估偏差高达330多万人。对规划人口的低估带来大城市基础设施和社会服务投资相对不足，加剧公共设施和服务供不应求矛盾和 "大城市病" ，一定程度上又反转促使城市当局出台各类管制措施。大城市人口流动强势管制政策，虽然对现实矛盾有某种舒缓作用，但客观上不利于充分发挥大城市的集聚效应和增长潜力。

再如对不同类型企业的体制政策待遇区别也不利于投资潜力充分发挥。以工业部门为例，民营企业资本回报率是国有企业的2倍多。然而对比国有企业和民营企业各自创造利润最高的部门，国企方面的电力热力、汽车、烟草、石油天然气、酒精、汽车等6个部门创造了八成以上利润，但这些都属于行政垄断或垄断程度较高部门行业，并且与民营企业利润贡献最大6个部门之间没有任何交集。这折射出总体投资效率较高的民营企业在部门投资准入方面仍面临明显的行政管制，不利于从供给侧充分释放投资和增长潜力。

改革开放时代中国在重视产权和保护产权制度方面取得了历史性进步，这方面改进作为社会主义市场经济体制转型创新的重要组成部分，对实现经济高速增长发挥了重要激励和保障作用。然而从现实看，对民企产权的保护仍有待加强，近年报道的少数地方不时发生行政权力损害侵犯民营企业合法产权的案例，对市场主体未来预期和信心也会产生不利影响，也对相应的投资和增长产生影响。

"保6"与"保8"及启示

目前"保6"讨论让人联想到"保8"。中国宏观调控历史上政府选择年度增速特定数字目标似乎仅发生在1998年。当时中国在外部遭遇东南亚金融危机冲击，出口增速大幅回落，国内宏观周期处于紧缩下行阶段，并第一次面临通货紧缩压力，决策层在承诺"人民币不贬值"的同时提出"保8"。1998年GDP7.8%的官方统计增速略低于"保8"目标，不过当年实施的一系列扩大内需举措——包括央行降息降准、财政举债支出、大规模基建以至高校扩招等，对稳增长发挥了积极作用。这也赋予1998年在中国宏观调控史上的特殊地位：政府第一次自觉采用扩张性宏观调控政策缓冲内外环境冲击带来的经济下行压力，宏观调控政策从早先侧重抑制过热通胀延伸到积极应对通缩，从而具备针对整个宏观周期不同阶段实施逆周期调控的属性。

21世纪初年中国逆周期宏观调控政实践继续深化，近年总需求管理经验更加丰富，与宏观调控政能力进一步提升，对新时期平稳实现潜在增速换挡期并保持中高速增长发挥了保障作用。回顾世纪之交经济政策成功经验，另一个鲜明特点是宏观调控政策干预与改革突破有机结合，成效显著。国内推进金融、住房、国企等领域系统改革，外部成功实施入世战略、全面提升开放水平，同时通过"三个代表"理论创新实现第三次思想解放。20世纪90年代与世纪之交体制转型的多轮系统突破激发出巨大增长潜力，加上党的十六大后实施科学发展观，中国经济在21世纪初年迎来波澜壮阔的开放宏观景气增长，为中国当代经济"宏调保稳定，改革跨台阶"发展规律提供一个经验例证，也对"改革状态依存的潜在增速"认识提供了一例经验支持。

面对目前形势，宏观政策无疑需加大稳增长力度，学界和决策层对此存在共识，"保6"分歧更多表现为采用什么措施稳增长与促增长。2019年和近来的宏观政策已加大稳增长力度，表现为央行采用包括降准减息手段在内的各种措施多方降低企业融资成本，金融监管部门调节校准一度偏于激进的去杠杆政策，财政部门加大扩张力度并且提前下达了2020年地方专项债额度。

就世纪之交应对经济下行压力经验与两类潜在增速角度看，在肯定总需求管理政策的必要性前提下，还亟需加大与激活增长潜力相关领域的市场化取向改革力度，加强深化对土地、户口、城市化、民企等特定领域已实施的改革举措，使之提升为新一轮更具系统性的改革突破，推动经济运行尽快摆脱下行压力并迎来新一轮内生宏观景气增长。

未来经济形势怎么看？

王小鲁　国民经济研究所副所长

2019年9月，由国民经济研究所和第14届中小商业银行CEO论坛组委会合作，对来自全国各地的188家中小商业银行的行长、董事长、总经理、CEO及其他银行高管（下称银行行长）开展了关于当前经济形势的问卷调查。10月，又得到中国银行业协会金融科技实验室的帮助，增发问卷29份。这些中小商业银行遍布全国各地，直接为各地各类企业尤其是中小企业提供金融服务，对当地企业的经营状况和当地经济形势有深入的了解。因此，通过这些银行负责人的判断，可以得到关于各地企业经营状况及其所面临的各种问题的非常宝贵的资料，能够较好地反映当前全国的经济形势。

样本银行分布及代表性

本次调查针对全国除西藏以外的30个省、自治区、直辖市（下统称省份）173个城市和县的217家中小银行和其他有存贷业务的金融机构。调查共收回有效问卷186份，代表分布在30个省份的超过150家银行和其他金融机构（少数银行由不同的负责人完成了1份以上的问卷）。

样本银行和其他金融机构（下称银行）基本分布情况如下（由于相当大的一部分有效问卷匿名且未提供所在银行信息，按全部样本银行分布进行统计）。

地区分布：东部地区银行占41%，中部地区银行占21%，西部地区银行占29%，东北地区银行占9%。

城市类别分布：直辖市、省会城市和深圳市的银行占31%，其他地级市的银行占39%，县级市和县的银行占30%。

金融机构类型分布：城市商业银行和其他非涉农商业银行占47%，农商行和村镇银行占46%，农信联社和农信社占7%。

以上情况说明，样本银行的地区分布、城市类别分布和银行类型分布总体上比较均衡，对全国的情况有较好的代表性。其中，东部地区经济规模较大，金融活动也更加活跃，东部银行在样本中占有较大比例是合理的。样本银行都是中小银行，其中，涉农金融机构所占比重过半，它们的客户企业绝大部分是中小企业，也包括个体工商户和农户。因此，本次调查内容主要反映全国中小企业和农村经济活动的状况。

企业经营状况

1.当前各地企业经营状况究竟如何？

在回答"请您估计一下，在贵行的客户企业和所了解的企业中，生产经营业务处于下列状况的企业各占多大比重？（单选）"这一问题时，样本银行行长的估计值平均比重分布如下：

经营状况很好，快速发展：14.0%；

基本正常发展：31.6%；

发展缓慢：21.5%；

困难大，尚可维持：18.3%；

业务收缩，很难维持：14.6%。

根据上述判断，当前各地约有1/3的中小企业面临较大的困难，其中近15%的企业处在难以为继的状况。这是一个不容忽视的重要信号。

根据提供了所在省份和城市信息的问卷，按区域和城市类型分布，总体而言，东部省份和部分中部省份的企业经营状况好于西部和东北地区省份，大城市（直辖市和省会城市）的企业经营状况好于中小城市和县。

2.从企业经营状况的角度判断，各地经济形势如何？

在回答"如果从企业的实际经营状况看，请您判断，贵行所在城市（或县）目前的实际经济增长形势如何？（单选）"的问题时，样本银行行长的估计值平均比重分布如下：

正常增长：18.8%；

小幅放缓：56.5%；

趋于停滞：16.1%；

面临衰退：8.6%。

可以看到，银行行长对当地经济形势的判断与对企业经营状况的判断有共同之处，但比对企业经营状况的判断更乐观一些。在对企业经营状况的判断中，认为企业处于"快速发展"和"基本正常发展"的合计比重占45.6%，不到一半，即便再加上"发展缓慢"企业的比重，合计也只有67.1%。而在对当地增长形势的判断中，认为当地经济处于"正常增长"或仅"小幅放缓"的合计比重占75.3%，是大多数。这两个判断不尽一致。对于面临困难企业的估计，认为"困难大，尚可维持"和"业务收缩，很难维持"两类情况合计比重为32.9%，而认为当地经济"趋于停滞"和"面临衰退"的合计比重为24.7%。虽然后一个比例也不低，但与对企业形势的判断相比，困难程度仍然较轻。实际上，如果一个地区有1/3的企业面临较严重的困难，当地的经济增长形势会相当严峻，而不大可能仅仅是小幅放缓。

之所以有上述不同，一个可能的原因是被调查者有某些顾虑，对当地经济形势不愿意使用较负面的表达。例如，有些问卷被访者尽管判断本地企业"困难大，尚可维持"和"业务收缩，很难维持"两种情况的比例占到大多数，仍然认为当地经济处于"正常增长"或"小幅放缓"的状态。这种顾虑从被调查者匿名的情况也可见一斑。问卷中银行所在省份和城市是必填项，被调查者机构名称和姓名可以自愿填写。结果在全部186份有效问卷中，有155份未署名，152份未提供被访者所在机构名称，有103份甚至未填写所在城市。由此可见，多数银行行长在填写问卷时是有顾虑的。担心得罪当地政府，因此倾向于避免或减少负面评价，可能是一个重要原因。如果这一推论成立，则各地的实际经济状况可能比问卷调查结果所反映的情况更严重些。

3.当前不同产业的企业经营状况是否基本一致？

问卷询问了服务业与工业的差异："您认为贵行所在市县的服务业（第三产业）总体经营状况是否好于工业？（单选）"回答结果分布如下：

明显更好：25.8%；

略好一点：50.5%；

基本差不多：17.2%；

比工业更差：6.5%。

结果很明确，大多数地区的服务业企业经营状况略好于工业企业。

4.当前经济中还有哪些亮点？

调查发现，虽然目前经济面临较大困难，但仍有某些行业、某些业态在快速发展。问题："贵行所在地有无哪些行业、业态发展较快？如有，属于哪些领域？（多选）"回答结果分布如下（以有效样本数为100%的发生率，按发生率高低排序）：

基础设施和公共建设：40.3%；

新兴服务业：37.1%；

房地产业：32.3%；

先进制造业：31.7%；

一般能源、原材料行业：24.2%；

其他一般服务业：24.2%；

其他行业：5.9%。

以上结果显示，目前在地方经济中发展较快的行业和业态首先是政府投资的基础设施和公共建设，按样本分布的发生率超过40%，可以在不严格的意义上反映地区分布的广度。第二位是新兴服务业。第三位和第四位分别是房地产业和先进制造业，所占比重也比较大，发生率在32%左右。第五位和第六位是一般能源、原材料行业和一般服务业，发生率只有24.2%。其余发展较快的行业，合计发生率只有5.9%。

由此可见，当前各地经济增长在较大程度上仍然是由传统的政府投资拉动和房地产拉动，但是，新兴服务业和先进制造业也已经在扮演较重要的作用，只是还排不到前列，其中，先进制造业仅排在第四位，有待发展。未来经济增长形势转变的关键，还是在于发展方式的转变，从传统的政府投资拉动和房地产拉动转向市场导向的新兴服务业和先进制造业引领。当然，传统产业也还有发展潜力，未来随着我国中低收入阶层的收入水平提高，对普通消费品及其投入品的需求还会扩大。上述这两个新领域的发展，也会带动传统产业继续发展。

企业面临困难的原因分析

5.关于企业面临困难的原因

对问题"您认为企业面临困难的主要原因有哪些？（多选，按重要程度排序）"的回答结果分布如下（以有效样本数为100%，按发生率高低排序）。

受某些政策和体制因素影响：85.5%；

内需不振：80.1%；

资金紧张：78.5%；

外贸形势变差：69.9%；

企业过度竞争：65.1%；

其他因素：19.9%（主要陈述包括企业创新能力不足、管理不善、负债率过高、战略定位错误、政府投资挤出民间投资等）。

根据被调查者选择的问题重要程度，按列为第一位问题的最重要问题排序，体制和政策问题也同样列在第一位。其余几个因素被列为第一位的排序与按总和发生率排序也基本相同。按第一重要因素的排序如下（多选，有效样本数为100%，其中有部分被调查者列出了多个第一位因素，因此合计大于100%）。其中除"外贸形势变差"与"资金紧张"并列第三位，其他排序与按总和发生率排序一致。

受某些政策和体制因素影响：36.9%；

内需不振：35.0%；

资金紧张：27.4%；

外贸形势变差：27.4%；

企业过度竞争：18.5%；

其他因素：0.6%（企业自身动力不足）。

上述结果出乎作者意料，具有震撼力。在当前企业面临诸多困难因素之际，各地银行行长把由于某些政策和体制因素带来的企业经营困难列在第一位，发生率高达85.5%，显著高于其他因素。

按区域分布看，将政策和体制因素列为导致企业困难首要原因的分布比重在西部地区高于其他地区。

是哪些不适当的政策和体制因素导致企业经营困难？作者在2019年8月和9月走访了江苏苏州、河北廊坊、天津新区、宁夏银川的一些企业，通过对企业负责人的访谈并结合其他渠道的信息发现，企业反映出的相当集中的问题有：政府在行政审批、执法检查、投资等方面干预过多，运动式执法，政策多变，朝令夕改，政出多门，政府部门之间缺乏协调甚至有些规定互相冲突，令企业无所适从甚至置企业于严重困难的境地。政策不能"一碗水端平"，导致不公平竞争，也是一个重要因素。典型的情况有：

以运动的方式搞环保，提高标准一阵风、一刀切。过去合法合规经营的企业，因突然改变规定，就被强制关闭，而且对被关闭企业没有补偿或补偿不到位，侵犯了企业合法权益。例如，有的地方以家具生产的喷漆环节污染环境为由，不问青红皂白，强令辖区内所有家具生产企业关闭，连污染治理已经达标的企业也不能幸免。有些环保要求不合理或过于苛刻，超出企业正常承受能力。例如，有的地方要求企业对每一台设备分别做环评报告，使企业的环评付费大幅度增加，特别是不少小企业负担沉重，甚至难以生存。

用运动方式搞环保和推行其他政策还有很多例子。前几年，有政府部门为改善南方水资源污染问题，在南方许多省份划定大面积的禁止养猪区域，要求区域内500头以下规模的养猪场全部关闭，农户一律禁止养猪。一些地方宣布搞"无猪县""无猪市"。在突然推行这些直接影响到企业、农民和消费者利益的政策时，对如何保护企业和农民利益、如何保障市场猪肉供应、维护消费者利益都没有做出合理安排，有些地方还借预防非洲猪瘟的名义大面积禁止养猪，不给农民和企业补偿，严重侵害了农民和企业合法权益，实际上是以违法的方式推行政策。结果导致了一个时期以来猪肉供应短缺、肉价暴涨。之所以如此，是因为某些职能部门和某些地方政府只关心完成上级任务，实现"政绩"，而保护企业、农民和消费者利益，衡量全局的得失利弊，不在他们考虑范围内，也超出了他们的职权范围。在已经造成严重结果后，政策转向，一些地方政府又要求企业尽快养猪，增加猪肉供应。由于大量母猪、仔猪已被宰杀，设施已被拆毁，养猪企业遭受了重大损失，在这种情况下要求短期内增加猪肉供应根本无法实现。这些脱离实际、朝令夕改的政策给企业、农户和消费者带来了严重损失，扰乱了市场。与此类似的例子还有，前些年有的省份推行"煤改气"，在未解决天然气供应的情况下强令居民一律禁止烧煤，导致不少居民冬季挨冻。

不少企业反映，对政府各部门的执法检查应接不暇，负担很重，企业的正常经营管理工作难以保证。包括安监、消防（后合并为应急管理部门）、环保、城乡建设、卫生等部门对企业厂房、设备、工艺、环保消防设施等的各种要求常常互相重叠和冲突，部门之间互不沟通，随意设置各种规定，互不衔接，结果有时使企业落入不可能不违规的陷阱。一些部门对企业是否符合有关规定实行第三方评估，这本来是一个进步，但往往指定第三方，交够钱就能通过评估，人为增加了很多隐秘的寻租腐败渠道，加重了企业负担，实力较薄弱的小企业尤其不堪其扰。

有些地方政府为了扩大"政绩"，完成增长目标，给企业施加压力，要求企业增加投资、加快发展，但是，这些要求常常不符合企业实际情况和市场需要，结果使企业大量增加无效投资和负债，导致产能过剩、负债过重、效益下降、亏损增加，有些情况甚至使企业陷入严重困难或倒闭的境地。

从银行和企业的反映可以看到，当前不公平竞争仍然是阻碍经济增长的一个重要因素。信贷资金在国有企业和民营企业之间分配欠公平合理的情况仍然存在，某些政府投资项目和国有企业因为效益不好，长期借债不还，或借新债还旧债，占用了大量信贷资金，有些效益好的民营企业却贷不到款。给国企的贷款发生问题，银行业务人员可以不承担责任，给民企贷款发生问题则要追责，这种情况仍不少见。

与此相关的一个情况是，有些处于垄断地位的国有大企业常常在采购招标中对自己的关联企业给予特殊关照，而更具技术实力和创新能力的民营企业只能为这些关联企业打下手、贴牌生产，在利润分配中占小头，导致不公平竞争和不合理的收入分配。

关于公平竞争问题，还可以从以下问题的回答中找到答案。

6.关于公平竞争

对问题"您认为当地民企和国企竞争条件是否平等？"（单选）的回答分布如下。

很平等：3.8%；

有差别：60.2%；

不平等：36.0%。

问题中"有差别"和"不平等"是程度的差异，前者反映程度较轻的不平等。结果选择"有差别"的占大多数，选择"不平等"的也超过1/3，两者合计占96.2%。认为"很平等"的只有不到4%。这说明在各地银行行长眼中，民企与国企之间存在一定程度的不平等竞争是普遍现象。

按区域和城市分布看，竞争条件不平等的情况在东部地区和大城市分布比重相对较低，在西部中小城市和县分布较高，在中部和东北地区及部分东部省份也有一定的分布。

关于导致企业经营困难的其他原因，行长们选择的第二位原因是"内需不振"，发生率占到80.1%。共识程度很高。说明内需不足确实是影响当前经济形势的十分关键的原因。

占第三位的原因是"资金紧张"，发生率占78.5%，也很普遍。但是，这看来不应简单归结为信贷供应过紧或流动性过紧，而主要是资金供应渠道不畅和分布存在结构性偏差。一个证据是，在将"资金紧张"列为企业面临困难前三位的原因之一，且能辨别其分布区域的银行中，西部省份占多数，而且与认为民企与国企之间竞争地位不平等的问卷重合度也较高。此外，从本文下面部分关于金融形势的调查中还可以找到更多答案。

"外贸形势变差"发生率为69.9%，但在导致企业面临困难的原因中只排到第四位。在目前美国对中国出口产品大规模设置关税壁垒的情况下，这一结果也是出乎意料的，说明这是一个重要影响因素，但当前内部因素更加关键。

占第五位的原因是"企业过度竞争"（发生率65.1%），实际上与产能过剩的情况密切相关。过度竞争的一个表现是企业以低于成本的价格销售产品。在正常的竞争状态下这是非理性行为，但在产能严重过剩的情况下，这可能是企业孤注一掷以求自保的手段。

上述调查结果说明，当前我国企业经营面临的困难是多种原因导致的。其中一个关键的原因来自体制和政策方面，主要是各级政府和职能部门以搞运动的方式执法和推行政策，一阵风、一刀切，不考虑客观条件和实际需要，不顾企业承受能力，不从全局出发考虑问题，只求完成一时的任务，作为政绩向上级交代。政府部门执法检查过多过滥，有些规章制度和规定不合理，政府随意干预企业投资和其他经营活动，以及对待国有企业和民营企业有亲有疏、政策不够公平，等等。这些情况说明政府改革、政府职能转变是迫切需要解决的问题。政府需要转变政绩观、政绩评价体系和激励机制，从对上级负责、对任务负责转变为更多地对老百姓负责、对当地经济社会长远发展负责。需要进一步理清政府和市场的关系，减少对市场的过度干预，维护公平竞争的市场秩序，更多地承担维护市场秩序和在市场失灵领域如公共服务、社会保障方面的政府责任。

在解决扩大内需、为经济增长提供动力方面，当前需要改变传统的靠货币刺激和过度依赖政府投资拉动经济的思维方式，转向以减轻企业负担和改善收入分配、提升消费能力为主的政策方向。

在解决一部分企业资金紧张的问题方面，全面宽松不是出路，重要的是解决信贷资金合理配置和公平分配的问题，同时从机制上解决小微企业贷款难的问题。

解决企业过度竞争问题，主要靠优胜劣汰的市场调节化解产能过剩，还需要坚持合理审慎的宏观政策，防止政策刺激继续导致产能过剩。这方面，以下关于金融形势的调查结果也提供了有益的启示。

关于金融形势

7.关于不良贷款

问题"贵行所在地的企业实际不良贷款率2019年有何变化？（单选）"的答案分布如下（合计数与100%有微小出入是尾数四舍五入的结果，下同）。

有所下降：12.4%；

基本不变：14.5%；

略有上升：60.8%；

大幅度上升：12.4%。

以上结果说明，2019年以来不良贷款率在大部分地区和大部分银行都有所上升，略有上升和大幅度上升的合计发生率超过70%。尽管多数地区上升幅度仍然有限，但影响范围之大值得高度重视。此外，行长们在回答这一问题时是否有某些顾虑，也有待进一步验证。

8.关于偿债风险

问题"根据目前贷款状况，您判断未来发生偿债危机的风险概率有多大？（单选）"的答案分布如下。

10%及以下：28.0%；

10%~30%（包含30%）：52.2%；

30%~50%（包含50%）：11.8%；

50%以上：8.1%。

超过半数的银行行长认为未来发生偿债危机的概率在10%~30%，还有约20%的行长认为危机概率超过30%。这是一个不容忽视的警示信号。考虑到行长们的判断主要依据当地情况，但债务危机一旦发生就有可能在地区之间引起连锁反应，因此，实际风险有可能高于行长们的估计。未来需要在防范和化解金融风险方面做出更多实质性努力。

关于化解金融风险，必须充分考虑两方面的因素。一方面，如果不能在降低杠杆率方面做出持之以恒的努力，金融风险就只可能增加，不可能化解。因此，必须坚持中性的货币政策，坚持硬化企业和政府预算约束，坚持去杠杆，不能动摇。另一方面，过于激进的去杠杆、紧缩银根政策很可能会触发金融泡沫突然破灭，引发金融危机，必须避免这种情况发生。因此，需要在不懈坚持总体中性货币政策不变的条件下，以缓和、审慎、灵活的操作方式去杠杆、去泡沫，把可能发生的大规模金融地震化解为分散、小范围、较长时序的轻微地震，使问题一个一个得到解决，使泡沫逐步消解，经过一个时期的努力达到最终化解金融风险的目标。

9.关于信贷供应的整体状况

问题"您认为到9月份降准前，对企业的信贷供应总体状况如何？（单选）"的答案分布如下。

正常：49.0%；

偏紧：19.1%；

偏松：31.2%；

其他情况：0.6%（认为不同行业有松有紧）。

接近一半的银行行长认为，截至2019年9月降准之前，信贷供应整体形势正常。认为供应偏紧的不到20%，认为偏松的超过30%，明显大于偏紧的判断。据此可以认为，截至9月降准前的信贷供应基本正常并可能略偏松，但可能存在地区差异和所有制结构的差异。在能辨别省市的样本中，东部地区偏松的判断多于偏紧的判断，西部也略多，其他地区松紧差异不明显。但由于能辨别省份的样本量较小，不足以据此对地区分布得出结论性意见。

但是，上述结果证实了本文上一节的一个判断，即问题5关于企业困难原因中的"资金紧张"并非总量概念，而是来自融资渠道和资金供应分布的结构性原因。接下来的货币和信贷政策需要保持审慎中性，防止误判和对策偏差。

这里需要说明的是，自2018年以来，广义货币M2增长率结束了长期以来大幅度高于GDP增长率的情况，降到略高于8%的幅度，基本实现了货币政策中性化。这主要是通过加强对表外融资的管理实现的。这对防范金融风险非常必要，是一个重大进步。但是，在现行体制和政策环境条件下，也产生了一些负面影响。由于民营企业特别是民营小微企业贷款渠道不畅，过去许多民营企业不得不依靠成本更高的表外渠道融资。而在表外渠道收紧、表内贷款条件又无重大改善的情况下，一部分民营企业遭遇融资困难。这可能是前面问题5中"资金紧张"被列为导致企业困难因素之一的一个重要理由。

解决民营小微企业银行贷款渠道不畅的问题，仅靠放松银根不能解决根本问题，反而将继续扩大金融风险。关键在于实现政策公平和改变歧视民营企业的传统观念，除此之外还需要解决金融市场结构问题。我国金融业中，国有大银行的市场占有率仍然过高，与资金需求方众多的小微企业的结构不对称。尽管中小商业银行有了一定的发展，但市场份额仍然相对较小，而且这些银行一旦规模扩大，也往往倾向于更多地为大中型企业服务。而最有利于小微企业融资的民间草根型小微金融机构始终没有发展起来。这与监管机构历来因为怕乱，用限制进入代替事后监管的习惯有关。因此，重要的是降低门槛、进一步放开金融市场竞争，同时转变金融监管方式，降低进入门槛，加强事后监管。

结论

上述调查结果说明，当前，我国有相当数量的企业面临困难，经济增长继续面临下行压力。应对这一压力，不能简单依赖传统的刺激政策，政策重心需要从短期稳增长转向促改革、调结构、理顺体制机制、理性应对危机，着眼于中长期经济健康发展。关键在于改善市场环境，维护公平竞争秩序，坚定不移地维护市场在资源配置中的决定性作用，从根本上改善经济运行机制。为此，还需要推进政府管理体制改革，转变政府职能，建设服务型政府，理顺政府与市场的关系，实行依法执政，解决"权比法大"的问题。通过坚持不懈的努力来渡过难关，为未来的经济健康发展打好基础。

当前内需不振和外贸出口承压也是重要的影响因素，需要通过扩大内需来解决。但不能再靠货币刺激和一味扩大政府投资，而更多地需要减轻企业负担，改善公共服务和社会保障，促进启动民间消费，使增长有坚实的内需支撑。

当前形势下，需要做好危机防范化解和风险管理，坚持中性货币政策，坚持去杠杆的基本方向，以合理审慎的宏观管理与市场调节的基础性作用互相配合，逐步化解金融风险。

房价问题何解

张斌　中国社会科学院世界经济与政治研究所研究员、中国金融四十人论坛高级研究员

张佳佳　中国金融四十人论坛研究助理

钟益　中国金融四十人论坛研究助理

房地产问题讨论饱受各种焦虑情绪煎熬。过度发酵的情绪往往会掩盖理性，不仅不利于解决问题，甚至会误导政策，加剧矛盾。我们将通过梳理房地产市场发展中的一些基本事实和逻辑，试图找到房地产市场发展中的主要症结，认识房地产市场和其他部门的互动关系，提出解决大城市高房价问题的思路。

中国房价持续高涨的背后有合理成分，也有不合理成分。不合理的成分主要包括：金融市场发育滞后使得房地产成为家庭养老和保险的主要替代金融投资工具；一线大城市的住宅用地供应不足及基础设施和公共服务滞后加剧了供求矛盾和房价上涨；保障性住房供给与人口流动脱节，难以平抑房价上涨；未能与时俱进调整开发贷款政策，遏制了房地产供给并加剧房价上涨。

房价上涨对企业和居民消费有看得见的成本，也有不易觉察的收益。房价上涨对实体经济的影响关键要看住房供给弹性，房价上涨如果能伴随住房供给改善，不仅房价上涨压力能得到缓解，还能收获城市化扩张的规模经济效应，有利于企业经营和居民收入；住房供给缺乏弹性，房价上涨难以遏制，企业和居民饱受房价上涨之苦，却难以收获规模经济之利。

化解大城市房价上涨压力的落脚点在于改善供给，不仅是要增加住宅用地，也包括配套的基础设施和公共服务。大都市圈建设有潜力把大城市非中心区的房价拉到中等收入群体的可接受范围以内，让更多人以低成本进入大城市生活。大都市圈建设需要一系列重大政策改革，可以效仿过去支持出口和制造业的实验区经验，试点大都市圈改革实验区。实验区内土地政策、各种公共服务供给及对服务的各类管制政策应更加灵活。

高房价中的合理与不合理成分

中国的房价上涨有目共睹。根据《2018年中国统计年鉴》，1998—2018年，中国住宅类商品房的平均价格从1854元每平方米持续上涨到8544元每平方米，上涨了3.6倍，年平均增长率为8%，房价涨幅远远高于其他商品和服务的价格。在此期间房地产的真实价格（新建住宅类商品房销售均价/CPI）上涨了3.1倍，与发达国家工业化和城市化的高峰期相比，中国真实房价涨幅仅低于日本，远高于其他国家。

房价收入比总体偏高，一线城市尤甚。房价收入比（房屋总价/家庭年可支配收入）普遍用于衡量对房价的承受能力。易居研究院发布的《2018年全国50城房价收入比报告》显示，中国一线城市与二、三线城市房价收入比存在显著差异，且一线城市仍保持上升趋势。一线城市房价收入比已经接近25，二、三线城市维持在10附近。从50城的房价收入比排名来看，2018年房价收入比排名前五位的城市分别是深圳（34.2）、上海（25.2）、三亚（23.2）、北京（22.8）和厦门（19.9）。如此高的房价收入比，意味着大部分家庭的收入买不起房。

中低收入购房者压力尤重。宾夕法尼亚大学方汉明等学者基于某大型商业银行的120个城市的住房抵押贷款数据，探究高房价对购房人群带来的经济压力。他们对比分析了各类型城市中的两类购房群体：一类是家庭收入在贷款购房人群中占比10%以下的低收入群体，另一类是家庭收入在贷款购房人群中占比45%～55%的中等收入群体。研究发现，低收入群体，房价收入比在8以上，住房开支成为非常大的负担；中等收入群体的房价收入比在6～8，住房开支负担也很沉重。两类群体中，一线城市的住房收入比显著高于二、三线城市。

房价持续大幅上涨背后是供求两方面的力量在共同发挥作用。需求和供给两方面的力量当中有合理成分，也有不合理成分，因此房价上涨也包含了合理和不合理成分。

房价上涨中的合理成分：经济结构转型和城市化是房地产需求的首要驱动力。房地产的市场化进程，同时也是经济活动从农业部门向工业和服务业部门快速转移的进程，是城市化高速推进的进程。大量人口从生产率/收入较低的农业部门流向城市中生产率/收入较高的工业和服务业部门，这是非常典型的经济结构转型过程。在大量人口流入的背景下，对住房的需求持续高涨，成为支撑房价上涨最重要的需求因素。华盛顿大学的王平和其他几位学者使用多部门一般均衡模型计算了经济结构转型和城市化进程对房价的影响。研究发现，在2003—2007年和2008—2012年两个时期，经济结构转型和城市化分别解释了房价上涨的25%和45%，结构转型和城市化是需求因素当中对房价解释力最强的因素。

房价上涨中的合理成分：消费升级提升了大城市房地产需求。随着收入增长，消费也在持续升级，从最基本的食品和衣着，转向一般制造业商品，再转向人力资本密集型的服务。从制造到服务的转型拐点发生在2012年前后，城镇家庭消费支出结构的明显变化有力地证明了这一点。比较2005—2012年和2013—2018年各类居民消费支出的平均增速，服务类支出增速排位显著提升，特别是医疗保健支出增速从最后一名上升至第一名，教育文化娱乐服务增速排名上升4位。与之形成强烈对比的是，2013—2018年居民在食品、衣着方面的消费支出增速降至最后两位。由此可见，获得更好的服务的方式不是把服务买回家，而是靠近服务，在服务更好的地方买房或者租房才能享受到服务升级，这成为提升房地产需求的另一个重要因素。一个城市的房价和该城市人均公共支出高度相关，更高的人均公共支出意味着更好的公共服务和基础设施，一线城市和省会城市的公共医疗和教育服务较其他城市更好，在这些地区买房不仅要考虑房子本身，更重要的是房子附加的更好的公共服务和公共基础设施服务。

房价上涨中的合理成分：住房抵押贷款支撑了房地产需求。住房抵押贷款的普遍使用降低了居民部门的流动性约束，帮助他们更早地改善居住条件。住房抵押贷款越来越普遍地被使用，万得（Wind）和司尔亚司（CEIC）数据显示，2002—2018年，个人住房抵押贷款增量在当年住宅销售额中占比平均达到31%，如果考虑到商业住房贷款首付比例（首付比例首套房为20%~35%、二套房为30%~80%），住房抵押贷款增量占当年商品房销售额的比例可能高于60%。根据华盛顿大学的王平及其他作者的模型，住房抵押贷款在2003—2007年和2008—2012年期间分别解释了中国房价上涨原因的14.6%和8%。

房价上涨中的合理成分：家庭结构小型化抬高了房地产需求。在经济不断发展、城市化进程加快、居民收入水平和受教育水平不断提升的背景下，人民的生活方式和观念逐渐发生改变。得益于生活水平提高、医疗及住房等条件持续改善，中国家庭结构正由传统的家长式大家庭转向结构更小的家庭模式，呈现出家庭结构小型化趋势。全国的31个省（区、市）2000—2017年的平均家户规模都呈现出不同程度的下降，全国平均家户规模由2000年的3.46人/户下降至2017年的3.03人/户，家庭结构趋于小型化、微型化。这一方面影响了户型等住房产品结构；另一方面，在人口增长的背景下，家庭结构小型化增加了总家庭户数，抬高了住房需求。

房价上涨背后的不合理成分有些来自市场发育滞后，有些来自政策扭曲。

房价上涨中的不合理成分：债务主导型金融体系和缺少长期金融投资工具助长了房地产投资需求。债务主导型金融体系增加了房地产的投资属性。支撑债务主导型金融体系的重要元素是抵押品，而房地产是天然的抵押品。哈佛大学教授葛雷瑟指出，在债务主导型的经济体当中，以银行为代表的金融机构普遍使用房地产作为抵押品，并因此提升了全社会对房地产的投资偏好。中国是典型的债务主导型金融体系，金融机构也普遍使用土地和房地产作为抵押品，这大幅提升了房地产的投资属性，增加了对房地产的需求。

房地产成为家庭养老和保险的替代金融投资工具。随着居民部门金融财富水平的提高，财富的配置方式也会发生变化，中国也不例外。中国居民部门快速增长的金融财富不再满足于仅以低风险/低收益的银行存款的持有方式。在更高的金融资产水平上，居民部门愿意持有更高风险/高收益组合的金融投资产品，愿意持有长期、带有养老和保险功能的金融投资产品。但是，这些金融服务需求得不到满足，因此转向房地产投资。房地产替代金融资产成为高风险/高收益金融投资产品，或者养老和保险金融投资产品的替代投资工具。根据西南财经大学的《中国家庭金融资产配置风险报告》，房地产在中国家庭资产的占比达到六成以上。与此形成对比，美国家庭的房地产在全部家庭资产中的占比只有中国家庭的一半。

房价上涨中的不合理成分：一线城市人均新增住宅供地最少，是房价高涨的最大推手。中国土地一级市场由地方政府垄断，其对供地数量和供地方式有绝对控制权。尽管从土地到住房存在一定开发周期，导致土地供给与住房供给在短期内存在一定时滞，但拉长时间来看，供地数量仍直接决定着住房供给数量。供地越少，住房供应数量也相应越少，因此会推动房价上涨。根据王平及其他作者的估算，土地供给在2003—2007年和2008—2012年期间分别解释了房价上涨因素的32%和38%，不仅是供给因素中解释房价上涨最大的因素，也是包括房地产商进入成本、抵押贷款、生产率等在内的所有供求因素中解释力最大的因素。

一线城市的住宅土地供应紧张，对房价影响最突出；二、三线城市住宅土地供应更富有弹性，需求端因素对房价影响更突出。我们用2009—2018年平均新增住宅土地面积除以常住人口来反映该城市的新增住宅供地强度。北上深等特大城市住宅供地强度最低，人均新增住宅供地面积不足10平方米。二线城市新增住宅供地强度有非常大的差异，比如福州、西宁等城市人均新增住宅供地面积不足10平方米，而武汉、沈阳和乌鲁木齐等则接近30平方米。三线城市新增住宅供地强度也有显著差异，从不足5平方米到超过30平方米不等。北上广深4个城市的住宅供地强度和房价呈非常明显的负相关，新增住宅供地更多地对应于更低的房价；二线城市住宅供地强度和房价之间相关关系模糊，并非住宅供地不影响房价，而是如前文指出的那样，还有其他众多因素也会影响房价。在城市竞争当中二线城市的发展命运有显著差异，也给房地产的需求和房价带来了显著差异；三线城市住宅供地强度和房价之间的相关关系同样也比较模糊，需求端因素对房价的影响可能更加突出。

房价上涨中的不合理成分：基础设施和公共服务制约了大城市的住房供应提升。购买住房是购买该住房所在位置带来的各种服务流。因此，住房供应不仅是住房本身，也包括住房附着的各种服务和交通基础设施。完善基础设施和公共服务，是变相地增加高品质住宅的供给，以及缓解中心城市房价压力的主要手段。纽约、东京等大都市圈的发展，都借助于大力发展郊区的公共服务和公共基础设施，拉近与中心城区的距离，进而实现郊区住房对中心城区住房的替代。这不仅让大都市圈容纳了更多人口，也降低了大都市的住房和生活成本。中国也提出了都市圈建设，在特大城市周边的交通基础设施方面也做了很多工作。但是，与发达国家相比，无论是基础设施还是公共服务的完善程度，中国都还有较大差距，这制约了郊区对中心城区住宅的替代，成为拉低大城市房价的重要掣肘。

房价上涨中的不合理成分：保障性供给与人口流动脱节。1995年《国家安居工程实施方案》的出台是中国保障房发展的起点。经过20多年的发展，现在已初步建立针对中低收入人群、住房困难的家庭，包括公租房、经济适用房等在内的保障性住房体系，还对棚户区改造提出了特别要求。保障性住房的分布与新建商品住房分布和人口流动分布有明显区别，在市场竞争力量的驱动下，新建商品住房基本还是紧跟人口流动，在人口流入地区多盖房；保障房建设则不然，根据能获得数据的2010—2011年保障房建设情况来看，保障房集中在新疆、黑龙江、安徽、江苏、浙江等几个省份；中南部地区，尤其是人口大量流入的珠三角地区，保障房建设较少。保障房不能跟着人口走，让遏制房价上涨的效果打了折扣。

房价上涨中的不合理成分：房地产开发商贷款政策未能与时俱进地做出调整。为了遏制土地炒作和囤积土地，防范土地开发环节的市场风险，监管部门要求开发商必须项目四证齐全、企业资本金达到30%、开发商具备二级以上资质，才有资格获得贷款。这些措施在特定阶段内起到了遏制投机的作用。但是，近年来，随着对房地产市场预期的降温，以及强调周转率的大型开发商市场份额上升，靠投机的开发商越来越难生存，开发商的囤地、囤房行为也明显下降。对开发商贷款的限制，拉长时间来看，实际上遏制了住宅供应，推升了房价。关于房价的回归模型显示，对开发商的开发贷款与住房价格呈显著负相关，开发贷款下降直接带来新增住宅供给下降，加剧房价上涨。

房价上涨如何影响企业经营和居民消费

房价上涨提高了生产经营成本和生活成本，改变了资本、劳动、土地等要素之间的相对价格，迫使企业和消费者做出反应。房价上涨的影响有的是直接的，有的是间接的，个体感受和总体影响可能存在巨大差异。这里我们讨论两个问题：房价上涨是否恶化了企业生存环境？是否挤出了消费？

房价增速和企业利润增速在统计意义上正相关。利用2015年的月度时间序列数据来看，房价增速和企业利润增速呈正相关。由于房地产和工业利润都有较高的周期性特征，两者有周期意义上的正相关关系并不意外。房地产作为最大的周期性部门，房价高涨时期往往也是宏观经济高涨时期，这个期间的工业利润表现较好也在情理之中，因此，这并不能作为房价上涨有利于企业盈利的判断。房价有周期上行阶段，也必然有周期下行阶段，从跨越周期的中长期来看，房价上涨未必有利于企业盈利。从跨越周期的2012—2018年平均数据来看，我们在200多个样本城市中看到，房价增速和企业利润增速的正相关关系依然成立。虽然仅从这种相关关系无法得出强有力的结论，不能以此认为房价上涨有利于企业经营，但至少可以提示我们，房价上涨与企业经营之间的关系并不仅仅是提高了经营成本那么简单。

房价上涨增加了企业经营活动中的要素成本，但对不同类型企业经营的影响有显著差异。对于市场定价能力较强的企业，房租或者劳工成本上升的结果往往是产品或者服务价格的上升，房价上涨对企业盈利的影响有限。而对于市场定价能力较弱的企业，它们至少采用以下三种方式应对房价上涨：

一是改变产品/服务的要素投入密集度，比如用土地节约型技术代替现有技术，典型的例子就是在高房价地区更流行的快递行业，节省了城市中心地带的用地；再比如将中心城区商场转化为郊区的大型购物中心。二是加大研发力度，用其他方面的成本下降抵补房价上升带来的成本上升。三是退出本地市场，退出本地市场的企业还面临两种选择，要么转移到其他地区或者其他部门继续经营，要么彻底退出市场。而只有企业彻底退出市场带来的资源闲置，才会导致真正意义上的产出损失。

房价上涨会给企业经营带来普遍的压力，并迫使企业做出调整，大量企业饱受房价上涨之"痛"，然而"痛"不等于真实伤害。考虑到企业采取各种应对房价上涨的措施以后，房价上涨的大部分"痛"会消除，留下的真实伤害则取决于要素市场流动性。房价上涨只是在非常特定的环境下才会带来真正的产出损失。资源闲置和产出损失的大小取决于要素市场流动性，如果房价上涨冲击带来的失业人员能够很快在其他地方找到工作，则损失更小，反之损失更大。

房价上涨刺激了房地产供给上升，以及由此带来的城市扩张和规模经济效应，为企业提供了更多发展机遇。这是我们从过去几十年中国城市化进程中看到的普遍现象。规模经济效应可以从降低成本、提高专业化和生产率水平等多个角度改善企业的生产率，同时也改善了企业生存环境。一个与此相关的证据是，随着人口密度的不断提高，企业的数量也随之上升。人口密度为0～2500人每平方千米（含）的区域，企业数量在0～87家；人口密度为2500～5000人每平方千米（含）的区域，企业数量在88～238家；人口密度达5000人每平方千米以上的区域，企业数量达到340家。人口越密集的地区，给企业创造的发展机会越多，对企业的吸引力越大。

房价增速和居民消费增速之间的统计关系模糊。利用2015年的月度时间序列数据来看，房价增速和消费呈正相关。房价上涨伴随着信贷上涨和资产价格上涨，刺激全社会购买力增加。这些周期性的收入效应和财富效应大于房价上涨对部分家庭的消费挤出，因此，房价增速与消费增速呈正相关。然而，这并不能作为房价上涨有利于消费的依据，房价有周期上行阶段也必然有周期下行阶段，从跨越周期的中长期来看，房价上涨未必有利于消费。用跨越周期的2012—2018年平均数据来看，我们在200多个样本城市中看到房价增速和企业利润增速的关系非常模糊，没有显著的正相关或者负相关。

房价上涨改变了居民生活中各种支出的相对价格，对不同家庭消费支出的影响有显著差异。家庭部门面临着住房支出还是其他消费支出的选择。住房作为生活中的必需品，不同家庭面临着有显著差异的替代弹性，已经有稳定居住地的家庭对住房的替代弹性相对较高，没有稳定居住地的家庭则缺乏替代弹性。对于缺乏替代弹性的家庭，房价上涨将迫使家庭不得不增加与住房相关的开支，并因此挤压其他消费。

房价上涨除了带来对消费的挤出效应，还有改善收入的一面。应该考虑房价上涨过程中，房地产供给改善，城市化率水平提高及由此带来的规模效应和收入水平提升，这会对消费形成正面的影响。这也解释了为什么尽管大城市房价高而且快速上涨，大量人口还是愿意到大城市工作，因为大城市的规模效应带来了更多的高收入机会。

房价上涨对企业和居民消费的综合利弊评价，关键要看住房供给弹性。房价上涨一方面给企业带来了经营成本上升的负面影响，另一方面也给企业带来了源自规模经济的发展机遇。综合两方面的情况来看，房价对企业经营影响的关键在于房地产的供给弹性。供给弹性过低，意味着房价上涨但是房屋供给没有提高，难以带来城市扩张和规模经济收益，房价上涨的负面影响更突出；保持适当的供给弹性，意味着房价上涨伴随着房屋供给显著提高，不仅可以遏制房价的进一步上涨，还可以明显推进城市扩张和规模经济收益，为企业创造更多发展机会，房价上涨的正面影响更突出。从我们对企业利润增速的多元回归分析中也可以看到，房价与企业利润呈现出显著的负相关关系，与住房供给弹性则是显著的正相关关系。

房价上涨对消费的挤出程度也取决于该城市的住房供给弹性。较高的住房供给弹性下房价上涨带来住房供给的显著改善，住房开支增长有限，对其他消费的挤出也有限；较低的住房供给弹性下，住房开支增长更大，对其他消费的挤出也更显著。

立足都市圈建设，缓解高房价之痛

哈佛大学葛雷瑟教授指出，同样的生产率进步条件下，在住房供给富有弹性的城市会带来更多的住宅、人口流入和城市扩张，房价增速相对温和；在住房供给缺乏弹性的城市则难以带来住宅数量增加、人口流入和城市扩张，生产率进步带来更多的是房价和生活成本的上升。上述关于住房供给弹性对城市发展的作用机制具有普遍性。中国城市的住房供给弹性也有显著差异，供给弹性亦成为刻画城市发展差异的关键要素。结合住房供给弹性、人口流动、收入和房价几方面的要素，中国的城市可划分为以下几种类型。

一是瓶颈型大都市，代表城市是北京、上海、深圳等特大城市。用2009—2018年平均新增住宅土地面积除以常住人口来反映该城市的新增住宅供地强度。北上深等特大城市住宅供地强度最低，人均新增住宅供地面积不足10平方米。由于住房供给缺乏弹性，对房地产需求的上涨更多地转化为房价上涨，高房价带来更高的生产成本和经营成本，而缺乏城市规模扩张带来的诸多好处，对企业经营和居民生活的负面影响凸显。

二是扩张型城市，代表城市有成都、西安、郑州、武汉、杭州等。这些城市的共同特点是生产率提高的同时住宅供应增长较快，住房供给具有弹性。对房地产需求的上涨同时转化为相对温和的房价上涨和住宅供应的显著增长，与此相对应的人口流入和城市扩张也更快。房价上涨对企业经营和居民生活的负面影响得到部分缓解。

三是空巢型城市，大量小城市都属于此类，特点是住房供给富有弹性，然而对房地产需求较低，房价涨幅相对较小。由于生产率进步丧失了动力，即便房价涨幅很低甚至是下跌，依然留不住人口和产业。

化解中国的高房价之痛，落脚点是改善前述瓶颈大都市及未来可能会步入大都市行列的扩张型城市的住房供给弹性。改善住房供给弹性，不仅是住房本身，还需要匹配的交通基础设施和各种公共服务，新建住房应该能对大都市原有住房形成有效替代。从发达国家的经验来看，大都市圈是对中心城区替代的普遍选择，大都市圈凭借更低的居民和生产经营成本，让更多企业和居民以更低的成本进入大都市，分享和共建大都市的规模经济优势。

中国的都市圈建设还存在众多短板。其一，交通基础设施和相关的管理和服务不够完备。与东京、纽约这些大都市圈相比，中国大都市中心城区到郊区的通勤不够便利且时间过长。其二，都市圈房价过高。国外大都市中心城区房价虽然很高，但是城市外围的房价有非常明显的下降，处于中等收入家庭可接受范围以内。中国大都市无论是中心城区还是郊区的房价都远远超出了中等收入家庭可接受范围。其三，服务跟不上。公共服务明显落后于中心城区，基础教育、医疗服务、文娱等服务也有很大缺失和差距。这些短板制约了大都市圈发展，制约了中国的城市化进程，也制约了人力资本行业的发展。

补上大都市圈建设的短板，需要落实以下几个方面的保障：其一，保障大都市圈基础设施建设低成本、长周期资金来源。地方政府一般债远不足以满足公益和准公益类的建设资金需求，需要灵活运用专项债，扩宽融资渠道。需要引以为戒的是，不能再借助"影子银行"为公益和准公益类建设项目融资，这是近年来中国金融风险上升的主要根源。其二，保障都市圈的住宅用地。都市圈范围内不必要求有农业用地，也不必要求工业用地比例，充分保障都市圈的住宅用地才能有效降低区域内的住房价格。其三，政府和市场一起努力，改善服务。政府要负起一般公共服务的职责，并且提供更高质量的公共服务。要鼓励社会资本参与基础教育、医疗服务、文娱等服务的供给。

建设大都市圈需要一系列的重大改革，一个可供参考的做法是效仿过去的试验区经验，试点大都市圈改革试验区。试验区内的地方政策，尤其是土地政策、各种公共服务供给及对服务的各类管制政策有高度自主权。中国未来的经济增长点在于人力资本密集型服务业。大都市圈发展在创造和传播知识方面有巨大优势，是提升人力资本和提高生活水平不可或缺的依托。随着中国经济结构转型和经济发展重心的变化，这种试验区建设的意义丝毫不弱于此前推动中国制造业和外贸发展的试验区建设，将为中国新一轮的人力资本密集型行业发展带来重大发展机遇。

第 2 章

问题与突破：
资本市场的危与机

金融市场如何助力先进制造业

刘锋　中国银河证券首席经济学家、研究院院长

王恺　中国银河证券博士后工作站博士后

先进制造业作为制造业中最先进、最前沿、最具活力的领域，是制造业高质量发展的重要引擎，也是中国经济转型升级、实现创新发展的基础。2019年中央经济工作会议将制造业高质量发展作为重要任务，强调要推动先进制造业和现代服务业深度融合，坚定不移地建设制造强国，体现了国家对促进先进制造业发展的高度重视，说明先进制造业对当前经济发展意义重大。

目前，中国制造业增加值已居世界第一，是名副其实的世界工厂。然而，从边际利润率来看，情况并不乐观，尤其是先进制造业，其盈利能力甚至不及传统制造业。

先进制造是制造业中创新最活跃、成果最丰富的领域，也是价值链上高利润、高附加值的领域，本应具有更强的盈利能力。

中国先进制造业具有怎样的结构特征，与美国、日本相比有怎样的差异？如何理解中国先进制造业盈利难的困局？金融如何有效支持先进制造业高质量发展？笔者将针对以上问题逐一加以分析和探讨。

先进制造业的结构与特征

目前，对先进制造业的定义和统计分类并没有严格统一的标准。先进制造业一般是指技术水平高、处于产业链和价值链核心环节、附加值高的制造

业，重点包括战略性新兴产业。我们选择上市公司中新一代信息技术（不包括软件和互联网服务）、高端装备、生物医药、新材料、汽车制造行业作为先进制造业的标的样本来研究。根据万得（Wind）公司的数据，截至2018年年底，国内A股先进制造业上市公司有1324家，市值11.4万亿元，公司数量和市值占制造业比重分别为51.7%和48.6%。从先进制造业上市公司数量看，国内A股企业多于美股本土企业和日股企业；从先进制造业市值规模看，美股规模远超A股，中日基本相当，美日先进制造业市值占制造业的比重高于中国。2012—2018年，A股先进制造业市值占制造业比重基本保持稳定，美股该比例有所提高，日股该比例略有下滑。从行业分布来看，国内A股、美股、日股中先进制造企业数量最多的三个行业均为新一代信息技术、高端装备、生物医药，三者合计市值占比均接近或超过3/4。

先进制造业不同细分领域的特征有所不同，但与传统制造业相比，其普遍都更为依赖研发投入与技术创新，从而形成产品的差异化和核心竞争力。我们注意到万得提供的数据，2018年A股、美股、日股先进制造业上市公司的平均研发费率（研发费用占营收的比例）分别为3.1%、9.3%、6.4%，制造业上市公司研发费率分别为2.2%、8.7%、5.3%，先进制造业研发投入明显高于传统制造业。但与美股、日股同类公司相比，中国先进制造业上市公司平均研发费率明显偏低，仅约为美国的1/3、日本的1/2。

中美先进制造业的资产结构特征差异显著。中国先进制造业固定资产占比相对较高，而无形资产占比偏低，表明中国先进制造业更侧重制造和物理资产，而美国更偏向高技术研发或知识产权。万得的数据显示，A股先进制造业上市公司固定资产占总资产比重为26.1%，高于制造业21.8%的水平；美股先进制造业上市公司该指标为15.0%，低于制造业16.0%的水平。A股先进制造业上市公司商誉和无形资产占比为5.2%，低于制造业5.5%的水平，也远低于美股先进制造业36.9%的水平。

民营企业是中国先进制造业的主力军，但其盈利能力不及国有企业。A股先进制造业上市公司中，民营企业有982家，占该类公司总数的70.8%，比例远高于其他所有制类型的企业。从盈利能力看，2018年A股民营先进制造业上市公司平均净资产收益率（Return On Equity，ROE）为6.5%，低于国有同类公司6.8%的水平。其主要原因在于民营企业权益乘数相对较低，相比国有企业，民企获取银行贷款更为困难，民营先进制造业上市公司平均权益乘数为198.8%，国有上市公司则高达237.1%。然而，我们也发现：民企具有更高的研发投入和销售利润率，A股民营先进制造业上市公司平均研发费率为3.6%，毛利率为23.6%，净利率为5.0%；同类国有企业平均研发费率为2.8%，毛利率为17.5%，净利率为4.2%。

先进制造业盈利难症结何在

基于对上市公司财务数据和国内外比较分析，我们发现中国先进制造业上市公司存在产品利润率低、研发投入不足、缺少定价权、融资难、债务结构短期化且融资成本高、资产结构"脱实向虚"、资产利用率低等问题。此外，部分先进制造领域市场集中度低，一些企业大量融入资本，盲目扩张，造成产能过剩，形成恶性竞争。

据万得的数据，2018年A股先进制造业上市公司平均毛利率为20.3%，而同期美股、日股同类公司分别为31.3%和28.1%。中国远低于美日的原因，是国内先进制造业更多集中在制造、集成环节，核心产品技术水平较低，研发投入不足。从资产结构看，美国先进制造业拥有大量的核心技术和知识产权，其无形资产占总资产的比重远超中国，而中国先进制造业固定资产占总资产的比重更高，更依赖于制造环节。以工业机器人为例，中国是工业机器人第一大市场，机器人生产企业已超过1000家，但主要集中在系统集成环节，机器人上游核心零部件，如控制器、减速器、伺服系统，很大部分仍然依赖进口，三者合计占到工业机器人总成本的60%以上，严重压缩了国产机器人企业的盈利能力。

先进制造业依赖研发创新，具有研发周期长、不确定性高的特征，需要风险承受能力较高的长期投资。而银行等金融机构对于风险有着天然的厌恶，其资产端偏好的是收益回报较稳定、风险属性较低的资产，两者特征并不匹配。截至2018年，A股先进制造业上市公司平均资产负债率为53.6%，低于制造业58.9%的水平，也低于美股先进制造业66.3%的水平，这从侧面说明国内先进制造业企业在获取传统信贷支持方面能力较差，尤其是民营企业，其获得银行贷款更为困难，A股民营先进制造业上市公司资产负债率只有

49.7%。同时，国内先进制造业企业债务结构短期化，且融资成本较高。A股先进制造业上市公司流动负债占总负债的比重高达78.6%，而美股同类公司该比值仅为39.6%，日股同类公司为61.0%，A股明显高于美股、日股。以流动性要求高的短期负债为主，也必然导致循环融资成本上升。A股先进制造业上市公司平均债务融资成本为4.4%，高于美股、日股同类公司4.1%、0.4%的水平。融资成本高且以短期融资为主，不仅挤压了企业利润空间，也导致企业必须在资产端匹配相应的流动性资产，从而限制了企业将资金投入研发和主营业务固定资产等回报周期较长的实体项目中的能力，造成企业长期盈利能力的边际下降。

中国先进制造业上市公司超七成是民营企业，其速动资产和商誉占比高，资产结构呈现"脱实向虚"倾向，在一定程度上造成资产周转率低，限制了资本盈利能力。截至2018年，A股先进制造业上市公司速动资产占总资产比例为35.2%，而美股同类企业为28.5%，A股公司显著高于美股公司。中小民营企业公司治理相对不规范，缺少决策约束机制，更倾向于将资金投入资本运作等项目中，投入研发和固定资产投资等回报周期较长的实体项目中的比例较低，使得大量资金滞留在金融体系内部，对主营业务贡献小，造成资产利用率较低。A股先进制造业上市公司平均资产周转率为68.7%，低于制造业上市公司71.8%的水平，也低于美股先进制造业上市公司77.3%的水平。

近年来，国家对先进制造业发展的支持力度较大，相关企业数量也迅速增长，但以中小企业为主，市场集中度较低。据统计，中国工业机器人生产企业已逾1000家，国家平台注册的新能源整车企业超过600家，农机制造企业超过2000家。国内A股先进制造业上市公司数量是美股的1.1倍，但2018年总营业收入只有美股先进制造业上市公司的27%。企业数量过多，造成市场竞争激烈，低价竞争成为普遍存在的现象，从而进一步挤压企业利润，限制企业对于产品技术创新的投入，造成恶性循环。

金融支持先进制造业发展的举措

金融是实体经济的血脉，是连接供给与需求的桥梁，在促进经济结构调整和新兴产业发展方面发挥着关键作用。目前，中国以间接融资为主的金融体系对先进制造业发展的支持存在严重不足，一定程度上制约了先进制造业的发展。因此，进一步深化金融供给侧结构性改革，完善金融服务体系，引导金融资源向先进制造业领域积聚，支持先进制造业高质量发展，具有重要战略意义。

第一，推进多层次资本市场建设，提高市场效率，拓宽先进制造业企业融资渠道。我们认为，应该在科创板推出及注册制试点的基础上，进一步完善基于法制与信用的多层次资本市场体系，提高市场效率，加强金融基础设施建设，完善交易制度和市场定价机制，加强公司治理和信息披露的管理，对内幕交易、虚假信息和市场操纵等扰乱市场秩序的行为要做到依法公平公正公开惩治，形成正向激励，树立市场信心，使资本市场真正发挥对生产要素优化配置的功能。加大对先进制造业企业上市融资的支持力度，发展适合先进制造业特点的创新债券融资服务。同时带动市场化运作的天使基金、风险投资、私募股权及产业基金的发展，并针对先进制造领域实施适当的税收优惠，形成对先进制造业发展全生命周期的金融服务支持。

第二，发挥资本市场的并购重组功能，助力先进制造业企业做大做强。资本市场的并购重组是其最基本、最核心的功能之一，但在中国资本市场中并没有得到很好的体现。2016年中国风险投资退出项目中，以并购方式退出的占比仅为29.7%，远低于全球平均水平，美国通过并购退出的项目占比为82%。并购重组功能的弱化，不仅限制了风险投资的退出渠道，也不利于先进制造业企业做大做强。中国先进制造业普遍存在市场集中度低、低价竞争的问题，一些行业还存在产能过剩问题，并购重组可以优化资源配置，盘活存量资产，调整和优化产业结构，提升产业竞争力。

第三，提高商业银行服务先进制造业的能力。商业银行是中国金融体系的主体和企业获取金融服务的主渠道，先进制造业的高质量发展离不开商业银行的大力支持。实际上，从国外经验来看，即便是在以直接融资为主的金融体系下，商业银行同样在支持先进制造业方面大有可为。美国虽然间接融资占比较低，但其银行系统也不断创新体制机制，服务先进制造业发展，其典型标志是科技银行的诞生和发展。硅谷银行作为科技银行的代表，成立于1983年，不同于传统商业银行，其专门服务于高技术中小企业，并与风险投资紧密结合，开发出股权投资与信用贷款结合的投贷联动模式、认股期权贷款模式、中长期创业贷款、供应链融资、全球财务管理等创新服务，为科技企业提供全生命周期的金融产品和服务。中国商业银行可以借鉴美国硅谷银行的经验，推动科技银行发展，完善组织架构，加强团队建设，引入先进制造业专业化人才，提高对先进制造领域的风险评估和管理能力，开发适应先进制造业特点的产品和服务。

第四，发挥政策性金融机构对先进制造业的支持作用。从日本、德国的经验来看，政策性金融机构在以间接融资为主的金融体系下，在支持先进制造业发展方面发挥着关键作用。日本、德国建立了政策性银行和商业银行相结合的金融体系，结合政府的产业政策，为先进制造企业提供信用担保和低息贷款，并通过与风险资本联合投资支持高技术初创企业。目前，中国三大政策性银行并没有服务先进制造业的专门定位，对先进制造业的支持力度有限，可以考虑设立服务先进制造业的政策性银行和政府基金，并加大现有政策性金融机构对先进制造业的支持力度，为先进制造业升级提供资金支持。

第五，促进服务于先进制造的融资租赁业发展，为技术升级和设备更新提供融资支持。融资租赁发端于20世纪中叶的美国，是为了解决企业缺乏技术升级资金而诞生的，天然具有融资融物的双重属性，与产业升级、技术进步相伴相生。目前，融资租赁已成为很多西方发达国家仅次于银行信贷的第二大金融工具。根据2018年全球租赁业报告，美国融资租赁渗透率达21.5%，德国为17.0%，英国为33.7%，中国为6.0%。虽然2006年以来中国融资租赁发展较快，但是，无论是行业规模还是水平，都与发达国家差距较大。应该进一步促进针对先进制造业的融资租赁业发展，对融资租赁企业予以税收优惠，考虑设立专门针对高科技产业的设备融资租赁公司，为类似芯片行业这样的重资产高技术行业提供技术升级和设备更新的资金，并考虑用中央财政对其贴息，降低企业实际融资成本。

第六，健全信用担保体系，完善企业技术创新评价体系。针对先进制造业贷款风险高的问题，应该加快信用担保体系建设，考虑发展一批以政府出资为主的政府性融资担保机构和政策性担保机构，形成由担保机构、银行和企业共同分担风险的机制，分散先进制造业贷款的高风险压力。同时，先进制造业企业技术创新的评价标准仍然有待进一步完善，券商等中介机构也需要加强研究实力，把握科技创新趋势，同时可以考虑积极发展第三方专业评估机构，以利于对先进制造业企业的价值评估和投资风险管控。

第七，提高金融机构服务能力，构建投融资一体化的服务机制。先进制造业研发投入大、不确定性高，商业模式多样化，兼并重组常态化，需要的是投融资一体化的金融服务。目前，虽然中国银行、保险、券商、信托、资产管理公司等各类金融机构已基本健全，但很多金融机构仍然没有改变通道业务的盈利模式，服务能力仍有待提高，并且各类市场相对割裂，造成综合服务效率大打折扣。我们认为，应该加强金融机构投资银行的功能和能力建设，在合理控制风险的前提下，打通一级市场和二级市场，打通银行信贷与资本市场即债市与股市的通道，鼓励金融产品创新和服务创新，提高资本运营效率，使市场充分发挥定价功能，提高对先进制造业的金融服务质量。

当前，先进制造业是国家发展的重点领域，服务实体经济也是金融供给侧结构性改革的本质，尤其是在经济下行压力加大，制造业投资回落的背景下，能否有效地促进先进制造业高质量发展显得尤为重要。从数据上看，中国先进制造业规模逐年增大，但是企业的盈利能力有所下滑，发展质量仍有待提高。但是，我们也乐观地看到，国家已经将支持先进制造业发展作为工作重心，只要我们尊重经济发展和技术创新规律，继续深化改革，完善金融、政策等支持体系，我们的制造强国梦终会实现。

美国再工业化努力的启示

沈建光　京东数字科技副总裁、首席经济学家

2019年9月7日，波音的新型宽体客机777X在测试中舱门爆炸，这是继2018年10月印尼狮航、2019年3月埃航波音737 MAX两次坠机事故后，"美国制造"的又一起重大事故。波音作为全球飞机制造领域的霸主，美国制造业

皇冠上的一颗明珠，屡次事故的背后，折射出的是日渐衰微的美国制造业。

而无论是奥巴马任期内推行的"再工业化"政策，还是特朗普当选美国总统以来，多次提到的要重振美国制造业，将海外制造业产业链和工作全部搬回美国，都表明了美国重振制造业的愿望。

但是，美好愿望之下，收效似乎并不明显。二战后，美国制造业经历了怎样的衰退历程，其背后的原因是什么？美国今日悬殊的贫富差距是否与制造业的式微有关？美国再工业化的努力，对当前的中国又有怎样的启示？

逆差背后：美国制造业的衰落

二战后，美国凭借汽车、钢铁、飞机等领域的绝对优势成为世界制造业霸主。此时的欧洲和日本，百废待兴，在全球制造业领域，美国一家独大。美国制造业从业人数比例在1945年达到顶峰，自此便开始下滑。制造业增加比重，也在1953年到达顶点后，掉头向下。

美国制造业增速的下降，不仅导致了美国经济增长的下降，也带来了不断攀升的美国对外贸易逆差。二战以后，美国保持了全球第一大顺差国地位20年。1948—1966年期间，美国一直是全球最大的贸易顺差国，1968年，美国第一次出现贸易逆差，但金额较小，只有11亿美元。此后的10年间，出现了两次全球石油危机，美国石油进口成本大大增加，制造业加速外迁，贸易逆差迅速扩大。

1976年起，美国成为全球最大的贸易逆差国，并持续至今。美国制造业的衰落和外迁是全球贸易格局变化的重要原因。全球贸易格局剧烈变化，美国由全球最大的贸易顺差国转变为逆差国，德国、日本和中国相继崛起，接棒成为全球最大的贸易顺差国，其背后是全球制造业版图重心从美向外的转移。

二战后，美国强劲的出口得益于美国在两次世界大战期间建立起的完善的工业体系，是全球最重要的制造业中心。伴随着德国和日本的相继崛起，1967年德国超过美国，成为全球第一大贸易顺差国，1983年，日本又接替德国成为第一大贸易顺差国，2001年德国再次反超日本，直至2009年中国成为全球最大的贸易顺差国。

从曾经的"世界工厂"到巨额贸易逆差，美国经济在"服务化"的道路上越走越远。1980年，金融、房地产与专业服务增加值在美国GDP中的占比首次超过制造业，20世纪90年代，信息技术行业崛起成为美国增长新动力，互联网科技似乎让人忘却了美国传统制造业衰退的事实，曾经辉煌的钢铁、汽车行业也由经济龙头变成了夕阳行业，"铁锈带"（Rust Belt）成了制造业衰落区的代名词，而华尔街和硅谷则成了聚光灯下的绝对宠儿。

从制造业天堂到金融帝国

制造业衰落硬币的另一个侧面，是金融业和信息科技的崛起。从美国财富500强的公司名单中，可以清晰地发现，自1955年一直到1980年，美国传统生产性行业在财富500强的比重仍然很高，而直到1990年以前，财富500强中几乎还看不到金融业的身影。

以制造业为核心的传统生产性行业的黄金时代，也是美国制造业工人工资增速最快的时期。1981年，美国制造业工资增速达到高点后，自此就一路下滑。而20世纪70年代布雷顿森林体系的崩溃，以及美国金融自由化的开启，直接改变了此后的美国行业格局，"美国梦"中制造业的成色逐渐淡化。

分水岭出现在20世纪80年代。80年代开始的美国金融自由化和监管放松极大地促进了银行和保险公司的壮大。进入90年代，金融混业经营改革进入快车道，传统制造业的比重在1995年下降到不足一半，而金融业、其他服务业的比重开始上升。

美国财富500强的企业结构自1995年起基本保持稳定，到2019年，美国制造业就业仅占全部就业的不足一成，工资增长也处于历史最低水平。而美国在传统制造业式微的过程中，建立起了世界最强大、最复杂、最精细、覆盖最广泛的金融体系。

关于美国过去70年的产业变迁的因果，一个深入人心的经济学解释是，随着全球化的推进，发达国家一方面大力发展高新技术产业，保持扩大金融业的优势、保持对跨国资本的掌控，另一方面加速中低端制造业的全球化转移和布局；而新兴发展中国家有人力成本优势，承接发达国家的落后产能，以劳动密集型产业为起点实现工业化。

而产业全球化的一个直接反馈是，发展中国家廉价的制造业商品冲击了发达国家的市场，发达国家的跨国公司为了降低成本，采取裁员、降低员工福利或者加速将生产转移外包等措施，进一步促成了发达国家的产业空心化，直接导致了发达国家中下层工作机会的流失和福利的下降，时薪70美元的美国三大汽车巨头工作也成了美国制造黄金时代留下的绝唱。

金融业的迅速增长，在支撑美国经济增长的同时，也创造了大量的资产泡沫。股市和房地产泡沫的破灭在2008年带来了堪比大萧条的全球金融危机，关于经济金融化利弊的争论从未停止，但金融和制造业此消彼长的关系却格外清晰。

全球制造重心的转移

纵观历史，一个国家的相对衰落总是伴随着新挑战者的崛起。德国、日本和中国在1970年后的50年中，相继成为全球第一大贸易顺差国及重要的制造业中心，随后中国等亚洲国家成为全球制造业基地之一。

国家统计局称，1978—2018年的40年间，中国经济年均增速超过9.5%，对全球经济增长的贡献超过30%，世界工厂和外向型经济起到了举足轻重的作用。1978年，中国出口、进口占全球比例均低于1%，在全球制造业中也处于边缘位置，且高端制造设备严重依赖进口。此后的20年，中国凭借土地、人口和政策优势，通过"三来一补"的加工贸易建立了以出口导向为主的制造业体系。

加入WTO是中国经济的重要转折点，中国在全球价值链中迅速向上攀升，优惠的土地和税收政策、人口红利及不断完善的基础设施让中国迅速建立起完整的工业体系，释放出巨大的产能。中国制造业产值在2004年超过德国、2006年超过日本，并在2010年超过美国，成为世界第一制造业大国。中国经济结构的深刻变化，由改革开放初期以高度依赖发达经济体的技术和设备为主的进口体系，转变为最大的制造业产品净出口国。

到2018年，中国已经建立了完整的工业体系和制造业产业链，中国制造和世界工厂，已经成为中国经济的标签。无可比拟的人口红利、完善的基础设施、优惠的税收条件，让中国用了仅仅30年的时间就成了世界第一大制造国。

美国制造业的衰落依然是内因驱动的，原因包括产业政策、金融和信息产业的兴起、跨国公司资本全球化布局以降低成本的需求等。但不可否认美国制造业相对衰落中的中国因素——中国的崛起、中国经济的规模效应和制造业多个行业的产业聚集效应，客观上加速了美国企业中低端制造业外迁和在中国的布局。全球制造重心，已悄然转移。

尽管制造业产值被中国超过，但美国制造业规模依然很大，很多高端制造仍处于全球垄断地位。但是，离开传统制造业的美国，是否能继续保持强大与自信？

式微的制造业与扩大的贫富差距

制造业式微之下，是美国不断扩大的贫富差距。1973年之前，美国工人的工资收入与生产率的提升基本保持同步，但两者的增长斜率在1973年后出现了迅速分化。

贫富差距的扩大不仅体现在工资性收入，更重要的是财富差距。瑞·达利欧在全球经济周期研究报告中，也多次讨论到美国制造业工作的流失和财富差距的急剧增大。当前美国的贫富差距已经接近大萧条前夕的1930年，直奔马克·吐温和菲茨杰拉德笔下的镀金时代，而在镀金时代美国贫富差距的巅峰期，1%的富人拥有接近90%的财富。

根据皮凯蒂在《21世纪资本论》中的研究，从1913年到2014年，美国最富有的1%的人群占有的财富份额，总体上呈U形，且财富差距在任何时期都大于收入差距。财富差距在1913—1930年间波动较大，自大萧条开始快速下降，40年代中期到70年代中期保持低位，随后又大幅上升，2014年已经接近大萧条前的水平。今天，美国最富有的10%的人群拥有全部资本的70%，其中有一半为最富有的1%人群所拥有，而50%的底部人群，只拥有全部资本的5%。

贸易逆差的失控、制造业的衰退、中产阶级的萎缩同贫富差距的扩大之间有着千丝万缕的关联。如前文所述，制造业的衰退和外迁导致美国贸易逆差自20世纪70年代后期加速扩大，制造业比重的下降和国际收支的不平衡意味着进口商品大幅增加，取代了国内生产的商品。而这又进一步打击了美国的制造业，对美国经济的竞争力产生了较大损害，曾经的制造业中心五大湖地区沦为铁锈带，大量制造业工厂倒闭，制造业失业人数剧增，从事制造业的中产收入家庭数量大幅减少，而新增的服务业就业从数量上到就业质量上都难以同待遇丰厚的制造业相比，收入不平等迅速加剧。

同时，前总统里根在任期间，受新自由主义影响，推行以减少社会福利支出、降低税率、放松金融管制为主要内容的里根经济学政策。税收和再分配政策本是缩小贫富差距的有效手段，但里根的减税主要在资本利得方面，高收入人群税率的下降也远高过低收入人群，导致高收入群者和大企业获得了绝大多数减税红利，进一步加剧了社会收入和财富的不平等。可以说，制造业的衰退和金融业的高歌猛进带来了一系列严重问题，时至今日，这些问题并未得到有效缓解，已经成为美国社会的痼疾。

再工业化的启示

美国制造业衰退是一个在美国学界、政界、商界中讨论已久的话题，而大洋彼岸的中国，对这个问题似乎并没有引起足够的重视。笔者认为，这个话题，是引发当前中美经贸关系困境中最重要的深层原因之一。几十年来，美国的经济和外交版图，从日美贸易战到如今"美国优先"下的贸易保护主义，背后都有美国制造业的影响和考量。

特朗普自当选以来，一直以"让美国再次伟大"为主要政策口号，大打制造业牌，不断对外挑起贸易争端，迎合美国蓝领阶层对美国制造业外流，以及美国劳动力和资本收入分化不断增大的不满情绪。特朗普的口号代表了美国精英中一个有代表性的观点，即中下层就业机会的丧失与中国制造业的崛起紧密相关，并且德国、日本、墨西哥等对美国有大量贸易顺差的国家都在其针对范围内。雇美国人、用美国货也让特朗普赢得了处于中西部铁锈带的大量摇摆州的选票。

事实上，美国再工业化的努力并非自今日始。在美国，从政府国会到高校大学，重振制造业的呼声早已此起彼伏。奥巴马在金融危机之后推行"再工业化"政策，大力强调制造业的重要性，并在2009年12月公布《重振美国制造业框架》。然而经过两任总统的努力和10年时间，美国制造业似乎没有出现他们所期望的繁荣，制造业新增就业人数同服务业比相形见绌，美国经济脱实向虚的脚步并未停止。去工业化经历的时间，或许需要同样或者更长的时间，来重走工业振兴的道路。

无论是引发热烈讨论的纪录片《美国工厂》和片中出现的福耀玻璃北美工厂，还是美国哥伦比亚广告公司（CBS）的纪录片《美国：制造希望》，都是美国制造业危机的一个缩影，不断曝光的美国制造业问题，不断增加的社会对美国制造业现状的研究文献，都是社会对这个问题的反思。

不可否认，美国的高科技新兴产业依然强大，但试图重新恢复美国传统制造业的地位，将是一个痛苦而漫长的过程，且当前的美国，已经不具备传统制造业再次发展的种种历史优势。未来更可能出现的情况是，高端电子制造业和传统制造业命运迥异，电子信息科技的终端制造业或许可以部分回流美国，而传统制造业，正如曹德旺和他的福耀美国工厂的实验，在当前的美国，很难再现昔日的荣光。

今天，美国的政商学各界都已经认识到制造业工作岗位的大量流失，是美国中下收入群体处于困境的关键因素所在。

因此，金融危机以来，主要的发达国家纷纷开始反思过去的制造业外包政策和后工业时代重服务、轻制造的思维，重振制造业成了各国经济政策的主旋律。无论是美国、英国、德国、日本等发达国家，还是今天的中国，都极大地受益于制造业的繁荣和工业化的过程，服务业难以支撑经济高速增长也已经成为学界共识。如何在经济从制造业向服务业转型的过程中，保持制造业的优势和传统，是一个持久的考验。制造业在一国经济竞争力中的核心地位不应被忽视，高端制造和传统制造也并不天然矛盾，降低制造业税负成本，鼓励制造业发展，对当前的中国，有着比以往更加重要的意义。留住制造业，就留住了就业、增长和国家的未来。

中国是否面临债务危机

汪涛　瑞银亚洲经济研究主管、首席中国经济学家

前几年投资者对中国债务问题的担忧有所消退，近期忧虑又重现。这一变化有一些新旧交织的因素：宏观杠杆率再次抬头；工业品出厂价格（PPI）陷入通缩；经常账户顺差收窄，外债规模增加，人民币贬值；部分银行面临资本金和流动性压力，不良贷款很可能趋于上行。但是，笔者认为，中国目前不会出现债务危机，因为：未来宏观杠杆率上涨幅度将温和可控；供给侧改革继续推进可以舒缓PPI的通缩压力；短期内经常性账户应能保持小幅顺差，且整体而言中国外汇储备足以偿付外债；过去几年，银行业已处置了大量不良资产；更重要的是，中国的储蓄率依然较高，同时政府对债务相关方仍有较强影响力，应能防止发生由流动性问题而引发的债务危机。

债务问题重现，新旧因素交织

"去杠杆"推进历经两年后，债务占GDP的比重再次上升。

随着经济增长放缓、宏观政策进一步放松，我们预计，2020年整体非金融部门（非金融企业＋政府＋居民）债务占GDP的比重会上升至286%。过去几年，企业部门杠杆率出现下降，政府部门杠杆增速放缓，因此，2018年整体宏观杠杆率有所下降。但是，随着名义GDP增速放缓、信贷政策再次转为宽松，笔者估算，2019年6月末，整体非金融部门债务占GDP的比重已较2018年年底上升了4个百分点，至272.4%，未来可能还会升高。2019年上半年，宏观杠杆率上升主要来自居民和地方政府，两者分别将整体杠杆率推高了2.1个和1.6个百分点。上半年企业的去杠杆进程也有所停滞，其债务占GDP的比重微升了0.5个百分点，至143%。

一些地方政府和部分居民部门群体的偿债压力可能较大。虽然2018年年底中国政府部门整体杠杆率仅为72%（数据源于瑞银估算，其中包括地方政府

隐性债务），但大部分债务负担来自地方政府，且部分地方政府融资平台出现过偿债困难。到目前为止，地方平台最终都偿还了欠款，还没有发生过真正的本金违约事件。不过，未来地方政府及平台的偿债负担可能会加重。另一方面，过去几年居民部门债务增长较快，我们估算，2018年年底居民部门债务占GDP的比重上升至53%，占居民可支配收入的比重则升至95%左右。虽然中国居民部门杠杆率尚未达到警戒水平，但已与主要发达经济体相差不太大。瑞银证据实验室（UBS Evidence Lab）中的国消费者调查显示，受访居民每月偿债额占月收入的比重平均为17%左右，较为合理，但部分群体（如低线城市和农村户口居民）的杠杆率提升速度很快，同时其线上分期贷款和现金贷借款大幅增加，因此可能面临现金流压力。

虽然近几个月猪肉价格和食品价格的上涨将CPI推高至近3%，但PPI在三年正增长后再次陷入通缩。PPI走弱主要因为原材料和投资品价格下跌，而原材料价格下跌或由于国内需求乏力、限产措施有所放松，以及全球需求走弱。2016—2017年，限产和去产能推高了大宗商品价格，进而帮助上游行业及工业部门改善了现金流，减轻了其偿债负担。朝前看，随着PPI的通缩压力上升（瑞银预测2020年PPI通缩幅度为2%~2.5%），GDP平减指数或趋于下行，这意味着2019—2020年债务增速或将再次超过名义GDP增速，杠杆率进一步上升。

近年来，中国经常账户顺差逐步收窄，其占GDP的比重从2007年10%的峰值降至2017年的1.3%。2018年，美国加征关税拖累了中国出口，而内需相对稳健支持了进口增长，因此，经常账户顺差占GDP的比重进一步收窄至0.4%。此外，贸易相关的不确定性令外商直接投资流入承压，并且可能促使一些企业将部分生产活动移至海外。外部收支恶化令投资者担心中国可能会更多通过外债来刺激政策融资，同时推升杠杆率，而这正是造成其他新兴市场金融体系动荡的典型诱因之一。

国家外汇管理局发布的我国2019年全年外债数据显示，中国的外债规模在2015—2016年短暂下降后又再次上升，2019年第一季度末外债规模达1.97万亿美元。这一方面是因为国内推进去杠杆使部分企业转向海外融资，另一方面也是因为政府希望将外汇储备规模保持在3万亿美元以上，从而稳定汇率预期，因此也鼓励企业去海外融资。随着人民币的贬值压力增加，部分投资者担心中国偿还外债的能力，特别是考虑到中国外债中有1.25万亿美元都是短期债务。

银行业的问题是不良贷款上升，部分小银行或面临经营困难。

银行业整体资产质量可能会再次下滑，部分小银行的经营可能更加困难。随着经济增长放缓、企业利润下滑、政府要求银行增加对实体经济的信贷投放，银行业整体资产质量开始再次下滑，且未来可能仍趋于下行。此外，清理影子银行业务暴露了部分之前被掩藏的问题。与之对应，瑞银银行业研究团队估算有资产规模总计约3万亿元的银行未能披露财报，另有资产规模总计约3.8万亿元的银行需要增资或者重组。过去几个月已经有几家中小银行被接管、注资或重组（例如包商银行等），投资者担心未来会有更多类似事件发生，并拖累整个金融体系的稳定。

中国目前不会爆发债务危机

虽然按照国际标准中国的债务水平已经较高，但是，爆发债务危机可能并不存在某个特定的"触发水平"，且中国仍存在若干与众不同的特质。从国际经验来看，很多国家在远低于中国目前债务水平时就陷入了债务危机，这往往是因为这些国家国内储蓄率低而高度依赖外债，或其国内批发融资市场流动性大幅收缩。而对中国而言：大部分债务融资的来源是国内储蓄而非外债；大部分债务融资都来自国内银行系统，对批发市场融资依赖度不高（个别小银行除外）；政府对银行和主要债务人（国企和地方政府）有较强的影响力。因此，如我们此前所述，尽管部分领域或部门债务水平较高、偿债能力下降，但上述特质意味着中国短期内应不会爆发债务危机。

过去几年，中国在控制及化解债务问题上取得了一定进展，因此我们认为目前出现债务危机的风险小于2015—2016年。政府采取了多项措施防控债务相关风险，包括：强化金融监管抑制债务和影子信贷扩张；限产和去产能推高了工业品价格和工业企业利润，有助于企业部门降杠杆、减少坏账形成。受益于此，中国债务占GDP的比重在2017年大致企稳，在2018年有所下降。此外，2017—2018年银行加快处置不良贷款，同时政府也加强了对资本外流的管制。

我们认为，目前政府不会出台大规模的刺激措施；本轮信贷反弹力度比较温和。部分出于对债务相关风险的担忧，政府并没有推出新一轮靠信贷推动的强刺激措施。我们认为，信贷反弹还面临一些约束和限制：由于资管新规实施较为严格，影子信贷规模仍面临持续收缩的压力；受制于资本金压力和资产质量问题，小银行难以扩大资产负债表和信贷规模；近期房地产开发商的融资条件有所收紧；对地方政府隐性债务的监管依然偏紧。整体而言，我们预计在2020年年底整体信贷增速将温和反弹至11%～11.5%，2019年和2020年的债务占GDP的比重可能分别提高约6个百分点和10个百分点，明显小于2015—2016年时每年20个百分点的增幅。

我们认为，PPI通缩压力小于前几轮周期。考虑到国内需求疲弱、限产措施有所放松，预计PPI将持续通缩，2020年通缩幅度达2%～2.5%。不过，鉴于过去几年中国已大幅削减过剩产能且房地产市场应不会大幅滑坡，PPI通缩的幅度和持续时间应该都不及此前几轮下行周期。自2016年以来，中国已削减钢铁产能1.5亿吨（若包括退出的地条钢产能，则会更高）、化解煤炭产能8.1亿吨，这也大幅推高了钢铁和煤炭行业的产能利用率。我们认为，政府将维持偏严的环保和安全生产要求，这也应有助于在需求乏力的情况下将供给保持在合理水平。

我们预计经常账户不会出现大幅逆差，外汇储备足以偿付外债。未来两年，预计经常账户能保持小幅顺差，这部分受益于大宗商品价格疲弱。如果中美贸易摩擦进一步升级，或政府出台更多提振投资的政策，那么外部收支可能进一步恶化，但即便如此，经常账户逆差占GDP的比重也不会超过1%。在偿还外债能力方面，需注意：中国1/3的外债以人民币计价；中国外汇储备规模相当于每年外债偿付需求的3倍左右；约30%的短期外债都是贸易信贷；外资仍在流入，同时资本流出依然受控。

人民币应不会出现大幅贬值，但部分企业可能会遇到外债偿付困难。鉴于人民币面临贬值压力、资本管制依然偏紧，部分已经发行了大量外债但资产主要在国内的企业可能会遭受汇兑损失或者难以举借外债。但是，在宏观层面上，我们相信相关风险依然可控，因为我们相信：央行会继续谨慎管理人民币汇率预期，人民币对美元汇率仅会温和贬值；银行和大企业发行外债进行再融资不会有太大困难；政府可能允许部分企业（尤其是大企业和国企）汇出用于偿还外债的资金。

银行业已经处置了大量的坏账。尽管随着经济增长放缓，银行业的资产质量可能下滑，不过，目前银行业整体状况要好于过去几年。实际上，自2016年以来国内银行已处置坏账规模在4.9万亿元人民币左右，部分是由银行业监管陆续收紧推动。银行越来越多地通过自身调整来处置坏账，而不是像过去几年那样主要依靠几家资产管理公司。资产管理公司资本金有限，难以吸收大量不良资产，同时银行自己处置坏账也可以实现更高的回收率。

在影子信贷继续收缩的背景下，央行应会保持银行间市场流动性相对稳定宽裕。如前所述，影子银行业务监管收紧提高了银行信贷发放的透明度。随着影子信贷持续收缩，央行需要积极地管理流动性，以防止负面溢出效应对金融体系的冲击。2019年7月30日召开的中共中央政治局会议也要求把握好风险处置的力度和节奏。因此，我们预计央行会适时加大流动性投放来确保金融体系的平稳运行，尤其是当流动性承压的时候。在央行近期宣布的降准措施之后，预计年内和明年央行还会分别再降准50个和100个基点。

总而言之，虽然明年债务相关风险会重现或增加，但目前中国爆发债务危机的风险仍会低于2015—2016年。

如何逆转外国直接投资下降趋势

徐林　中美绿色基金董事长

外国直接投资（FDI）是推动世界经济增长、促进产业链高效合理分布、推动技术扩散和进步、加快全球脱贫步伐、带动人类文明进步的重要力量。但是，近年来，全球外商直接投资出现了持续下降的趋势。到底是哪些因素导致了这种下降？各国应该如何更好地促进全球FDI回升呢？

全球 FDI 呈下降趋势

2019年联合国发布的《世界投资报告》显示，近年来，FDI持续下降，从2016年的1.75万亿美元依次降至2017年的1.43万亿美元和2018年的1.3万亿美元。在这一趋势下，最大的三个FDI流入经济体分别为美国、中国内地和中国香港，最大的三个FDI流出经济体则是日本、中国和法国。从几大区域分布看，美国依然是全球最大的FDI流入经济体，金额为2520亿美元；亚洲是最大的流入地区，2018年增长4%，至5120亿美元，吸收了全球FDI流入的39%；欧洲的FDI流入大幅度减少一半，至1720亿美元，有点出乎意料；流入非洲的FDI增长11%，至460亿美元，虽然速度相对较快，但由于基数较低，规模依然不大；拉丁美洲和加勒比地区2018年FDI流入减少6%，至1470亿美元。

全球 FDI 下滑的主要原因

导致全球FDI下降的因素不少，涉及经济增长、地缘政治、贸易保护、投资限制、多边体系缺陷等多种因素，但从各主要机构的分析看，主要有五大原因。

一是投资回报率下降。联合国《世界投资报告》显示，全球FDI的收益率由2012年的8.1%降至2017年的6.7%。亚洲地区的投资收益率从2012年的10.5%降至2017年的9.1%；非洲的投资收益率从2012年的12.3%降至2017年的6.3%。不仅如此，全球劳动生产率增速也呈现出持续下降的趋势。投资增速与劳动生产率增速的双下降，对经济增长构成不利影响，并进一步降低了投资者的投资意愿。

二是逆全球化思潮。近年来，反全球化思潮正在越来越多的国家蔓延，并呈现民粹化特征。最典型的莫过于美国扬言要退出世界贸易组织等多边机构，英国脱欧、中美贸易摩擦、美国对中国科技和产业"脱钩"等国际事件也都带有逆全球化色彩。过去主要由西方国家和跨国公司主导的全球化，正在被一些国家的贸易保护、投资限制、科技产业"脱钩"等举措阻碍。很难想象的是，二战后美国主导构建的全球多边自由贸易和投资体制，正在被美国自己带头破坏，其权威性和作用正面临前所未有的挑战和破坏。

三是世界经济增长存在下行风险。全球金融危机后的经济复苏动力日渐减弱，过去三年全球经济增长率在3%左右徘徊，可以预见的是，未来全球经济增速将进一步下降。过去几年，除美国等少数国家增速有所提升，大多数经济体经济增速均出现回落。中美贸易摩擦、美国经济可能衰退、中国和印度等大型经济体增长减速、金融体系风险进一步累积等各种不确定性，已经导致2019年经济增长预期的降低，还可能导致新的一轮全球性经济衰退和跨国投资缩减。

四是美国的税改效应。为鼓励美国公司将境外利润带回美国，美国政府通过税改将征税体系由属人制变为属地制，属地征税制度将使美国跨国企业不再需要为了避税而将大量海外收益留存海外，大幅降低了美国公司境外利润回流成本，不仅在一定程度上吸引了美国资本回流美国，也使美国对外直接投资额滑落到全球20名之外，这在过去是难以想象的。

五是主要发达国家加强外国投资项目的审查。最近几年，欧美一些国家基于"国家安全"、技术竞争力、对等开放等多重显性或隐性的考虑，纷纷加强了外资安全审查力度。根据联合国《世界投资报告》的披露，仅在2018年，就有约55个经济体出台了至少112项影响外商投资的措施。虽然其中2/3属于投资促进措施，但还有1/3属于对外国直接投资的限制性措施。中国过去两年对外投资的急剧缩减，都与流出经济体与流入经济体各自形形色色的投资限制措施有密切的关系。日益强化的外国投资审查，加大了跨国投资决策过程中的不确定性风险，阻碍了跨国并购的实际发生额。

FDI 下降带来的挑战和影响

既然过去的经验表明FDI对全球发展的方方面面有着不同的积极作用，其下降趋势的形成，自然会产生相反的影响，值得关注的主要有以下几个方面：

第一，不利于全球经济复苏及世界经济平衡健康发展。过去10年，FDI一直是发展中经济体最主要的外部资金来源，也是抵御经济和金融危机冲击的重要支撑。对于大多数发展中国家而言，FDI还是产业和基础设施投资的重要来源，占发展中经济体整体流入资金总额的39%。目前出现的减弱趋势毫无疑问会削弱发展中国家的发展后劲，不利于全球经济持续复苏，更不利于缩小发展中经济体与发达经济体之间的发展差距和减贫脱贫的进展。

第二，不利于全球基础设施建设和改善。基础设施建设状况是发展的基础条件，也是很多经济体国际竞争力的重要组成部分。全球基础设施中心发布的《全球基础设施展望》表明，到2040年，全球基础设施投资需求将达到94万亿美元。对全球而言，如果得不到足够的外国投资支持，会有近1/5的基础设施投资需求无法获得项目融资。对发展中国家而言，这一比例可能高于50%。

第三，不利于专业高效分工的全球生产和价值链建设。FDI促进了全球生产和价值链的形成，这一产业链和价值链的形成，更好地利用了各国的比较优势，也促进了基于跨国间高效分工的国际贸易，国际贸易与跨国投资呈现出相互促进的作用。但是，从过去5年的数据看，这一趋势近年来正在弱化。2015年至2020年，跨国公司的外国分公司销售额、增加值和就业的年均增长率（分别为1.5%、1.5%和2.5%）均低于2010年前的同期水平（分别为9.7%、10.7%和7.6%）。这说明，跨国公司基于专业化分工效率和市场合理分布的产业链和价值链构建在一定程度上受到了影响，从而导致跨国公司主导的国际贸易规模扩张也相应受到影响，这与外国直接投资增长势头的减弱是一致的，两者之间存在着明显的相关关系。

如何更好地促进贸易投资的自由化和便利化

跨国贸易和投资对各国是多赢互利的国际合作，这是二战后世界经济持续增长给我们的重要启示，也是主流经济学已经证明的基本结论。面对未来，各国政治家们如果还把全球议题作为己任，就必须共同携手合作，通过广泛磋商和谈判，尽快建立并完善相关的国际多边体系，从制度上更好地促进并保障国与国之间更多开展互利共赢的贸易和投资活动。

第一，加快国际多边、区域和双边自由贸易和投资体制建设。

二战后世界银行、国际货币基金组织、关贸总协定（世界贸易组织）等国际多边体系，以及区域性和双边自由贸易和投资制度安排，对全球经济增长、贸易投资、技术扩散和减贫脱贫起到了十分积极的作用。在这些不同层次的制度保障下，各国都放宽了产品和服务的市场准入条件，减少并取消非关税贸易壁垒，通过贸易和投资促进了全球专业化分工、产业链和价值链合理分布、技术和知识的广泛传播，以及国家间利益的相互融合，也推动了人类文明的全面进步。但是，这一体系经过多年的实践和运行，也暴露出了相应的弊病和缺陷。比如，决策效率过低、重大议题分歧难以弥合、不能兼顾不同发展水平国家的差异性需求缺陷、部分规则过时而不适应当下，这使得多边机制的任何改革和完善都困难重重。WTO多哈回合谈判分歧难以弥合、谈判毫无进展，这或许也是美国这位过去的"带头大哥"另起炉灶，发起跨太平洋伙伴关系协定（TPP）和跨大西洋贸易与投资伙伴协定（TTIP）等区域性自由贸易制度安排的主要原因。多边体制面临的分裂和挑战压力，需要各成员国政府与时俱进地对现有国际体系和制度做出认真反思和改革完善。从贸易和投资领域看，强化基于公平竞争的自由贸易和投资制度安排，提高WTO贸易和投资争端解决机制的效率，更好地解决仲裁透明度不高、效率低、高成本、权力滥用及条款误读等导致的仲裁失效，对各国有可能扭曲公平竞争基础上自由贸易的政策加以更严格清晰的限定，滥用安全标准进行贸易和投资限定等，都应该是完善多边体制改革需要探讨的重要议题。在多边体系改革完善中，虽然发展中国家的特殊待遇问题具有争议性，但还需要继续照顾最不发达国家和地区的利益，让更多国家、更多企业通过参与全球化框架内的自由贸易和投资，更好地分享贸易和投资带来的红利。

第二，加强与知识产权保护相关的国际制度建设。

跨国直接投资一般都会涉及技术装备输出和转移，保护好与此相关的知识产权是跨国投资者的利益关切和基本要求。在技术日益主导竞争力的趋势下，保护好投资导致的技术转移和知识产权，也是跨国企业从事跨国投资、贸易、合作的重要基础。但不幸的是，围绕跨国知识产权保护导致的争议却层出不穷，甚至成为国家间贸易纠纷的重要因素。中美之间的贸易纠纷，知识产权保护就是借口之一。出现这一局面的原因，还在于世界各国涉及知识产权保护的法律制度建设并不平衡，执法方式和执法程度也差异较大，这相应导致了这一领域的纠纷和误解，但也实实在在地增加了跨国投资的交易成本和潜在风险。知识和技术在未来国际竞争中会占据更重要的地位，围绕知识产权保护的纠纷只会更加突出。因此，有必要构建一个更加有效的国际多边知识产权保护体系和法律体系，统一围绕知识产权保护的执法标准和处罚标准，既要强化知识产权保护，也要避免知识产权保护被滥用，成为贸易保护的借口，这对消除投资者知识产权风险和担忧，扩大跨国直接投资，都具有积极意义。

第三，构建更加开放便利的吸引外国直接投资的空间载体。

从各国的发展经验看，基于特区、园区实施专门的开放制度和政策，可以集中建设高质量的基础设施网络，可以形成高效分工相互协作的产业生态体系，可以提供更好的城市功能和服务功能，形成优于其他地区的独特投资环境，是外国投资聚集的理想空间。根据联合国《世界投资报告》的披露，目前全球147个经济体有5400多个经济特区，这些特区和园区对所在地国家增长、就业、税收、技术进步和减贫，都起到了十分关键的作用。为了更好地吸纳外国直接投资，无论是发达国家还是发展中国家，都应该进一步优化特区园区建设和布局，提高服务质量和聚集效率，针对特色产业链和产业生态建设的需要合理配置激励性政策，打造吸纳外国投资者的投资洼地。

第四，完善金融市场的整合发展和协同监管。

金融市场的服务功能在跨国投资和产业链布局中发挥着重要作用，金融动荡同样会对全球跨国投资和贸易产生破坏性作用。为了更好地发挥金融的服务功能，需要各国金融机构进一步提高全球金融服务的多样性和一体性，监管部门加强跨国间金融监管的协同性，有效应对国际资本跨境流动及各国金融市场监管规则差异导致的监管套利和风险。在全球债务杠杆率持续偏高的现实下，应该更好地发挥资本市场对跨国直接投资和并购的促进作用，通过跨国监管协作、统一披露标准等强化直接融资功能、更好地保护投资者利益。要进一步推行ESG①投资原则，促进绿色金融服务和跨国绿色投资在环境保护、公司治理和社会和谐等方面发挥更大的正能量作用。

中国是FDI最大流入国之一，自加入世界贸易组织以来，中国持续利用外国直接投资累计达到1.6363万亿美元。外国直接投资对中国经济增长、出口和就业、产业升级、技术追赶、减贫脱贫等，都做出了重大贡献，这是不容

---

① ESG是环境（enviroment），社会（society），公司治理（corporate governance）的简称，是社会责任投资的基础，是绿色金融体系的重要组成部分。——编者注

否认的事实。这得益于中国改革开放带来的市场化和国际化程度的提高，得益于中国加入世界贸易组织后贸易环境的改善。但是，如何更好地发挥国际贸易和跨国投资对新时期高质量发展的新作用，我们还需要新思维，也需要新举措，才能适应当前国际国内环境新变化带来的新挑战。

第一，作为全球贸易大国和主要贸易顺差国，中国需要进一步开放市场、降低产品关税并扩大服务业市场准入，与世界主要经济体形成更全面深入利益相互融合，成为真正的利益相关者。第二，要进一步完善针对境外投资的负面清单管理制度，减少非敏感领域的负面清单项目，真正赋予境外投资者所投企业完全的国民待遇，加大对外国投资者的财产权和知识产权保护，实实在在降低境外投资者在境内投资决策、项目建设和运营过程中的交易成本。第三，要以负责任的贸易和投资大国的姿态和心态，积极参与国际多边、区域和双边自由贸易和投资制度建设、改革和完善，并针对主要贸易伙伴的合理关切，对标国际规则和国际惯例，建设性地改进我国国内可能导致贸易扭曲和不公平竞争的政策和制度，为中国以全球化视野全方位参与全球贸易和投资，提供更可预期的制度环境和保障。

总之，逆转全球跨国投资下降的趋势，需要各国共同携手、加强磋商与合作，开放市场、便利商务、减少障碍、保护产权，强化对跨国投资各类制度性保障。联合国等国际组织和各主权国家必须尽快行动起来，努力在多边自由贸易和投资体制完善等制度建设领域取得实质性进展，在逆转跨国投资下降趋势方面取得实实在在的成效。

再融资制度改革面对的六个现实问题

王啸　IDG 资本合伙人

2018年年底以来，沿着提高股权融资比重和推进注册制改革的方向，一系列资本市场改革启动。2018年年底推出科创板，2019年10月18日证监会颁布修订了《上市公司重大资产重组管理办法》，11月8日发布上市公司再融资相关规则修订的征求意见稿。这些增量改革和存量调整的实施，标志着资本市场进入新的发展阶段，上市公司投资和并购重组将呈现新的特点，涌现新的机会。

本轮调整以放松管制为方向，同时加强监管。再融资改革征求意见稿甫一亮相，立刻引起市场热烈回应。下文对具体条款不再赘述，重点讨论新规实施需要应对的现实问题，以保障政策达到预期效果，实现监管理念与市场实践的良性互动。

平抑再融资过热

1.美国上市公司并不热衷于股票融资

与中国上市公司对股票再融资的渴求相比，在全球规模最大且实行注册制的美国资本市场，上市公司发行新股并不是主流的融资模式。一项研究以1980—2003年公开发行股票融资（Seasoned Equity Offering，SEO）的美国本土上市公司为样本，发现它们在公开上市之后7年或更长时间内，只有一半实施过公开发行证券（股票、债券、可转债等）融资，仅1/4有过公开发行股票融资。

美国上市公司非公开发行主要采取私人投资公开股票（Private Investment in Public Equity，PIPE）的方式。另一项研究发现，2001年到2015年美国上市公司普通股股票的PIPE累计融资规模达3104亿美元，是普通股SEO的 28.8%，而且使用PIPE融资的企业的突出特征是规模小、财务状况差，主要分布在能源、医疗医药和生物技术等"烧钱"领域。

美国金融市场的融资体系较为完善，不同规模、类型的企业都能够找到适合的融资方式。在可获得融资的前提下，美国企业主要基于融资成本来选择合适的融资方式。统计数据表明，美国上市公司的融资选择呈现明显的梯队特征：大公司主要使用自有资金和发行公司债融资，中等规模公司选择发债或者公开增发，小且财务状况差（"烧钱"）的公司缺乏自有资金，也无其他融资来源，不得以诉诸PIPE。因此，定向增发在美国资本市场可以视为私募融资（投资）在公司上市后的延续。

以几个典型公司的成长和融资史为例：

（1）巴菲特控股的伯克希尔·哈撒韦。这家公司近20年没有发行股份募集现金。它的投资所需资金，首先依赖内部融资，包括旗下保险公司的浮存金、实业部门的净现金、实业部门及保险公司投资部门的净利润出资等；其次靠发行公司债券，只有在较少的情况下会发行股份。按照我们的统计，伯克希尔最近20年只有7次对外投资涉及股份支付。自1987年年底，首次具备完整的财务报告电子数据以来，公司市值增加了132.87倍，复权调整后的股本却只增加43.8%，股权融资对市值增加的贡献微乎其微。

（2）不断并购扩张的半导体巨头博通公司。如果说伯克希尔公司旗下的保险公司和实业公司拥有雄厚的现金流，因而不需要发行股份进行融资，那么，我们再看一家擅长并购扩张的半导体巨头——博通公司。博通公司的前身Avago于2009年8月实施IPO之后，展开了一系列大手笔收购，先后斥巨资收购半导体领域的细分市场龙头。我们统计了7笔大并购，其中只有2笔超大型并购LSI（65亿美元）和Broadcom（370亿美元）涉及发行股份。进一步的分析表明，博通公司用于并购的资金主要来自内部，包括历史上收购企业的高毛利业务创造的丰富现金流，以及历次并购后剥离非主业资产获得的现金。

（3）以网上书店起家的电商巨头亚马逊。公司1997年上市后不惜长期账面亏损，以支持巨额资本支出，但是，亚马逊从来不是靠"烧钱"续命的企业。公司上市5年后，经营活动现金净流量便已经超过资本支出。公司债券及可转债偶有发行，主要用于支持大型并购，例如，2018年作价160亿美元收购全食超市，银行贷款使用得更少。公司从未发行新股募集现金，并购涉及股份发行仅有6次，累计仅15亿美元。

（4）新能源汽车公司特斯拉。特斯拉属于尚未进入成熟发展阶段即实现上市的典型。特斯拉财报显示，自公司上市至2019年第一季度，自有现金流累计缺口76.77亿美元，发债融资110.8亿美元，发股融资（都采用公开发行方式）累计46.2亿美元。

2. 中国企业融资热有一些环境制度因素

中国企业在特定的经济发展阶段和资金供给环境中，首要考虑是如何获得融资。过去，中国经济长期处于高速增长阶段，并在全球金融危机后依赖货币政策驱动，保持了较高的增速。各行业企业在生存竞争中形成一拥而上、"剩者为王"的决策和行为惯性。不仅传统行业积累了过剩产能，新兴制造业（例如光伏、风电、LED等）也不乏过度投资和产能竞赛，甚至新经济企业（例如共享经济、互联网金融、新能源造车）也存在类似情况。

另一方面，中国金融市场虽已积累了庞大的规模，但是，资金供给体制仍存在较严格的管制。融资方式、融资品种和融资时机对于企业来说，都不是可以根据实际需要自由做出的商业决策，更类似要争夺的资格和配额。即便进入了资本市场贵为上市公司，各种股权融资渠道——IPO、股权再融资、换股收购、股份减持——无不具有一定的门槛和条件限制。面临投资热和融资难的现状，上市公司及其大股东对能够获得的融资机会趋之若鹜。

中国上市公司身处投资过度竞争与资金供给管制的大环境，具有天然的融资饥渴。在资金约束面前，解决融资难是首要矛盾，其次才是对资金成本的考虑。股票融资对A股上市公司及其大股东而言，是一种低成本的融资方式，原因在于：

一是对控制权的稀释不足为虑。A股第一大股东及实际控制人对上市公司有足够的控制力，有足够能力保证股权融资不对控制权构成实质影响。

二是资金成本低。A股尤其是成长股存在系统性的较高估值，创业板平均市盈率长期处于40倍以上，科创板开板一周年以来，保持了较高的估值（截至目前平均市盈率约70倍），A＋H股长期溢价，中概股回归热潮等事实，就是佐证。股价在内在价值之外还包含壳溢价、板块溢价，意味着发行新股的资金成本低。

三是融资软约束。与银行借款或发行债券的还本付息及若干限制性条款的硬性约束相比，股权融资是一种软约束。股权融资后现金红利的硬性要求低，来自市场的分红压力小。而且，大股东还可以借助融资实现利益输送。

A股上市公司及其大股东具有天然的融资冲动，如果放任自流，将导致争相发行新股的负面效应。为弥补市场失灵，监管机构守夜人的角色尤为重要。因此，有必要保留一定的约束和限制，对再融资行为加以引导和规范。

应对大股东利益输送

A股上市公司普遍存在持股比例较高的第一大股东，而且还通过金字塔结构、关联关系、一致行动关系巩固和扩大对公司的控制。在第一大股东及其背后的实际控制人（下称"大股东"）之外，市场上还存在活跃交易的散户与机构投资者。

据IDG统计，截至2018年年底，第一大股东平均持股比例加权平均数约40%，其关联方、一致行动人、其他持股5%以上的股东（专业的机构投资者除外）及其他限售股股东合计持有另外20%，这些可列入实际控制人的"友军"阵营。剩余40%股份为外部投资者拥有，其中专业的机构者和散户几乎平分秋色［所谓专业的机构投资者，指公募或私募证券投资基金、社会保障基金、保险机构、QFII（Qualified Foreign Institutional Investor，合格的境外投资者）等专业性投资机构，此外，众多的资管计划、公司法人和合伙制组织归入非专业的机构投资者一类］。

大股东拥有信息优势和资源优势，部分投资机构倾向于与大股东达成共谋，利用散户的集体非理性，达到利益输送的目的。有关利益输送行为可能出现在融资过程中，例如，大股东借助折价发行稀释中小股东权益，或者向上市公司注入高估资产；也可能发生在融资完成后，例如，任意变更募集资金投向或者大比例分红等。这些方式与过去盛行的直接占用资金相比，方式较为隐蔽，灰色地带较多。

由上分析，强势的大股东、成分复杂的机构投资者队伍与活跃散户并存的市场结构，是中国资本市场的特殊问题。因而，对上市公司再融资的监管，没有境外制度可以直接模仿。例如，美国监管规则没有对定向增发的价格做出限制。为抑制公司内部人（董事、CEO、CFO等影响公司决策的管理人员）利用折价搞利益交换（例如"收买"被动型投资者认购，从而换得这类投资者对管理层控制公司的行为袖手旁观），纽交所或纳斯达克主要诉诸股东大会表决机制。根据有关规则，大比例（20%以上）折价发行，或者内部人参与发行，或者第一大股东变更的情形，须经过股东大会表决。

不难理解，美国上市公司股权分散，专业的机构投资者在市场占据相对主导地位，股东大会表决能够较有效地抑制公司内部人与外部股东的利益冲突。即便股东大会通过高折价发行股票，投资者报以"用脚投票"，引发股价下跌，同样让高折价的目的落空。何况还有做空机构和集团诉讼律师随时上门。

身处中国现实情况，再融资监管的难度高于以美国为代表的成熟市场。通过事前、事中、事后监管相结合，才能有效制约大股东对上市公司及外部中小股东利益的侵占。

防范杠杆套利卷土重来

在中国以间接融资为主导的资金供给体系下，即使是权益性投资基金或产品，追根溯源，其资金仍相当多地来自银行资金池，还有一部分资金来自个人投资者，而较少来自养老金、保险机构、捐赠基金等公益性、长期性、资产配置型的资金。境外情况则正好相反，以私募基金行业为例，以专业研究机构Preqin的统计为例，全球私募基金的资金有46%来自养老金，其次是母基金（14%）、保险公司（10%）、捐赠基金和慈善基金（10%）等。中国私募股权投资基金则以企业、个人和政府为主要资金来源，养老金、保险资金等长期公益性资金占比还不到3%。

从事证券投资的公募基金状况类似。根据中国证券投资基金业协会会长洪磊2018年的讲话，公募基金过往资金来源"以散户化资金、套利驱动资金为主，养老金、保险资金等长期的机构投资者占比很小"，"部分基金管理人依赖结构化产品、定增基金、定制基金等短期资金驱动型产品突破规模困境，短期化趋势显著"。

由于中国投资机构的资金来源以银行系资金、散户化资金为主，就不难理解在2014年和2015年的牛市当中，一些投资机构针对定增折价设计结构化产品，扩大资金规模，放大杠杆收益。大股东、高管、机构、银行理财产品各取所需，定向增发规模出现井喷式增长，杠杆风险也在悄然积聚。

2014年7月，证监会有关部门曾经内部发文，禁止结构化产品参与三年期定价发行的定增，并禁止上市公司高级管理人员参与认购结构化定增。但是，由于分业监管的限制，而且在当时鼓励金融创新、放松监管的氛围下，一纸指导性文件难以阻挡结构化产品的蔓延，最终以股市崩盘的方式烟消云散。

随着新一轮市场改革的推进，为防止作为杠杆套利载体的结构化产品复苏，需要强化过程监管，将有关禁止性要求提升到规范性文件的层次，在审核中重点关注是否存在结构化产品，并加大中介机构责任和高管追责力度。

消除融资杠杆的风险隐患

2016年下半年到2017年各项规则全面收紧确实起到了立竿见影的效果，不过，在打击市场乱象的同时，也钳制了公司正常的股权融资渠道。为获得融资，大股东出具保底承诺并做出担保安排，几乎成为市场"标配"。随着保底承诺的盛行，定向增发的性质发生异化，从正常的上市公司与投资者之间的股权关系，异化为大股东与投资者的债权债务关系。

大股东在定增之外还寻求更多的替代性融资方式，包括股权质押和"上市公司＋PE"等。随着这些带有杠杆性质的融资规模放大，市场的系统风险悄然积聚。2018年年初，在经济下行压力和中美贸易战的冲击下，股市再次调整，触发杠杆的负向反馈机制，将股指拖入下行通道。大股东杠杆缠身，债务僵局难解，市场信心不振，影响至今尚未消弭。

此次再融资改革"开正门，堵后门"，给予市场较充分的定价空间，同时明确禁止上市公司及其控股股东、实际控制人、主要股东向发行对象做出保底保收益或变相保底保收益承诺，并禁止直接或间接向发行对象提供财务资助或者补偿。

有人士主张对大股东保底安排应施以强制性信息披露，而不是直接禁止。这种主张比较符合法理逻辑，但是，考虑到当前司法和救济体系尚不完善，一纸信息披露规定实在难以抵挡合谋套利的诱惑。从现实出发，禁止有关行为，可以降低保底协议的市场实际价值，有助于将市场参与各方从沉迷于保底和担保，拉回到正常的股权关系轨道上来。

避免美式注册制的误区

美国定增市场并非没有问题。其中争议不休的是"定向折价＋做空"相结合形成套利。具体地说，认购定增的投资者（通常是对冲基金）在信息公开前做空股票，当股份经注册获得流通时，用所认购的股份轧平做空仓位。这种操作引起了监管的高度关注，也发生几例颇有争议的司法判决，但市场中的此类操作从未中断。

美国还流行过被称为"死亡螺旋"的定增产品。上市公司非公开发行可调整转股价的证券，这种证券能够在股价下跌中用更低的价格转股，从而未认购的原股东股份被摊薄，引发股价进一步下跌。近年来，随着监管执法加强、定增股份的流动性改善（因而发行人获得更大的议价能力）等因素，近年来这种模式在美国有所收敛。

美国注册制下定增市场并非一片净土，依靠市场博弈、监管介入、司法判决等复杂的制衡关系，得以维持市场运作如常。中国当前沿着注册制的方向改革，或将陆续扩大、引入、试点多种证券品种、做空机制、诉讼机制等。这些工具和机制能否产生利大于弊的效果，还需要司法、救济、诚信意识等综合生态条件建设的支持。

把握事前审核的重心

本次改革重心在放松管制，并搭配加强监管。随着定价自由度的提高、限售期的减少，事前审核和过程监管更加不可或缺。一提到事前审核，市场容易误解为监管机构对再融资企业做出实质判断。首先需要明确的是，任何经营业绩、财务状况和发展阶段的企业都有再融资的需要和权利，监管机构不应、也不具备专业能力去判断公司的投资价值，并以此作为再融资的遴选标准。其次，加强审核也不等于拖延再融资时间。实际上，在监管规则透明和市场预期稳定的状态下，严格审核并不需要以效率为代价。

加强审核的重心在于规范运作和信息披露。对于相当多的 A 股公司，"大股东＋上市公司"的联合体是实质上的经营、投资和融资主体，但是，日常信息披露却囿于上市公司的法律形式主体。近期两康（康美药业、康得新集团）财务造假、资金挪用行为长期隐瞒、一朝爆发的教训说明，一些公司上市后长期存在监管真空和信披盲点。

为保障上市公司质量，需要以再融资审核作为监管抓手，切实提高上市公司规范运作和信息披露透明度。

总而言之，中国特定的投融资宏观环境，加之独特的上市公司股权结构、市场投资者结构、投资机构的资金结构，决定了相比以美国为代表的资本市场，A股市场更容易产生融资过热、利益输送、杠杆套利及杠杆融资等行为。

当前的监管调整应吸取历次改革和市场发展的经验教训，在促进资本形成与保护投资者权益之间追求平衡，兼顾放松管制和加强监管。伴随系列调整措施的落地，资本市场健康发展和上市公司质量提升值得期待。

负利率政策的逻辑

常晨　中国人保资产宏观与战略研究所

2019年至今，全球负利率债券市值屡创新高，对机构的资产配置产生了重要影响。本文首先介绍了非常规货币政策工具（利率前瞻指引、量化宽松、负利率政策）的基本含义与作用机制，以及美国不采取负利率政策的原因。其次，考察了5个负利率国家的货币政策框架、实施负利率政策的目标、内容、规模与利息支出。从目标上看，瑞典和欧元区央行是为了提高通胀以促进经济增长，瑞士和丹麦央行是为了稳定汇率，日本央行则兼有上述两个目标。内容上，5个国家主要是针对银行准备金账户征收利息，其中，瑞士央行、日本央行、欧洲央行分别推出了利率分层体系缓解商业银行的经营压力；丹麦央行则仅对隔夜存单征收利息。规模与利息支出方面，考虑到商业银行的成本，央行仅对金融机构的少量头寸征收利息且在利率调降的同时逐步扩大免息额度。

再次，研究了负利率政策对银行业系统的负面影响。本文认为，息差收窄而非利息支出是影响银行业营利下降的主要因素，当前规模下降和息差收窄的共振效果预示银行业盈利前景不容乐观。从次，考察了政策利率向债券市场的传导效果。本文介绍了债券负利率产生的原因、主要国家债券收益率转负的背景情况，并总结了全球负利率债券的结构特征与变化趋势。最后，比较了全球主要经济体的实际利率与中性利率水平。本文认为，参考成熟经济体产出增速与实际利率之差的均衡水平，金融抑制而高储蓄率压低了中国的实际利率，并使财富从居民部门向企业和金融部门转移。以长期来看，中国产出增速与实际利率之差应向成熟经济体的均衡水平渐进。

全球货币负利率政策的根本逻辑在于，因通胀率持续走低，政策制定者不得不通过负利率政策压低实际利率，使边际产出和实际利率之间维持一个均衡正差，从而推动经济增长。故从长期看，把握通胀走势、边际产出和实际利率的均衡正差，便能看到负利率政策的长期趋势。因此，对于尚未执行负利率政策的大国——美国和中国，在温和通胀的前提下，潜在产出是决定执行负利率的"根本锚"。也就是说，在中美经济增速降到充分低之前，并不适合执行长期负利率政策。

负利率作为非常规货币政策工具的一种，是2008年金融危机的产物。2007—2008年全球房地产市场泡沫破灭，房地产领域的有毒资产席卷全球，为挽救金融机构的流动性枯竭问题，全球央行采取了非常规的货币政策工具来应对。利率前瞻指引、负利率政策、资产购买计划是全球央行主要使用的三种非常规工具。

中央银行非常规工具简介

从政策效果上看，3种工具分别具有不同作用。

1.利率前瞻性指引在于促使市场对利率走势形成一致预期

顾名思义，利率前瞻性指引是央行向市场公布未来一段时间其对政策利率的变化方向。该操作的理论基础在于央行给公众形成稳定的政策预期有利于货币政策的传递效果，特别是央行对市场短期利率的引导作用更加显著。早在1997年，新西兰联储最先实施前瞻性指引，随后，挪威和瑞典央行分别于2005年和2007年开始实施前瞻性指引。伯南克认为，若公众不知道央行的意图和下一步行动，将无法保证经济会向理性预期的均衡状态收敛，提高央行透明度并和公众充分沟通有利于货币政策的执行。基于此，伯南克当选美联储主席后一改格林斯潘的模糊政策，提倡与公众的充分沟通。2008年国际金融危机后，美联储等全球主要央行都先后开始公布利率的前瞻性指引政策，承诺将基准利率在较长时间内维持在低位。央行通过利率前瞻性指引来引导公众形成对货币政策的一致预期，市场便会将短端利率在相当长的一段时期维持在低位，从而引导长端利率的下行。

2.量化宽松在于缩窄期限利差

量化宽松是央行在一级和二级市场购买公共和私人部门债券的操作。相关文献研究表明，在央行货币政策触及零利率下限时，可以采用调整利率前瞻性指引和量化宽松的方式进行政策传导。量化宽松的作用机制在于，央行大规模的长久期资产购买减少了金融市场上的债券供给，降低了长端利率并压缩了债券市场久期，资产组合再平衡效应激励机构购买其他资产同时增加对实体经济的长期贷款投放。

目前，量化宽松工具主要在日本、美国、欧元区等经济体实施，日本央行是最早的使用者。20世纪90年代，日本资产价格泡沫破灭，经济陷入衰退，银行不良贷款率升高。日本央行在1999年年初将政策利率降至零。随后，互联网经济泡沫破灭，日本经济再次受到重创，2001年3月，日本央行开创性地使用了量化宽松的政策工具，开始购买长期国债。总体上，日本央行开展三轮量化宽松政策，分别是2001年至2006年的第一轮量化宽松、2008年至2012年的第二轮量化宽松、2013年至今的第三轮量化质化宽松加收益率曲线控制。截至2019年9月，日本央行总资产达到575万亿日元（合5.37万亿美元）。美国于2008年金融危机后启动了四轮量化宽松计划，美联储资产负债表规模在2014年年底达到峰值4.5万亿美元，随后，美联储启动加息周期，美联储资产负债表开始收缩，2017年10月启动缩表计划后加快了收缩节奏。2019年7月，美联储已经停止了缩表，将资产负债表控制在3.8万亿美元。2019年9月，美联储时隔10年重启了回购操作，预计将来，美联储或被动实施适度的扩表操作。欧洲央行于2015年启动量化宽松措施，直至2018年年底欧洲央行退出量化宽松计划时，欧洲央行持有2.6万亿欧元（合2.86万亿美元）的债券类资产。2019年9月，欧洲央行决定重启量化宽松计划，将于11月起开展200亿欧元的月度购债操作。

3.负利率政策在于激励银行发放贷款

一般而言，负利率政策指的是央行对商业银行的准备金头寸征收利息。因最小化成本是商业银行的盈利诉求，准备金的存放成本促使银行向实体经济增加贷款。此外，量化宽松和负利率政策具有一定的政策互补性。央行通过量化宽松操作买入了银行持有的大量债券，将银行的债券资产变成了准备金，叠加负利率效果，银行将减少现金资产转而投向贷款在内的其他资产。有研究人员利用欧洲央行的银行借贷调查中国商业银行贷款的面板数据，在控制了贷款增速、信贷需求、借款人信用风险及银行资产负债表主要指标后，发现初始准备金头寸较多的银行相比头寸较少的银行，其贷款增速之差在实施负利率政策后，在1%的置信区间下显著提高。

美国不实行负利率政策的原因：金融危机之后，美联储迅速采取措施将联邦基金目标利率降为0～0.25%，同时，为改善货币市场流动性和帮助证券的风险溢价回归合理水平，美联储启动量化宽松政策购买ESG债券和抵押支持证券（Mortage-Backed Security，MBS），截至2010年4月，美联储首轮量化宽松政策共买入1.25万亿美元MBS、2000亿美元ESG债券、3000亿美元长期国债。第一轮QE解决了金融危机下流动性短缺问题，然而后金融危机时期如何提振美国经济，美联储有三种方式：一是改变利率前瞻性指引，承诺长期维持低的短端利率；二是进一步实行量化宽松政策，扩充资产负债表；三是降低准备金利率至0以下，激励银行发放贷款。美联储在评估了这三个选项后选择了前两个，并没有使用负利率政策。究其原因，美联储认为，负利率政策可能造成货币市场的紊乱。在负利率下，金融机构缺乏交易联邦基金的激励机制，联邦基金丧失定价锚功能，对于美国庞大的货币市场的影响极为负面；同时，负利率政策也将给未来收缩货币政策造成难度。从当前来看，美联储的考虑具有先见之明。负利率政策对非金融部门信贷体系扩张的效果是有限的，实行负利率政策推升增长和通胀目标的国家都推出了大规模量化宽松计划，同时不同程度地减少了征收负利率的头寸。

负利率金融体系的主要情况

1.负利率国家的货币政策介绍

一般情况下，利率衡量的是资金的成本，与投资回报率相匹配。故经济增速较低的成熟经济体更可能执行负利率政策。目前，全球执行负利率政策的5个经济体均为发达经济体，分别是瑞典、欧元区、丹麦、瑞士、日本，而它们执行负利率政策的原因又有所差别。

（1）瑞典是首先试水负利率政策的国家

瑞典央行执行的是利率走廊式的政策利率框架。瑞典央行有三大政策利率，分别是回购利率、存款利率、贷款利率。瑞典央行通过回购利率引导货币市场利率走势，并设置贷款便利和超额准备金利率作为市场利率上下限，贷款和存款利率分别较回购利率上下浮动75bps，即货币市场利率走廊宽度为150bps。

瑞典央行在国际金融危机后首度试水超额准备金负利率。2009年国际金融危机引发全球经济衰退，瑞典2009年实际GDP萎缩5%、调和CPI单月数据走低，瑞典央行在2009年4月议息会议上首次将超额准备金利率下调50bps至−0.25%，改变银行资产负债表的边际成本收益比，激励银行发放更多贷款。瑞典央行的负利率政策在实施一年之后终止，2010年9月瑞典央行将超额准备金利率恢复至0。本次负利率政策快速结束一定程度上体现了其政策效果的局限性。金融危机不仅冲击了各经济主体的信用资质，经济萎缩整体上降低了信贷需求，负利率政策的刺激效果有限，同时还增加了银行的经营成本。在负利率政策试行一年以后，瑞典央行恢复了超额准备金利率至0。在欧债危机之后，欧盟各经济体普遍开启降息和量化宽松通道。瑞典央行于2014年7月下调政策利率50bps，将超额准备金利率降至−0.5%；2015年2月，瑞士将回购利率下调至−0.1%并启动100亿瑞士克朗（约合10.3亿美元）的资产购买计划，意味着将货币市场利率中枢降至0以下。此后，瑞典央行不断调降政策利率，保持回购利率−0.5%和超额准备金利率−1.25%至2018年年底。2019年1月瑞典央行上调政策利率25bps并保持至今。

（2）欧洲央行在欧债危机后全面推行负利率政策

欧洲央行利率走廊式的政策利率框架。欧洲央行有三大政策利率，分别是主要再融资利率、存款便利利率、边际贷款便利利率。主要再融资操作是欧元区各国央行在公开市场定期（一般是7天）通过逆回购方式向货币市场提供流动性。在国际金融危机之前，作为定价锚引导货币市场利率，主要再融资利率与欧元隔夜利率平均指数基本一致。经常性融资便利包括边际贷款便利和存款便利，两者共同构成了货币市场利率走廊的上下沿。2009年后欧洲央行的量化宽松措施释放了过剩流动性，欧元无担保加权平均隔夜利率（EONIA）开始低于主要再融资利率，转而锚定存款便利利率。

欧洲央行于2014年中对银行的超额准备金和隔夜存款账户征收利息。欧债危机引起政府、公司和个人信用风险的重新定价及银行系统的信贷收缩，企业部门信用违约和投资下降、居民失业率上升、银行体系大幅收缩资产负债表，导致欧元区经济需求低下，欧元区通胀率走低。欧元区整体通胀率从2012年年初的2.7%，下滑至2014年年中的0.5%以下，通缩风险迅速上升。欧洲央行于2014年6月议息会议上下调了三大政策利率并推出了第一轮定向长期再融资（TLTRO）计划，存款便利利率降至−0.1%意味着欧洲央行开始对银行在欧洲央行账户上的隔夜存款以及超额准备金征收利息。此后，欧洲央行持续下调政策利率，2016年3月将存款便利利率降至−0.4%并推出了第二轮TLTRO计划。2019年9月欧洲央行再次下调了存款便利利率至−0.5%及第三轮TLTRO，贷款利率为−0.5%～0。目前，欧元区各国央行账户上的超额准备金达1.2万亿欧元（约合1.32万亿美元），加上隔夜存款5823亿欧元（约合6400亿美元），负利率下调将增加商业银行利息约18亿欧元。为缓解商业银行的利息支出压力，欧洲央行推出分层利率政策，对超额准备金给予6倍法定准备金的免息额度。以0.5%的负利率计算，分层利率政策可减少商业银行利息支出约39亿欧元，总体上商业银行的超额准备金年度利息支出从9月前的71亿欧元减少至50亿欧元。

（3）日本央行的负利率政策与分层利率体系

日本央行于2016年起执行分层负利率政策。日本在20世纪90年代资产价格泡沫破灭后，经济增长陷入停滞。1999年起，日本央行便将隔夜拆借利率目标值下调至0.04%，开始实施零利率货币政策，2001年起开始购买长期国债。2001—2015年，日本央行开展三轮零利率与量化宽松政策的组合操作，但是，日本经济始终无法摆脱低通胀困境。2016年年初，适逢伊朗地缘政治局势紧张推升日元汇率，日本央行在2016年1月启动负利率政策。根据货币政策声明，日本央行决定对当前260万亿日元（约合2.42万亿美元）的准备金账户引入三级利率体系：对金融机构存放在央行账户上准备金中的210万亿日元（约合1.96万亿美元），适用于0.1%的利率，这一层被称为基础余额；对金融机构的法定准备金为9万亿日元（约合840亿美元），以及对2011年"东日本大地震"的救助贷款项目产生的准备金增加30万亿日元（约合2800亿美元），适用于0利率，这一层被称为宏观附加余额；对其余部分的超额准备金10万亿日元（约合930亿美元），适用于−0.1%的利率以鼓励金融机构借出更多资金，这一层被称为政策利率余额。因日本央行一直保持年80万亿日元（约合0.75万亿美元）的扩表增速，增加的准备金将增加金融机构的利息支出负担，日本央行通过调整宏观附加余额账户的规模，以帮助其实现收益率曲线控制目标并维持银行的利息支出在合理水平。截至2019年9月，日本央行的准备金账户余额达到397万亿日元（约合3.70万亿美元），宏观附加余额在准备金账户中的基准比率已同步提升至37%，而被实施负利率的超额准备金规模仅有5万亿日元（约合466亿美元）。

（4）丹麦央行为平抑本币升值推出负利率政策

丹麦央行在欧元汇率机制II下的政策利率框架。丹麦作为欧洲汇率机制II（ERM II）的成员国，采取盯住欧元的联系汇率制度，将汇率固定在1欧元兑7.46丹麦克朗±2.25%的区间波动。丹麦央行的货币政策工具分为两类，一是隔夜借贷便利，商业银行在央行经常账户上的隔夜借贷操作，分为贴现率和经常账户利率；二是每周公开市场操作，丹麦央行通过每周公开市场操作调控货币市场流动性，商业银行在流动性不足时可以向央行申请7天期抵押贷款，在流动性过剩时可以购买央行的7天期大额存单。丹麦央行在欧债危机之后实施的负利率政策，便是设定7天期大额存单利率为负，经常账户利率仍然为零。因此，对于丹麦银行来讲，首选是将过剩的流动性存入经常账户，但是，丹麦央行对经常账户的资金设定了规模上限。丹麦央行按银行存款头寸中的3%计入经常账户，但不得超过20亿丹麦克朗（约合2.95亿美元）；超过20亿丹麦克朗的部分，以存款头寸的1.7%计入经常账户；无论存款头寸多少，银行经常账户都有1000万丹麦克朗（约合147万美元）的最低额度。

丹麦央行在欧债危机期间首次实施负利率政策。2012年欧洲主权债务危机恶化，国际资本涌入AAA评级的丹麦，而欧洲央行的降息措施进一步施加了升值的压力。为抑制本币升值，丹麦央行在7月议息会议上决定执行负利率政策，下调7天期存单利率40bps至−0.2%。在升值压力缓解后，丹麦央行分别于2013年1月和2014年4月加息10bps和15bps，将存单利率上调至0.05%，负利率政策暂时中止。

2014年至今，丹麦央行被动跟随欧洲央行执行负利率政策。主权债务危机给欧元区经济带来了长期的负面影响，欧元区整体通胀率从2012年年初的2.7%下滑至2014年年中的0.5%以下，欧洲央行于2014年中将存款便利利率降至−0.1%。在2014年9月欧洲央行再次降息10bps后，丹麦央行被动降低存单利率至−0.05%，进入长期负利率政策期。2019年9月丹麦央行再次跟随同步下调存单利率10bps至−0.75%。截至2019年9月20日，丹麦所有银行的经常账户上限为314.45亿丹麦克朗（约合46.4亿美元），经常账户余额为313亿丹麦克朗（约合46.1亿美元），7天期存单余额为1914亿丹麦克朗（约合282.2亿美元）。以0.75%的利率计算，丹麦银行每年需支付14.355亿丹麦克朗的利息（约合2.1亿美元）。

（5）同为抑制本币升值，瑞士央行首创负利率分层体系

瑞士央行的政策利率框架。瑞士央行的货币政策目标在于维持不高于2%的通胀水平。基于上述目标，瑞士央行设立政策利率并与瑞士隔夜平均利率（SARON）挂钩，在公开市场进行回购操作来调节货币市场流动性，以便SARON达到目标政策利率。此外，瑞士央行还通过调节商业银行在央行的活期存款利率调节市场流动性，瑞士央行政策负利率即是活期存款利率为负。

基于本币升值下的通胀压力，瑞士央行启动了负利率政策。虽然与丹麦一样因平抑本币升值启动负利率政策，但瑞士央行不受ERM II约束，而是以国内通胀过低作为其行动的依据。2014年12月，俄罗斯货币危机令瑞士法郎作为避险货币的需求猛增，瑞士央行基于本币的升值压力，宣布降息25bps，对活期存款账户执行−0.25%的利率。瑞士央行还开创性地设置了分层利率，对于金融机构的活期存款账户给予最低1000万瑞士法郎（约合1000万美元）的免息额度，其中给予国内银行20倍于法定准备金的免息额度以及其他金融机构一个固定水平的免息额度。一个月后，瑞士央行再次将活期存款利率调降50bps至−0.75%。2019年9月瑞士央行再次提高了活期存款账户的免息额

度，自11月起从法定准备金的20倍升至25倍。截至2019年6月，瑞士央行活期存款账户余额4708亿瑞士法郎（约合4774亿美元），法定准备金要求为173亿瑞士法郎（约合175亿美元），20倍法定准备金的免息额度为3461亿瑞士法郎（约合3500亿美元），瑞士银行每年需支付9.35亿瑞士法郎（约合9.5亿美元）利息，若以25倍法定准备金免息额度计算，每年仅需支付利息2.86亿瑞士法郎（约合2.9亿美元）。

2.负利率政策对银行业的影响

因负利率政策是央行对商业银行的准备金头寸征收利息，打破了银行原先的成本收益平衡，故负利率对银行的资产配置偏好、经营行为、盈利能力产生影响。通过资产组合再平衡机制促使银行向实体经济增加贷款是央行实施负利率政策的初衷，但作为非常规工具，负利率政策的副作用也是显而易见的。从政策效果上，负利率政策从利息支出和息差收窄两方面影响了银行盈利。其中，利息支出在一定程度上可由中央银行调节，但息差收窄受制于政策效果本身，具有不可逆的副作用。

利息支出方面，央行仅对金融机构的少量头寸征收利息且在利率调降的同时逐步扩大免息额度。瑞士和日本央行在实施负利率政策之初便设立了利率分层体系，丹麦央行仅对隔夜存单征收利息，欧洲央行也于2019年9月推出了利率分层体系。具体地说，央行征收负利率的金额占准备金总头寸的比例，日本央行不到2%，瑞士央行为27%并将于2019年11月降至10%以下，欧洲央行为56%。总体上，央行将参考商业银行的经营情况确定一个相对适合的负利率水平。

存贷息差和期限息差收窄是影响商业银行盈利的主要因素。负利率、利率前瞻性指引、量化宽松作为三大非常规货币政策，共同降低了利率中枢并缩窄了期限利差，利率期限结构呈现牛平走势。因存款利率有刚性下限，银行的存贷款息差大幅缩窄；而平坦的利率期限结构也决定了银行期限错配的息差收益极为有限。以欧元区为例，在欧洲央行2016年实施负利率并扩大资产购买计划后，商业银行的利息收入大幅走低。

贷款需求下降令商业银行的经营情况不容乐观。虽然息差收窄影响了银行利润率，但是，2016—2018年上半年全球经济增长带来的贷款增加对冲了息差下降的影响。2019年全球经济增速放缓必然影响银行的贷款增速，商业银行的经营前景不容乐观。以欧元区银行业为例，虽然商业银行的净利息收入增速在2018年转正，但是，将净利息收入分解成息差和规模两项后发现，商业银行息差仍在缩窄，贷款规模增长帮助2018年银行业经营利润实现正增长。在2018年下半年欧元区经济失速后，银行业利润同步下滑。根据欧洲央行公布的第三轮TLTRO申请数据，仅有28家银行申请了34亿欧元的再融资贷款，远低于欧洲央行设定的200亿～1000亿欧元的预期水平。2019年商业银行的经营状况之差可见一斑。

3.负利率政策的效果传导至债券市场

（1）债券负利率产生的原因

自2012年1月德国财政部首次发行负利率债券至今，全球债券市场负利率债券市值已达到14万亿美元。对于负利率债券的产生原因，从经济学角度看，全球经济增长和通胀率走低是利率水平中枢下行甚至为负的根本原因；从避险角度看，部分信用资质良好国家的主权债券是危机时刻风险资产的"避风港"，一定程度上助推了债券利率下行；从操作上看，货币当局通过利率前瞻性指引降低短端利率、通过量化宽松降低期限利差，特别是日本央行进行的精确收益率曲线控制，是债券收益率曲线牛平甚至为负的直接原因，故各国央行是负利率债券的最大持有者。此外，部分机构投资者基于久期匹配或者指数成分因子的要求，不得不持有负利率的长久期债券；当然，持有负利率长久期债券并不意味着债券的最终收益为负，因债券价格上涨产生的资本利得或许会超过利息支出。特别是在2019年全球央行同步降息的格局下，全球负利率债券规模大增，根据彭博巴克莱债券指数，全球负利率债券市值从2019年年初的8万亿美元上涨至当前的14万亿美元左右。

（2）主要国家主权债券负利率的时间历程

欧债危机促成德国成为最早出现债券负利率的国家。欧债危机引发主权国家信用风险的再定价，而资信状况良好的德国成为大量资金的"避风港"。2012年1月，德国6个月期国债拍出−0.01%的利率，成为全球首个发行负利率债券的国家。此后，随着欧债危机加深及欧洲央行开启量化宽松措施，大量购买公共部门债券，德国多个期限国债利率相继转负。2016年6月受英国脱欧公投结果冲击，德国10年期国债收益率进入负值区间。

法国、日本、瑞士等国主权债相继进入负利率区间。同样受欧债危机影响，在德国拍出6个月期负利率债券不久，法国短端国债发行利率相继进入负利率区间。欧洲央行扩大资产购买计划范围后，5年期国债收益率也同样转负，2019年6月，10年期国债收益率亦转负。在日本央行实行零利率和量化宽松政策之后，日本短端国债收益率于2014年12月首次转负，此后始终保持在零利率附近。2016年1月，日本央行实施负利率政策后，5年期和10年期中长期国债收益率下调至负值。瑞士国债则在瑞士央行放弃盯住欧元的汇率目标下迅速转负，2015年4月瑞士发行了全球首只10年期负利率债券。

（3）全球负利率债券的特征总结

全球负利率债券主要集中在日本和欧元区，主权信用定价在欧元区内差别较大。从全球负利率债券分布来看，欧元和日元债是全球负利率债券规模中最大的两种，截至2019年9月，其市值分别占全球负利率债券的50%和40%；相对而言，40%的美元债则是全球正利率债券规模中最大的品种。出现这一分布的原因在于：从规模看，美欧日作为全球主要经济体，经济体量相对较大；三个国家央行都相继采取了量化宽松措施，扩张了资产负债表同时压低了利率，特别是美元资产具有最广泛的全球资产配置需求；不同的是，美国和欧元区、日本的经济周期有所分化，美国也没有欧日严重的人口老龄化问题。美国的经济增速高于欧日，决定了美元债成为全球正利率债券中的最大品种，而欧元和日元债成为负利率债券中规模最大的品种。特别地，欧元区内部因各国主权信用等级差异明显，负利率债券主要集中在德国、法国等财政状况良好的大国，瑞士、荷兰、瑞典等国虽然主权信用良好，对应的负利率债券久期长，但因发行池较小，负利率债券的总体规模并不大。

全球负利率债券中主权债占多数，但非主权债比例有增大趋势。因非主权债相对于优质主权债有信用风险溢价，而中央银行的购债计划也是以主权债为主，一直以来，全球负利率债券中主权债占多数。除了日本央行和英格兰银行在金融危机之初购买了少量公司债，全球央行量化宽松的主要标的一直以主权债为主，即便欧洲央行将公司债纳入资产购买范围，全球央行购买公司债的比例依然较低，负利率主权债规模占全球负利率债券规模的比例在80%以上。而这一状态在2019年发生了改变，全球负利率公司债比例显著上升。出现上述情况的主要原因在于：一是2019年以来全球央行的协同降息进一步降低了利率水平中枢，各类券种收益率同步下行，在主权债已在负利率区间的基础上，更多的非主权债收益率由正转负；二是在现有的量化宽松规则下，央行购买的主权债规模正不断接近规则上限，央行需要寻找主权债之外的标的资产，在全球经济下行风险增大、信用风险溢价抬升下，降低实体经济利率水平的方法就是直接购买公司债。

中国与全球主要经济体实际利率的比较与长期趋势

中国实际利率定价低于主要发达国家。目前全球利率水平中枢已成趋势性下行态势。本文用10年期国债收益率与通胀增速之差代表经济体的实际利率，可以发现中国和美国的实际利率较欧元区和日本相对更高。由于各经济体实际增速不同，为考察实际利率定价的合理性，本文将实际GDP增速与实际利率作差后看出，主要发达国家的经济增速高出实际利率大约2个百分点，而中国则高出大约5个百分点。从经济学角度看，在均衡的经济增长路径下，边际产出增速应与实际利率维持一个稳定的差值，以实现总需求的温和增长。若以成熟经济体经济增速与实际利率之间约2个百分点的差值作为基准，中国的实际利率是低于中性利率水平的，也就是说中国的实际利率被相对压低。

金融抑制、高储蓄率等因素是中国实际利率被压低的原因。在市场化下，利率水平是资金供需双方的均衡价格。而中国的利率市场化进程尚未完成，政府用利率管制代替了市场定价。对政府而言，压低利率拉动投资则成为自然而然的决策。对于居民而言，若有成熟开放的金融投资平台，在利率被压低的情况下可以转投他处，但中国恰好不具备上述条件：居民缺乏投资优质资产的渠道且无法转至国外，唯一可投资的资产便是房地产。此外，出于家庭关系等原因，东亚国家居民普遍存在储蓄偏高、消费和提前消费意愿偏低的事实。故高储蓄和低利率可以在中国的金融市场并存。

偏低的实际利率使财富从居民部门向企业和金融部门转移。改革开放40多年里，中国利率市场化进程落后于经济发展速度，在利率被压低的条件下，投资回报率高于融资成本，中国实现了投资拉动经济高速增长的过程。而这种金融抑制也带来资产价格高企、资本过早代替劳动力下过度的资本深化、经济发展波动较大的弊端。实际上，偏低的实际利率使财富发生再分配，从居民部门向企业和金融部门、从存钱一方向借钱一方转移。

长期看，中国GDP增速与实际利率之差应向成熟经济体的均衡水平渐进。因中国的实际利率偏低存在其特殊性，故不能得到短期内产出增速与实际利率之差向成熟经济体均衡水平靠拢的结论，然而，从长期看这两者的渐进是必然趋势。在这个过程中，中国的宏观经济与金融变量应演绎出三个方向的趋势：潜在产出增速的平稳回落、全要素生产率的企稳回升、GDP增速向实际利率水平靠拢。

第一，投资和劳动力投入引导潜在产出增速平稳回落。

根据长期经济增长的模型，潜在产出由全要素生产率、资本和劳动投入决定。因金融抑制压低了资本价格，中国经济存在资本投入对全要素生产率和劳动力投入的挤出效应。徐忠和贾彦东在《中国潜在产出的综合测算及其政策含义》一文中测算了中国1993—2018年的潜在产出增速，发现1993—2008年潜在产出复合增速为10.4%，其中，全要素生产率、资本投入、劳动力投入对潜在产出的贡献分别为44.9%、50.8%、4.4%；2009—2018年潜在产出复合增速降至8.2%，三者对潜在产出的贡献分别为27.1%、71.1%、1.8%。2008年金融危机后，房地产和基建领域大规模的投资不仅回报率较低，且挤出了制造业部门的投资；而资本相对劳动力的相对低成本也造成了资本对劳动力的过早替代。宏观上则表现为中国潜在产出的下降，资本投入贡献率的上升和全要素生产率、劳动力投入贡献率的下降。面对上述情况，中国开始推动经济转型，摆脱对低效投资的依赖。此举虽然能提高投资转化为有效资本品的效率，但必然会影响投资规模增速的绝对下降，从而降低潜在产出的增速。劳动力方面，中国人口老龄化也是不容忽视的问题。有效劳动力投入包括数量和技能两个部分：一方面人口老龄化的直接后果是劳动参与率的下降；另一方面，因"分享、学习、匹配"机制的存在，劳动力数量对人力资本积累具有正向的外部性。因此，适龄工作人口的下降将从数量和技能两方面降低劳动力投入。由于人从出生到参加工作有近20年时间，故人口对经济的影响有很大的迟滞性。计划生育政策及子女培养成本的提升导致过去一段时期国内新生儿数量显著减少，且该问题目前仍未好转。劳动力投入的负面作用将在未来逐步显现，从而降低潜在产出的增速。

第二，改革红利推升全要素生产率企稳回升。

中国当前已从高速增长转向高质量发展的阶段。虽然结构性改革将在短期内损失部分经济增长，但却有利于经济转入可持续发展的均衡路径，使全要素生产率成为潜在产出增长的主要贡献点。通常情况下，诸如美国等成熟经济体的商业周期，全要素生产率和GDP增速应具有相同的变化方向，即全要素生产率伴随着经济复苏而回升，伴随经济衰退而回落。但是，中国全要素生产率的高点却出现在2005年。GDP增速上升而全要素生产率下降，表明中国的经济发展存在上文所提到的深层次结构性问题。目前，中国正在实施三个方面的结构调整：一是通过供给侧改革实现经济部门落后产能的出清；二是改善融资结构，引导资本流向私人企业部门；三是实现人口、土地等要素的市场化分配，发挥人口和产业的集聚效应，加快知识积累的广度和深度及科技转化为工业应用的速度。上述举措都有利于全要素生产率的回升，引导中国迈向可持续的均衡发展路径，故从长期来看可以提升潜在产出增速。

第三，利率市场化改革下，GDP增速向实际利率水平靠拢。

长期而言，中国GDP增速与实际利率之差应向成熟经济体的均衡水平渐进，在操作上应是GDP增速向实际利率靠拢而非实际利率的抬升。原因在于，中国利率市场化改革是一个渐进的过程，利率从管制到市场定价也是渐进的，实际利率的冲击性抬升对经济发展并无好处。经济的结构调整和转型升级需要一个中性适度的货币条件：一方面要加强货币政策的预调微调，防止结构调整过程中出现总需求的惯性下滑；另一方面又不能过度放水，妨碍市场的有效出清。[①]根据徐忠和贾彦东的测算，未来10年中国GDP增速将进一步下降至4%以下。以当前3%～3.3%的10年期国债利率水平计算，温和通胀下实际利率在1%～1.3%，若以主要发达国家实际GDP增速与实际利率2%的差值计算，远期利率中枢与当前水平差距不大。在全球利率中枢和中国潜在产出增速趋势性回落下，货币当局通过渐进改革稳住实际利率，利用GDP增速向实际利率靠拢实现均衡发展，是最优的利率市场化改革路径。反映在资产配置上，便是资产价格增长的放缓和名义投资回报率的下降。

全球货币负利率政策的根本逻辑在于，因通胀率持续走低，政策制定者不得不通过负利率政策压低实际利率，使得边际产出和实际利率之间维持一个均衡正差，从而推动经济增长。故从长期看，把握通胀走势、边际产出和

---

① 张晓慧：《加强预调微调但不搞强刺激》，《中国金融》2015 年第 19 期。

实际利率的均衡正差，便能得到负利率政策的长期趋势。因此，对于尚未执行负利率政策的大国——美国和中国，在温和通胀的前提下，潜在产出是决定执行负利率的根本锚。也就是说，在中美经济增速回落到充分低之前，并不适合执行长期负利率政策。

人口结构大趋势下的社会经济发展

林晓东　先锋集团亚洲区首席执行官、先锋领航投资管理（上海）有限公司董事长

纵观历史，人类发展始终伴随着大趋势。从新石器时代到信息时代，创新始终是社会经济、文化和政治发生深刻变革的催化剂。我们对全球经济格局中可能影响金融服务业，甚至整个社会的根本性变革进行了一系列深入研究，从长期角度出发，探索技术、人口结构和全球化巨大变革的本质，以期更好地理解这些力量如何塑造未来市场、个人及投资行业的格局。本文聚焦在人口结构大趋势如何影响社会经济的问题上。

人类寿命不断增长，人口增长率正在下降

自第二次世界大战结束以来，全球人口增至70多亿，几乎为原先的3倍，年增长率在20世纪60年代后期超2%，达到历史高点。而此后发达国家和世界其他地区的人口增长率开始下降，其实质是生育率下降，且预计未来数十年这一趋势还将继续，从而也引发了人们对经济、政府和金融市场所面临的负面压力的担忧。加之全球人均寿命变长的共同作用，人口年龄结构将走向更高比例的老龄化。我们就全球范围内的老龄化趋势将对经济增长产生怎样的重要影响做了深入分析。

人口结构在经济活动中具有关键作用

人口的规模和结构是经济活动最基础的决定因素，其反映了参与制造、销售和购买的人口数量。如果我们把经济产出（以GDP衡量）分解为三个组成部分来考量，即人口、劳动参与率和生产率，这一点就更加显而易见了。

人口越多意味着相应地从事经济活动的人越多，因此人口增长直接影响创造经济增长的人口。如前所述，人口增长率下降是一种全球性现象。不管原因如何，大多数经济体的人口红利已经减弱，预计到2050年全球人口增长率将远低于1%。

而此处的"参与率"并不等同于通常意义下的"劳动参与率"的概念，以总就业人口与总人口的比例表示，是决定经济体总产出的另一个关键驱动因素。由于退休人口数将超过新增劳动人口数，人口统计预测，就业人口占总人口的比例将会下降，从而拖累GDP增长。

生产力以工人人均产出表示，看似其与人口结构变化没有直接关系，但人口增长较快的国家，生产力往往也增长较快。

人口结构对GDP增长的较小影响因素（人口和参与率）具有显著的直接影响，而对GDP增长的最大影响因素（生产力）具有轻微的间接影响。研究发现，人口增长对年均GDP增长的影响相对较小，不管是在印度这样人口快速增长的国家还是其他人口低增长率国家，都是如此。例如，日本的人口增长率一直处于0~1%，其GDP增长率下降主要是由于生产力增长下降，而非是人口增长率下降引起的。

人口结构与通胀的关联性较弱

人口结构变化趋势对通胀的影响广受争议。我们对消费数据的分析显示，无论是发达市场还是新兴市场，在人的一生中，消费占个人最高收入的比例从青年时期开始保持相对稳定。就目前我们对出生率降低、老龄人口比例升高的人口发展预期而言，与其说是老龄化人口结构会导致通缩，不如说这样的人口结构趋势将不会产生强劲的通胀推动力。当前许多发达经济体的人口增长率较低，这可能是抑制通胀的因素之一。

我们预测，由于人口增长率和参与率的降低，长期来看，这种趋势将对GDP增长产生中性或负面影响。越来越少的劳动力要养活越来越多的退休人口，客观来说，这需要更高的生产力来抵消这种下行压力。两相平衡之后，由于人口结构的变化对生产力增长（经济增长的主要驱动力）只具有轻微的间接影响，因此人口老龄化的总体影响会削弱。

应对不断变化的人口结构的最佳方法

人口结构的变化会通过两种渠道影响投资回报：第一，对总体经济增长的影响；第二，引起储蓄和投资偏好的变化。这两种渠道均会对资产回报的三大主要组成部分（无风险利率、股权风险溢价和债券风险溢价）产生影响。

尽管人口变化趋势对GDP的每个组成部分都至关重要，但其他因素可能足以抵消人口因素对生产力的不利影响。在服务型经济体的某些行业中，老龄员工凭借自身丰富的专业知识，其生产力可能高于年轻员工，因此，较高的老龄员工参与率也可能会推动生产力的增长。随着实际退休年龄的逐渐提高，企业可能需要采取更宽松的工作政策，比如兼职工作和远程工作。

然而，参与率随时间推移而下降，对合格工人的争夺将会加剧，但是，留在劳动力大军中的工人在工资和公司政策方面将更具发言权。随着劳动力成本上升，企业将致力于投资可以提高生产力的项目，以实现更多的人均产出。美国国家经济研究局的研究指出，自动化应用速度加快抵消了人口结构带来的负面影响。因此，无论人口前景如何，鼓励创新政策的国家都有可能实现更高的生产力增长。

根据投资和储蓄偏好的变化对未来资产回报率的预测并不能解释股权集中化和金融市场全球化的现象。至少10年来，财经媒体都在猜测，逐渐变老的美国"婴儿潮"一代为退休养老钱而抛售资产将如何导致"持续的清盘"。此前先锋研究组（Vanguard Research Group）对45个发达市场和新兴市场进行研究，并未在65岁及以上人口比例与实际股票回报率之间发现统计学上的相关关系。也就是说，根据历史数据，接近退休年龄人口占总人口比重对资产回报率并没有明显的影响。

结论

生育率降低和人类寿命延长，使人口的年龄结构朝着老龄化转变，这是前所未有的变化。我们对人口、参与率和生产力这三个经济构成要素进行了研究，预测人口结构变化对总体GDP增长可能产生的影响。在单独评估人口结构的影响时，低人口增长率和高老龄人口占比在未来可能会对经济增长产生中性或负面影响。

然而，当考虑到潜在的二阶效应时，劳动力减少和随之而来的工资上涨会激励企业提高生产力，从而促进GDP增长。所以，人口结构预测并不一定代表几十年的持续低增长，制度和技术因素的意外发展可能会大大抵消这些影响，而正是这些因素成了经济增长的主要驱动力。

优化人口空间结构　助推新产业革命

赵坚　北京交通大学中国城镇化研究中心主任

人类社会正在从第三次产业革命向第四次产业革命过渡。习近平总书记2018年在中共中央政治局第九次集体学习时指出："人工智能是新一轮科技革命和产业变革的重要驱动力量，加快发展新一代人工智能是事关我国能否抓住新一轮科技革命和产业变革机遇的战略问题。"李克强总理在2018年第十二届夏季达沃斯论坛致辞中提出，中国要"紧紧抓住新产业革命机遇，充分发挥人力人才资源、市场规模等优势，着力培育壮大新动能，推动新旧动能加快接续转换"。历史上，中国错失了发展前两次产业革命的机会，在第三次产业革命中也是后来者，面对即将到来的第四次产业革命，中国一定要紧抓历史机遇，走在时代前列。

当前，中国已经具备了市场规模庞大、人力资源丰富的基础，但什么样的人口空间配置和城市空间结构才能适应新产业革命的要求，需要高度重视。新产业革命正在推动发达经济体的人口向大都市区集聚，特别是向人口规模大的大都市区集聚，导致大都市区中心城市的人口密度不断提高。这种趋势在纽约、伦敦、东京等全球各大城市表现得更为明显，这是新产业革命进程中市场机制进行人力资源空间配置的结果。

比较中美大都市区人口占全国人口的比例，美国的比例高出中国较多。这种差距反映出我国人力资源空间配置效率上的差距，我国人口和经济的集聚水平远低于美国，同时，也提示着我国人口空间流动和城市人口结构调整的方向。

布鲁金斯学会认为，美国经济不是50个州的经济，而是"大都市区经济"。在这个意义上，新产业革命的竞争是全球大都市区之间的竞争。为抓住新产业革命的历史机遇，实现中国经济高质量发展，应优化人口的空间结构，废止严格控制特大城市人口和用地规模的相关政策，提高我国最具发展潜力城市的竞争力，使以特大城市为核心的大都市区成为经济增长的发动机。

新产业革命背景下发达国家大都市区的发展趋势

"大都市区"和"都市圈"都是对英文Metropolitan Area的两种不同翻译方式，都市圈的译法来自日本。二战后，在美国的占领下，日本开始使用大都市区的概念，并把Metropolitan Area一词翻译为"都市圈"，日文的"都市圈"写法与中文完全相同，导致一些中国学者直接使用了日文的译法。但都市圈的译法容易造成圆圈状地域的误解，导致随意画出半径100公里、150公里甚至更大的都市圈，从而忽略了大都市区本质上是地方劳动力市场，是一个由大城市和存在较高通勤联系的邻近县市组成的区域。由于人们一般不会在距离住处80公里以外的地方上班，大都市区的地域面积一般不超过2万平方公里。根据2010年的人口统计，美国排名前20位大都市区的平均面积为1.94万平方公里。

美国在20世纪20年代城市化率达到50%以后，开始进入大都市区化阶段，二战后进入快速发展期。美国人口普查局2011年数据显示，1960年美国大都市区人口占全国人口的比例为63%，2010年366个大都市区人口占全国人口比例为83.7%，576个小都市区人口占全美人口的10%，比2000年下降0.4个百分点。美国人口向大都市区集聚的过程仍在进行中。2010年美国排名前100位的大都市区聚集了65%的人口，生产了75%的GDP，获得了92%的专利。美国是第三次产业革命的发源地，也是新产业革命的先行者，美国人口向大都市区集聚不过是美国信息技术和智能技术为代表的新产业革命在人口空间结构上的映射。

美国多个城市对亚马逊第二总部落户的竞争，可以看出美国城市适应数字经济、知识经济发展的趋势。2017年亚马逊宣布要建立第二总部，承诺将为选址城市新增5万个工作岗位，其基本要求是交通便利、百万人口以上的城市化地区，邀请各地政府竞标，北美有238个城市相继响应。作为美国最大的城市和世界金融中心，纽约给出了极为优惠的条件吸引亚马逊入驻，包括与曼哈顿只有一桥之隔的黄金地段作为其第二总部备选地，希望借此加速高科技产业在纽约的聚集。在亚马逊之前，谷歌、脸书（Facebook）、推特（Twitter）都在纽约设立了第二总部。谷歌计划将纽约市的员工人数增加1倍，达到2万人，而推特的第二大办公室就位于纽约曼哈顿。集聚经济的内在规律决定了数字技术公司都要在人口最多城市的中心城区落户。

二战后，英国为解决伦敦人口过分集中、交通拥堵和环境污染等问题，曾颁布《新城法》和《新城开发法》，在伦敦环形绿化带以外规划建设了多个卫星城。撒切尔政府在1980年宣布新城委员会和开发公司要在90年代前解散，以后任何新城扩展项目政府都不予贷款，只由私人投资来进行。这标志着英国计划经济色彩浓厚的新城运动经过30多年发展后走向终结。

21世纪以来，数字经济、生产性服务业的发展推动伦敦市政府改变了城市发展战略，伦敦开始注重中心城区的城市更新。2004年大伦敦政府提出了"让城市精英阶层重回城市中心"的城市复兴计划，公布了新一轮的大伦敦空间战略规划，首次提出建设城市活力中心区（Central Activity Zone，CAZ）的概念。活力中心区是适应数字经济服务经济发展对商务中心区功能的进一步扩展，它包含中央商务区（Central Business District，CBD）所有功能，又增加了文化娱乐、行政办公、餐饮、购物等其他服务业态和居住区域。城市活力中心区通过"创造一种人们所期盼的高质量和具有持久活力的城市生活"，来实现产业聚集、人才汇聚，进而带动经济发展、城市复兴。

随之而来的是伦敦连续数年在中心城区进行的城市更新，特别是在金丝雀码头、肖尔迪奇区、国王十字区等发展滞后的东伦敦地区进行的高密度、高强度开发，形成了全新的满足高质量生活要求的活力中心区。肖尔迪奇的伦敦科技城已经吸引亚马逊、思科、英特尔、推特、高通等高科技企业进驻，人才密度居全球前列，成为伦敦"硅谷"，一有力推动了伦敦数字经济、金融业和高科技产业的发展。

日本人口向三大都市区，特别是东京大都市区集聚的趋势更为明显。东京、大阪、名古屋三大都市区聚集了日本50.9%的人口，创造了日本70%的GDP。日本著名经济学家藤田正久认为：20世纪50年代中期到70年代中期，日本的产业结构从轻工业转向重化工业，日本的城市空间结构从战前的东京—大阪两极结构，转变为以东京、名古屋、大阪、北九州大都市区为核心的太平洋工业带；20世纪70年代中期开始，日本的产业结构从重化工业转向高技术产业、服务业等知识密集型产业，而以知识为基础的高技术产业和生产性服务业基于面对面交流的需要，倾向于在人口高度集聚的东京发展，日本的城市空间结构正在转变为以东京为中心的单极多层结构的城市体系。

人口向东京的集聚导致了东京的高密度开发。东京大都市区的高密度开发主要分布在山手线（中心城区内34.5公里的轨道交通环线）的枢纽车站附近，特别是在21世纪，为适应数字经济、服务经济的发展，日本政府大幅度放宽了山手线上多个枢纽车站的容积率限制，东京大都市区"站城一体"的开发密度和开发强度达到了前所未有的规模。山手线上"车站城市"所包含的城市功能比伦敦的"活力中心区"更丰富，其主要做法是在山手线的十几个轨道交通枢纽车站及其周边进行高强度、高密度开发。

例如，山手线上的涩谷站有8条轨道交通和地铁线路交汇，是东京交通最便利的地区之一。2005年涩谷车站周边被日本政府选定为特定城市更新紧急强化区，允许进一步放宽容积率限制，进行更高强度的开发。由于增加了城市公共空间，东急电铁"涩谷之光"项目获得容积率奖励，容积率由原来的7提高到接近14。东急电铁在涩谷站周边的项目分三期开发，其中的涩谷川大厦于2018年完工，谷歌日本总部入驻大厦的14～35层。三期项目将在2027年完成。涩谷车站成为融创意产业、文化娱乐、观光购物、居住等功能的"车站城市"，使涩谷成为最具活力的创意产业中心。2015年涩谷车站每日的乘车人数高达323万人次，在东京大都市区排名第二。21世纪，伦敦、纽约、东京大都市区的人口都在增长，特别是在中心城区都出现人口密度增加的趋势，这是新产业革命推动的人口空间配置。

新产业革命导致人口向大都市区集聚的内在机制

每次产业革命都是由技术革命引发和推动的。当新技术革命融入社会生产活动，即新技术不再只是实验室的样品，而是转化为市场上可销售的产品，出现新的生产方式或新的产业部门，导致产业间分工和劳动分工的进一步深化，就开始了新一轮产业革命。第一次产业革命，是以蒸汽机为代表的动力技术革命，出现了以蒸汽机为动力的火车、轮船、纺织机等替代人力、畜力的工作机，带动了机械工业、钢铁工业、煤炭工业等一系列产业部门的发展。第二次产业革命，是以电力和内燃机为代表的动力技术革命，出现了发电机、电动机、汽车等效率更高的动力机械，进一步带动了机械工业、冶金工业、石油化工等产业部门的发展。第三次产业革命，是以计算机和数字通信技术为代表的信息技术革命，出现了计算机、集成电路、手机、互联网等信息处理产品，推动了数字技术创新和数字经济的发展，带动了精密机械、半导体、软件等一系列产业部门的发展，导致技术复杂程度呈指数增长。第四次产业革命，是以人工智能和机器人技术为代表的智能革命，涉及智能制造、新材料、基因工程等更为广泛的产业领域。

如果第一次产业革命是用煤炭代替人力、畜力的动力技术革命，第二次产业革命是用二次能源代替一次能源的动力技术革命，那么第三次和将要来到的第四次产业革命则是信息技术和智能技术的革命。前两次产业革命是用机器部分解放和强化人的体力，新产业革命则是用机器部分解放和加强人的智力。人要用智能机器人代替人进行一些需要智力的工作，就需要知道怎样才能使机器有智能，就需要比智能机器人懂得更多的知识。越复杂、越智能的机器，越需要更大量的教育、研发、设计、运维活动，而直接进行生产制造的工作则相对缩减。

城市空间是人类进行生产生活活动的空间，以动力技术革命为基础的产业革命使就业岗位主要在靠近动力源的工厂车间，而以信息技术、智能技术为代表的新产业革命则使信息处理、研发、设计、管理的工作岗位大幅度增加，大量就业岗位向写字楼、实验室转移，研发、设计、管理等知识型员工和服务业员工成为就业主体，信息处理和知识创造成为主要的生产方式。

不仅数字技术公司主要从事信息处理、知识创造的工作，制造业公司为了提高竞争力也要进入"微笑曲线"的价值链两端，研发、设计、品牌和营销管理、售后服务成为制造业公司的核心业务。这不仅不会削弱制造业的竞争力，而且会提高制造业生产活动的效率。这不是"去工业化"，而是更多地发挥信息和知识的作用，进行新技术、新产品创新，使生产制造和流通活动更有效率，更好地满足市场需求。

例如，华为这样的制造业公司，大部分员工从事研发、设计、营销、管理工作，而不是直接的生产制造。华为公司员工中，8万人从事研发工作，6万人负责销售和售后服务，从事生产制造的员工仅6000人，而且主要负责自动生产线的监控维护。当制造业生产线上的员工被机器人替代，工业园区的员工数量会相对下降，研发设计大厦中的信息处理的生产活动会大幅度增加。

第三次技术革命引发的产业革命，表现为一大批与信息智能等数字技术相关公司的崛起，出现了微软、谷歌、苹果等跨国公司。2007—2017年，全球市值居前10名的公司中，信息和互联网科技公司从1家增长至7家，而这类公司的工作岗位一般在大城市的写字楼或园区。

第二产业可以在工业园区发展，而生产性服务业企业，如各种类型的金融机构、研发设计机构、律师事务所、会计师事务所、各类咨询教育机构等，为获得集聚经济优势，要在人口集聚程度高的大城市发展，而且在交通便利、人口密度高的大城市才更靠近客户，才有更大的生存和扩展空间。在中国，阿里巴巴和腾讯等数字技术公司的大多数工作岗位都在有1000万人口以上的城市。因此，第三次产业革命引发的产业空间布局变化表现为：数字技术公司和企业的研发、设计、营销、管理等生产活动向大城市，特别是人口规模大的大都市区集聚。这一趋势在21世纪表现得更为明显。伴随新技术革命涌现出的大量与信息智能相关的数字技术公司、生产性服务业企业，倾向于集聚在人口规模大、密度高的大城市，以获得集聚优势。集聚经济的匹配、共享、知识溢出等三个机制能够解释为什么企业总部、数字技术公司和生产性服务业企业更倾向于集聚到大城市。

第一，匹配机制是指提高经济活动和人口的密度可以为员工与企业及供应链上下游企业提供更多的相互选择，实现效率更高的要素组合。从事数字经济和研发设计管理咨询等活动的企业有更复杂的分工，对有专门知识技能的员工有更高的要求。这类企业在有2000万人口的超大城市落户，比在有500万人口的特大城市落户，更容易找到企业所需要的员工；在有500万人的特大城市比在有100万人口的大城市，更能找到企业所需要的员工。另一方面，由于大量从事研发设计管理咨询等生产性服务业企业的集聚，有专门知识技能的人才在特大城市有更多的选择，也更容易找到合适的工作岗位。因此在人口规模大、密度高的本地劳动力市场，能够形成更有效的匹配，从而提高人力资源的配置效率。这种匹配对从事信息处理和知识性工作的企业总部、数字技术公司和生产性服务业企业具有极为重要的意义，因为企业的核心竞争力是企业的知识，而员工是企业知识的重要载体。

基于同样的原因，知识型服务企业在人口规模大、密度高的大城市能找到更多合作伙伴和客户，可以有更多的选择，从而大幅度降低交易成本。硅谷取得成功的一个关键要素是科技、资本、人才的高密度集聚。北起斯坦福大学所在地帕拉奥托市，南至圣何塞市，硅谷在这块长48公里、宽16公里的地带集聚了2000多家高技术公司，这是世界上最高密度的高科技公司集聚带，聚拢了一批行业领导者。在斯坦福大学西侧的沙丘路，两三公里长的地带聚集了几十家美国乃至全世界知名的风险投资公司。在纳斯达克上市的科技公司中，至少有一半是由沙丘路的风险投资公司投资的。斯坦福大学研究人员的科技知识、风险资本、高科技人才的高密度集聚，使得新技术、资本、人才形成高效匹配，创新产品不断涌现。

第二，集聚能够使企业共享城市基础设施，包括轨道交通、城市道路、通信水电供应设施、垃圾污水处理设施、学校、医院、文化体育设施等，而且只有在特大城市才能得到更完善的基础设施和公共设施服务。例如，有500万人口以上的特大城市才可能支撑地铁的建设和运营，在中等城市建设地铁则不经济。

创新型企业在人口规模大、密度高的大城市才能够共享包括风险资本在内的创新生态系统，因而有更大的生存和发展机会。美国的风险资本有所谓的"20分钟法则"，即风险资本投资的创新型企业通常在离其办公室20分钟行程范围内，因为风险资本提供的不仅是资金，还包括团队建设、财务、产品方向选择等一系列支持性服务，地理空间上的邻近性是重要的。

第三，集聚提高了经济活动的密度，有利于知识溢出。特别是数字技术公司和生产性服务业主要从事信息处理和知识性工作，经常面对面交流更有利于知识溢出和创新。新想法需要面对面的思想碰撞，需要来自多方面的各种形式的刺激而不仅仅是闭门冥想。微软公司的软件开发部门是公司的核心部门，虽然该部门开发出了不必在同一房间面对面交流的网络系统，但却始终坚持让部门人员待在一起，增加同部门员工在楼道相遇的机会，以便随时磋商。

在硅谷，知识溢出主要通过人才流动和技术知识共享实现，这与高技术公司的高密度集聚有关。萨克森宁在研究硅谷的《地区优势》中有生动的描述：硅谷以超乎寻常的快速跳槽而著称，硅谷电子公司平均每年的雇员变动为35%，小公司则高达59%。硅谷高新技术公司的高密度集聚为人才流动提供了便利，硅谷的工程师换一个新工作，只需在早晨改变一下开车的方向，不必卖掉房子，也不必给孩子换学校。而且，竞争者之间讨论技术问题的频繁程度在其他地区闻所未闻，竞争者之间互相交流是硅谷的文化。在硅谷诞生地山景城（Mountain View）市长伦尼·西格尔看来，"硅谷的成功因素只有两点：技术的共享和人才的流动"。

杨格定理[1]可以更好地解释集聚经济的自我增强现象。大城市能够满足多样化的需求从而吸引更多的人和企业进入大城市；而扩大的市场规模又导致了更细的产业间分工、更高的生产率和更多的创新，提供了更多的工作岗位，导致更多的人口向大都市区集聚，形成正反馈循环。集聚经济推动增长的核心机制是市场规模的扩大和分工的深化，因而，可以创造出更多的需求和就业，实现更高的生产率和更多的创新。

例如：大城市有足够多的人口，才能有足够大的各种多样化需求，医院才能够进行更细的分工，儿童、口腔、心脏、肿瘤、神经等专科医院才可能生存；各种类型的金融机构、律师事务所、会计师事务所等生产性服务企业

---

[1] 是指劳动分工取决于市场规模，市场规模又取决于劳动分工。

才可能存在；大城市不仅需要高技能人才，也需要大量的家庭服务员、清洁工、街头摊贩、快递员等各类工作者。大都市区能够为第三产业和创新型企业提供更好的发展环境、更大的发展空间。第三产业提供的服务不同于制造业的最根本区别是，服务的生产过程和消费过程是同时进行的，而制造业产品是先生产，后消费。因此，第三产业主要在人口规模大、密度高的大城市有更大的扩展空间。

杨格指出，从整体上说，市场（需求）是由交易联系起来的生产活动（供给）的总和。这里的生产活动是包括所有产品和服务的生产活动，而不同于宏观经济学中最终产品的总需求与总供给的关系。经济学教科书通常是先讲需求理论，再讲供给理论。按照杨格的理论则应当是"供（给）需（求）合一"。这类似于明代哲学家王阳明的"知行合一"。对哲学上"知先行后"和"行先知后"的争论，王阳明不同意把两者分开去说谁先谁后，而是"知行合一"，"知是行之始，行是知之成"。按照杨格对市场的理解，供给和需求也不能分开，不存在先有需求还是先有供给的问题，"需是供之始，供是需之成"。限制某种需求，如控制人口向特大城市集聚，势必将导致一系列生产活动难以发生。

1928年，杨格在回答为什么美国产业的生产率要高于英国时提出，这不是因为英国产业的组织效率和管理能力不如美国，而是因为美国的市场规模更大。由于没有考虑空间维度，或由于当时美国刚进入大都市区化发展阶段，杨格还没有意识到美国人口向大都市区集聚产生的集聚经济对美国市场规模、生产率和创新的影响。现在的美国经济早已是"大都市区经济"。

适应新产业革命的新型城镇化政策调整

我国的城镇化已经进入大都市区化的发展阶段，其典型表现是工业企业从相当多的大城市迁出，在大城市周边出现一些新兴城镇，形成新的人口和产业集聚，出现跨行政区划的通勤族。例如，目前每天有数十万居住在河北燕郊的居民到北京上班，每天有数十万居住在江苏昆山的居民到上海上班，每天有数万居住在咸阳的居民到西安上班。大都市区的城镇空间结构和人口分布格局正在形成。

但我国在城市发展指导思想和政策上，没有认识到高密度人口集聚对促进创新和新产业革命的重要意义，仍然继续走粗放型的城镇化道路。国家发改委发布的《中国城市综合发展指标2017》报告，把城市人口密度作为城市综合发展水平的评价指标，其中人口密度在5000人每平方公里以上的为人口密集地区；人口密度在10000人每平方公里以上的为人口高密集地区。2000—2016年，中国实际GDP增长了约3.3倍、城市市区面积增长了约1.8倍，但人口密集地区只增长了约20%，城市人口密度在不断降低，土地的城镇化远超人口的城镇化，更说明我国人口空间配置的发展趋势不能适应新产业革命的要求。

以信息技术和智能技术为代表的新产业革命对集聚经济有更高的要求。集聚经济是一种密度经济，人口和经济活动的密度越高，集聚经济的匹配、共享、知识溢出机制越能有效发挥作用。新产业革命正在推动数字技术公司、公司总部、研发机构、生产性服务业要向大城市集聚，在中国明显是向特大城市集聚。但中国的城市发展过分强调特大城市与综合承载能力之间的矛盾，仍然采用严格控制特大城市人口规模的政策，不利于新产业革命和大都市区经济的发展。

目前特大城市和部分大城市的"行政区划面积倒置"，以及"分灶吃饭"的财税体制和领导干部考核体制造成的行政壁垒，是我国发展大都市区经济的严重障碍。"城市行政区划面积倒置"是指我国城市人口规模越大，行政区划面积越小。以我国人口规模最大的一线城市为例，上海的行政区划面积只有0.63万平方公里，广州的行政区划面积为0.74万平方公里，深圳还不到0.2万平方公里，北京的行政区划经多次调整后虽有1.64万平方公里，但适于城市建设的平原地区不到6400平方公里。相比之下，2013年全国289个地级以上城市的行政区划平均面积则达到1.72万平方公里。

我国严格限制500万人口以上城市的人口和用地规模，以及超大城市区划面积过小和原国土资源部控制特大城市建设用地供给、增加"中小城市、县城建设用地供给"的政策，导致了土地资源的空间错配。其结果是，在没有市场需求的中小城市和小城镇出现了大量空置的商品房和各类开发区中大片的闲置土地。而在有市场需求的地方却缺乏土地资源，大幅度抬高了超大城市和部分特大城市的房价，抬高了工商业的要素成本，降低了中国制造的国际竞争力，抑制了创新型企业和第三产业的发展，对我国实体经济的发展造成了严重损害。

我国应取消严格控制500万人口以上特大城市的人口和用地规模的政策，增加大都市区特别是核心城市的人口密度，进行资源空间配置的供给侧结构性改革，充分发挥特大城市发展第二、第三产业的潜力，进一步提高排名前100位城市的集聚水平，重点发展20个左右以特大城市为中心的大都市区，使大都市区成为经济增长的发动机。

每个大都市区在1.5万平方公里左右的区域可集聚多个中小城市，高密度的可容纳2000万 ~ 4000万人口。为此，需要把超大和部分特大城市的行政区划扩展到可能存在紧密经济联系的1.5万平方公里左右的区域。这仅涉及不超过20个副省级以上城市及这些城市周边的少数县，影响面较小。在操作上，可将直辖市和部分省会城市（包括副省级城市）半径70公里左右的地域，以县为单位划归相应城市的行政区划。至少要建设4万公里通勤铁路和城市轨道交通来支撑20个大都市区的运行，这需要破解发展轨道交通在城市规划、土地利用、运营管理方面的体制政策障碍。

高密度发展，并不是在城市的所有地区平均地提高开发强度，而是要在大都市区轨道交通车站周边，特别是中心城区的轨道交通枢纽车站周边进行高强度、高密度开发。东京大都市区的人口密度是世界最高的，但东京的中心城区（23区）大多是低层建筑和独栋住宅，高强度、高密度开发区主要集中在山手线轨道交通枢纽车站周边。

大都市区是城市群的支撑点，城市群是由相邻的几个大都市区构成的，没有足够大体量且充满活力的大都市区，就难以发挥其对周边地区的带动作用。我国的城市群规划如果不以大都市区的发展为抓手，就是下一盘不做"活眼"的围棋，城市群规划就会成为一纸空文。

破除"大城市病"恐惧症

发展大都市区经济要破除"大城市病"恐惧症。人口规模大、密度高并不是交通拥堵等大城市病的原因，城市治理能力低下和轨道交通发展滞后才是原因所在。特大城市的综合承载能力是动态变化的，对东部城市来说，水资源短缺可以通过淡化海水来解决，交通拥堵可以通过建设交通基础设施来缓解。特大城市的基础设施承载能力不能满足人口增长的需要，是市场短缺的信号和投资的机会，而不能成为限制人口流入的理由，顺应市场才能把握发展机遇。

东京近半个多世纪的发展，为消除"大城市病"恐惧症提供了有说服力的案例。东京大都市区（一都三县，面积1.35万平方公里）的人口在二战后快速增长，从1945年的937万猛增到1960年的1786万，当时东京大都市区轨道交通总里程约为1566公里，其中包括94公里的双复线，但仍不能满足出行需求，导致严重的交通拥堵。

20世纪60年代，日本国铁在东京大都市区半径30公里范围内进行了5个方面的"作战"，在5个不同方向投入巨额资金，实现大都市区轨道交通的双复线化（以便同时开行快速通勤列车）、高架化、电气化。随着日本政府和民营铁路不断加大轨道交通建设，2015年东京大都市区的轨道交通总里程为2705公里，其中约281公里为双复线，有1510个轨道交通车站。2018年东京大都市区的人口高达3800万，人口密度是北京的2倍以上，但交通运行状况远好于北京。2016年东京大都市区的GDP为1.662万亿美元，是同年北京市GDP的4.43倍。东京大都市区创造的专利申请授权量占全日本的60%左右，也是日本的创新中心。

日本是世界上创新型企业最多的国家。根据国际上创新型企业权威评估机构科睿唯安（Clarivate Analytics，前汤森路透知识产权与科技事业部）发布的《全球创新型企业100强 2018—2019》，2018年有12个国家和地区的100家企业入选，其中日本有丰田汽车、日本电气、佳能等39家，美国有苹果、英特尔、波音等33家，中国只有华为等少量企业。科睿唯安采用极为严格的评选办法，从2011年开始在全球范围每年评选出100家创新型企业，共有204家企业曾经入选，其中55家只入选过一次，但日本有14家企业连续入选8次，美国有12家企业连续入选8次，我国最具创新能力的华为公司入选过4次，比亚迪和小米在2018年首次入选。

应该注意的是，全球创新型100强企业的总部大都位于人口规模大、密度高的大都市区，韩国有三星等3家企业连续入选8次，其总部都在首尔大都市区，日本39家入选企业的总部都在东京、大阪、名古屋等三大都市区。人口在三大都市区高密度集聚产生的高水平集聚经济，是日本创新型企业数量居全球第一的一个重要原因。

世界银行《2009年世界发展报告》高度强调人口密度对经济发展的重要性，认为世界上三个最繁荣的地区——日本、美国、西欧，都是遵循经济地理的三个维度（提高密度、缩短距离、减少分割）来推进转型，从而重塑了自己的经济地理，使得"专业化分工和规模生产成为可能"。日本50%以上的人口集聚在三大都市区，美国近40%的人口集聚在人口排名前20的大都市区。

在5000万人口以上国家中，我国的平均人口密度处在中间水平，但我国94.2%的人口居住在胡焕庸线东侧42.9%的国土上，东侧的人口密度与日本相当。人口规模大和较高的密度是中国经济增长具有竞争优势的一个重要决定因素，但与日本和美国相比，我国的人口集聚水平还有相当大的差距。在把握新产业革命机遇的国际竞争中，日本和美国正在以大都市区集聚经济的创新优势抵消着我国的人口规模优势。

从各地经济社会发展状况看，我国人口密度高的广东、浙江、江苏和一线城市普遍好于人口密度低的省市。从人口的变化趋势看，在2030年前后我国将失去人口红利，因此提高人口排名前100位城市的集聚经济水平，重点发展20个左右以特大城市为中心的大都市区，对我国经济实现长期高质量发展具有重要意义。

目前东北三省的人口密度已低于全国平均水平，更远低于东部地区的平均水平。东北三省的人口密度低、集聚经济水平低，或是近些年东北三省GDP占全国的比重和常住人口数量持续下降的原因之一。因此，在深化改革、优化营商环境的同时，放开哈尔滨、长春、沈阳和大连市的人口规模控制，提高人口和产业集聚水平，用局部的集聚经济优势抵消东北三省常住人口减少的劣势，应当是实现东北振兴的一个重要举措。这种发展战略同样适用于中西部人口数量少、密度低的省市。

发展大都市区经济，提高人口和经济活动集聚水平，不仅有利于创新，也是以信息和智能技术为代表的新产业革命的内在要求，也是脱贫攻坚实现乡村振兴的必由之路。

2018年我国第一、二、三产业占GDP的比重分别为7.2%、40.7%、52.2%。1980—2018年，我国农业产出（第一产业）占GDP的比重从30.4%下降到7.2%，而同期农村人口占全国人口的比重仅从80.6%下降到40.42%。这意味着1980年每1%的农民生产了0.377%的 GDP，而2018年每1%的农民只生产了0.178% 的 GDP，2018年农民从农业生产中获得的收入所占GDP的份额不到1980年的一半。这38年间农民生活水平和收入水平的提高，主要依靠政府补贴和外出打工收入。如果不把大量的农村人口转移到城市，实现农业生产的规模经济，大幅度提高农业劳动生产率，乡村振兴是难以实现的。

在国际上进行比较更能说明我国农业农村农民的问题所在。美国2015年第一、二、三产业占GDP的比重分别为1.65%、29.38%、68.97%，从事这三个产业的人口比重分别为1.53%、18.95%、79.52%。美国每1%的农民生产了1.078%左右的GDP，其相对份额是我国农民的近10倍。因此把大量农村人口转移到城市并进入第三产业，是解决三农问题、实现乡村振兴的最主要出路。1980到2018年间我国第二产业占GDP的比重下降了8.3个百分点，第二产业容纳农村转移人口的能力极为有限，只有发展第三产业才能容纳大量的农村转移人口，而只有特大城市和大城市才能提供更大的第三产业发展空间。因此，重点发展20个左右以特大城市为中心的大都市区对实现乡村振兴具有极为重要的意义。

值得注意的是，《中国（上海）自由贸易试验区临港新片区总体方案》（下称《临港新片区总体方案》）、《关于支持深圳建设中国特色社会主义先行示范区的意见》（下称《建设先行示范区的意见》）两项重大决策在半个月内相继出台，影响的不仅是上海、深圳两座超大城市的命运，更是影响着中国经济的战略布局。《临港新片区总体方案》明确提出，上海要"强化开放型经济集聚功能"，"建设集成电路综合性产业基地"，"推动智能汽车、智能制造、智能机器人等新产业新业态发展"。要建设民用航空产业集聚区，以大型客机和民用航空发动机为核心，加速集聚配套产业，推动航空全产业链发展。《建设先行示范区的意见》提出，深圳要"加快实施创新驱动发展战略"，"大力发展战略性新兴产业，在未来通信高端器件、高性能医疗器械等领域创建制造业创新中心"。

在这两个超大城市加大先进制造业布局，是否意味着超大城市在高质量发展阶段要发挥更重要的作用？特别是上海临港新片区将采用"产城融合"的发展模式，规划面积为119.5平方公里，至少将新增100万人口，这是否意味着要放宽严格控制特大以上城市人口和用地规模的政策？对于该问题，2019年8月26日习近平总书记主持的中央财经委员会第五次会议似给出了肯定的回答。中央财经委员会第五次会议指出，我国"经济发展的空间结构正在发生深刻变化，中心城市和城市群正在成为承载发展要素的主要空间形式"，要"增强中心城市和城市群等经济发展优势区域的经济和人口承载能力"，"要改革土地管理制度，增强土地管理灵活性，使优势地区有更大发展空间"。

然而，为抓住新产业革命的历史机遇实现高质量发展，仅靠上海、深圳两个超大城市是远远不够的，须废止控制特大城市人口和用地规模的相关政策，提高城市的集聚经济水平，重点发展20个左右以特大城市为中心的大都市区，充分利用集聚经济优势，使大都市区成为催生创新型企业的温床。

在高质量发展阶段，中国大都市区之间的竞争不应是GDP的竞争，而应是拥有创新型企业数量的竞争。创新型城市应以拥有全球创新型企业数量的多寡为评价标准，拥有全球创新型企业数量居世界前列的国家才有资格称为创新型国家。

第 3 章

创新与转型：
金融改革如何布棋?

以制度创新迎接国际竞争格局演变

司晓　腾讯研究院院长

当前，以新一代信息技术为通用技术的新一轮科技革命和产业变革，正在全球范围内蓬勃兴起，并加速演进。共享经济、平台经济、智能经济等新型商业模式层出不穷，对世界各国的技术创新、经济增长与制度变迁，都产生了长远而深刻的影响。

在这一时代背景下，我们应该如何理解技术、经济与制度之间的长期互动关系，如何准确把握当前新一轮产业变革的基本特征，如何采取有效措施应对国际竞争格局的动态演变，是不得不思考和回答的三个关键问题。

技术、经济与制度创新的基本规律

在一个长周期内，产业变革及演进具有其基本逻辑和规律，即技术、经济与制度，在"衰退—萧条—复苏—繁荣"的长周期内交织变化。

1.变革缘起：利润与创新的交互

我们以繁荣阶段的末期作为分析起点。此时，通用技术在经济中的扩散已经接近饱和，最佳利润潜力已经用尽，规模报酬递减规律使利润率开始逐步下降，生产资本的利润创造能力无法满足金融资本对利润的追求，整个经济体系面临着普遍的效率与结构危机。经济增长的黄金时代结束，资本越来越集中于寻求创新解决方案，通过净投资流向未来利润率更高的行业。

没有了现有技术对新技术进入的强大排斥力量，突破性创新在这一时期集中出现，投资激励放大，未来产业变革和演进的技术与物质基础形成，超常规经济增长的先导产业或新兴产业最有可能出现，进而开启并引领新一轮产业变革，并最终推动经济走向又一轮复苏和繁荣。

2.技术扩散：从核心到外围

突破性创新虽然具有成为通用技术并引领产业变革的潜力，但是如果不能广泛扩散并渗透到经济系统和贸易网络中，其潜力将无法得到有效发挥。200多年来的产业演进历史表明，通用技术的扩散总是沿着两条基本路径展开，一条是行业路径，另一条是国际路径。

从行业扩散角度而言，在衰退和萧条阶段，旧技术依然居于支配地位，但其利润率会由于新兴技术的竞争而进一步降低，常会通过兼并重组、对外扩张和制度变革等方式强化其利润水平。

在复苏阶段，以新兴产业为代表的新兴技术出现暴发式增长，创新的蜂聚、集群、扩散和分支部门出现，并产生强大的乘数效应，互补性创新迅速导入，强烈的扩张效应随后产生。

复苏阶段后，新兴技术逐渐在经济体系中取得支配地位并成为技术常识，越来越多的企业家倾向于采用新兴技术并用于扩大再生产，最终推动经济走向繁荣。结果，新的技术范式确立，产业分工格局重构，推动经济增长的核心主导产业产生，围绕以主导产业为核心、以价值链和产业链为基础的产业结构形成。

突破性创新总是在某个国家最先出现，再通过国际贸易网络逐渐向其他国家扩散，结果是在不同国家间确立了新的"核心—外围"结构，重塑了国际分工格局，形成了引领全球经济发展潮流的世界经济中心，以及围绕核心国家进行生产与服务的外围国家。

3.制度变迁：技术与制度的协调互动

产业变革与演进并非独立的技术过程，而是取决于"技术—经济"范式与社会政治制度等因素之间的相互作用。如果将"技术—经济"范式与"社会—制度"体系看作整体经济系统的两个子系统，当两者相互协调匹配时，经济系统就表现出复苏与繁荣，反之亦然。

但"技术—经济"范式的变化速度通常要快于"社会—制度"体系，两者变化率的不同终究会出现失调错配，从而导致经济长周期中衰退与萧条的出现。因此，经济衰退与萧条实际上是"技术—经济"范式与"社会—制度"体系错配的结构性危机阶段，是技术经济领域重大变革要求进行全面"社会—制度"框架调整的紧急信号。

一系列与新技术范式相适应的制度框架在萧条期一旦建立起来，经与"技术—经济"范式再度耦合协调，新技术范式在整体经济系统中的地位得到确立与巩固，就会进一步将经济发展推向繁荣。

这一新制度框架包括产品、劳动、资本等国内外市场运作与监管的模式，有序的货币银行信用组织体系，收入分配与再分配结构政策的相对变化，新的自然资源、中间品和劳动力的持续供给，工会组织形式及其运作的法律框架，知识产权保护与交易的条件，以及保持国际权力相对平衡的制度安排等。

总之，产业变革的基本逻辑与规律是：首先是在利润率与突破性创新的交互作用下催生了新一轮的技术浪潮，新兴技术再通过技术扩散促进经济增长并形成"核心—外围"结构，最终推动了"社会—制度"框架创新以适应新的"技术—经济"范式。

历次产业变革中的技术、经济与制度创新

1.产业变革的脉络与特征

自18世纪60年代产业革命在英国首次爆发以来，全球经济便进入人类发展史上最辉煌的财富创造时期，至今已历经5次产业变革，产生了5次经济长周期。每次经济长周期的时间跨度约为50年，因具有波浪式的波动规律，又称为"经济长波"。

每次经济长波，技术创新是演进的根本动力引擎。当前世界经济正处于第六次长波中。

第一次产业革命开启了人类历史上波澜壮阔的产业革命进程，发源于英国，随后扩散到欧洲大陆。纺纱机的发明使棉纺织业的生产方式发生了革命性变化，棉纺织业和冶铁业迅速成为当时的先导产业，原材料棉花和生铁是关键

生产要素，同时也推动了工厂制度、土地制度和专利制度等的兴起与变革。

在第一次产业变革接近尾声时，蒸汽机的发明在英国开启了第二次技术浪潮，蒸汽技术广泛应用在铁路运输、铁路设备制造及煤铁矿业等，这一时期生铁和煤炭是经济增长的关键生产要素，贸易保护政策、银行制度和教育制度变革也随之兴起，产业组织形态也转变为大工厂组织形式。

第三次产业变革最初在英国、德国和美国同步孕育发生，后来美国和德国反超英国，成为第三次长波的核心国家。电气和电话等技术推动了这一次长波的演进，引领经济增长的产业重心转移到钢制品、重化工业和电力设备制造业等行业，关键生产要素则转变为电力和钢铁等，出现了实验室制度、金融制度与官僚制度等制度创新与变迁，寡头组织进一步取代了大工厂组织制度。

第四次产业变革的核心国家是美国，自动化与无线电等技术族群启动了本轮演进，获得超长期增长的行业也转向汽车制造业、石化工业与家用电器制造业等，石油和天然气等成为驱动产业增长的关键生产要素，制度创新主要发生在教育与生产组织等领域，义务教育与高等教育制度开始大规模实施，知识产权保护制度进一步强化，纵向一体化组织取代寡头组织，成为新的生产组织制度。

第五次产业变革因计算机的发明而启动，美国仍然是这一次技术浪潮的核心国家。核心技术从自动化技术转向信息技术和无线通信技术等，主导产业也变为计算机设备制造业、电信设备制造业、软件业和微电子产品制造业等，关键生产要素是集成电路和芯片，国际金融与贸易制度全面创新，集权与干预制度逐渐放松，网络化组织取代层级制成为这一时期的新型产业组织制度。

当前，全球处于第六次产业变革初期阶段，中国正逐渐成为和美国共同引领新一轮技术浪潮的国家，产业重心在机器人、智能设备及制造业和产业互联网等领域。

2.新一轮产业变革的兴起

当前，以新一代信息技术为通用技术的新一轮科技革命与产业变革正在全球范围内孕育发生。这次产业变革是对第三次产业革命中第五次技术浪潮发展成果的承继，在理论和技术上都一脉相承，是第五次技术革命中的信息通信技术在新时代的发展与进化。

这一次的产业变革也表现出与以往不同的基本特征。

（1）新一代信息技术成为新一轮产业变革的通用技术，随着行业应用从消费领域扩散到产业领域，产业互联网会成为接下来经济增长的基石。产业互联网是全球创新最为激进的领域，对物理世界和生物世界的改造越来越依赖于新一代信息技术，不仅如此，它还广泛渗透进金融、教育、医疗等服务行业，正在发展成为未来经济增长的重要基石。

（2）数据成为新的核心生产要素，推动技术范式、生产方式和商业模式的深刻变革。与其他生产要素相比，数据要素具有高初始固定成本、零边际成本、规模报酬递增的特点，企业将通过在用户画像、需求预测、研发设计、生产制造、物流运输、营销售后等全价值链周期中对数据要素的利用，来提高资源匹配效率、生产效率和决策精度，获取规模经济效应、范围经济效应和长尾效应。这就决定了数据一旦开始被应用，将会形成一个正反馈循环，即数据规模和质量的轻微领先将引起企业生产经营能力的显著提升，导致市场规模大幅扩张，从而使企业能收集和使用更多、更好的数据。

（3）政府引导成为技术创新与产业变革的重要推动力量。自2008年国际金融危机爆发以来，世界主要国家都在加速布局突破性技术创新与战略性新兴产业，技术创新与产业变革也由企业的自组织行为向政府引导与推动的社会化行为转变。

以往产业革命的核心国家——英国、德国和美国纷纷出台国家发展战略，英国政府相继发布《制造业新战略》《创新国家白皮书》《机器人技术和人工智能》与《人工智能：未来决策制定的机遇与影响》等国家战略，德国政府相继出台《确保德国制造业的未来——德国工业4.0战略计划实施建议》《国家工业战略2030》《德国人工智能战略大纲》等战略规划，美国政府也陆续公布《美国先进制造业领先战略》《美国创新战略》《为人工智能的未来做好准备》和《美国国家人工智能研究与发展战略规划》等国家战略。这些主要发达国家通过分阶段实施再工业化战略、工业4.0战略和人工智能战略等，同步甚至超前布局关键技术领域，从路线设计、政策倾斜、资金支持、人才支撑、组织调整等方面系统性地推动技术创新与产业变革。

对策思路

每一次产业变革的孕育兴起都是对国际竞争格局的重构，总结近300年来的产业革命发展史中的正反两方面经验，我们建议中国在新一轮产业变革中应采取措施，努力抓住范式转换和长波交替过程中实现大国赶超的机会窗口，推动我国成为新一轮产业变革中真正的核心国家。

1.选择正确的主导产业

考察英国与美国等在产业革命中的历史经验，核心国家的经济崛起与成功赶超，既依赖于市场竞争中的企业家精神，也依赖于国家建立了一个能够促进产业发展的框架。

因此，产业革命不仅是由突破性技术创新引发的产业变革，还是一场由政府引导的参与国际市场竞争的国家竞赛。

在这场持久的竞赛中，需要国家分步骤、有节奏地实施与产业发展阶段相适应的产业政策来加以引导。过度滞后的政策不仅会束缚新兴产业的发展，还会由于错失最佳的干预时机而导致重复投资与产能过剩；而过度超前的政策则可能引起错误的市场预期，导致投资失序与资源错配并刺激泡沫的产生。

2.进行包容性的制度创新

率先孕育新通用技术的国家在国际竞争中享有先发优势，但这并不能保证该国成为新一轮产业变革的核心国家。如果先发优势的潜力得不到有效开发，依然难以引领全球经济增长。

从先发优势向竞争优势转换，需要进行包容性的制度创新，以协调技术范式与制度框架之间的冲突，如目前普遍面临的数据权属问题、数字货币问题、失业问题等。

一是产权制度创新。一方面，新一轮科技革命的兴起促使数据成为新的关键生产要素，对数据的权属界定与国际贸易将深刻嵌入个人、企业和国家的发展过程中，因此需要对包括数据所有权、使用权与收益权等方面进行制度创新；另一方面，要积极进行知识产权制度改革，产业发展的智能化趋势对现行知识产权制度提出新的挑战，如由人工智能程序创作的作品能否获得版权，以及人工智能创造的新发明能否获得专利权等问题，都亟待从产权制度框架上予以规范。

二是教育制度创新。一方面，需要进一步加强教育制度改革，在高等教育中设立与新一代信息技术相关的博士和硕士学位，在本科生中开设相关的专业课程，对中小学生进行基础科技知识普及等，并改变相应的考核体系，扩大新兴技术的人才供给规模；另一方面，加强培训认证制度改革，鼓励发展股份制和混合所有制的职业培训机构，支持有条件的企业开展职业技能培训与认证，完善职业技能登记制度并在此基础上建设职业技能人才库，优化新兴技术的人才供给结构。

三是金融制度创新。一方面，需要改革传统金融体制，使之能够更好地适应新兴技术发展对资本融资的需求，尤其是解决中小企业融资难、融资贵的问题，进一步加强在专利质押、注册制上市等方面的探索，构建更加灵活的融资制度；另一方面，新一轮科技革命的发展也催生出数字货币等虚拟货币，在提高经济活力的同时，也对货币政策目标形成一定的挑战，未来需要进一步深入研究数字货币与实体经济发展的关系，争取在技术发展与金融监管之间实现目标平衡。

四是监管制度创新。一方面，新兴技术的发展将世界各国都纳入一个全球性的价值网络体系中，未来的监管政策更需要具备国际视野与审慎态度；另一方面，需要实施以"科技向善"为导向的监管政策，一切新兴技术的发展与应用都应以人为尺度和依归。

金融创新和改革的挑战

武晓蒙　财新记者

2019年，随着中国经济持续下行，国内金融业面临诸多挑战。一方面，金融机构在政策号召之下加大向小微企业的投放力度；另一方面，部分中小银行风险积聚，亟待处置或改革。在全球层面，2019年6月，全球社交网络巨头脸书（Facebook）发布Libra①白皮书，将数字货币这一话题推至风口浪尖，中国的相关讨论也再度升温。

在2019年11月初举行的第十届财新峰会上，多位学界、业界和金融监管部门人士，围绕国内金融改革以及数字货币前景和监管，展开热烈讨论。

全球性稳定币冲击几何

Facebook发布Libra白皮书，使得全球性稳定币成为2019年各国央行关注的焦点。中国央行货币研究所所长穆长春，在财新峰会上针对全球性稳定币对金融市场、货币政策的影响做了详细阐述。

穆长春表示，全球性稳定币给公共政策的监管带来了诸多挑战，涉及法律、反洗钱、反恐怖融资、反大规模杀伤性武器的监管、支付系统的安全、市场稳健、个人隐私与信息保护、消费者和投资者保护、缴税合规等诸多问题。此外，一旦稳定币扩展到全球，会放大其对于公共政策产生的影响。

具体而言：一是会削弱金融市场的公平竞争。由于全球性稳定币的发行者一般是大型科技公司，网络效应会导致市场集中度过高，削弱金融市场的多元竞争；同时，这种闭环会抬高市场的准入门槛，更进一步削弱市场竞争。

二是会对金融稳定产生影响，通过多个渠道增加金融体系的脆弱性。全球性稳定币的生态系统存在信用期限流动性错配及操作风险，会加剧国内货币金融部门的脆弱性，加剧危机的传导；全球性稳定币依赖于运营者的信誉，一旦出现风险事件，做市商是否能够稳定币值存疑；另外，稳定币所依靠的抵押资产储备，相关的权利义务界定不清、治理不善。

三是全球性稳定币的风险还会传导到至实体经济。如果全球性稳定币用于支付，一旦系统中断，会导致金融市场波动并影响实体经济活动；如果用作价值贮藏，币值下滑将导致持有人财富收缩；同时，银行和相关金融机构如果持有稳定币，也会遭受损失。由于没有存款保险保障和最后贷款人机制，在发生挤兑的情况下这些金融机构损失会更大。

---

① Libra 是 Facebook 新推出的虚拟加密货币。

此外，全球性稳定币储备资产规模较大，在极端情况下，如果发行机构为应对赎回请求，不得不甩卖资产，将引起金融市场价格大幅波动，导致托管银行出现风险。

除了对金融市场的冲击，全球性稳定币一旦推出，通过作为支付工具、价值贮藏、记账单位等不同功能，还会加剧跨境资本流动对货币政策的影响。

穆长春进一步解释，如果全球性稳定币广泛用于价值贮藏工具，居民和企业将持有用稳定币标价的资产，国内货币政策对这部分资产收益率影响将变得有限；如果用全球性稳定币支付利息，那么，利率会变成"篮子货币"的加权平均，会进一步削弱本国货币政策的传导，这对于本币不在篮子货币中的经济体影响更大；如果稳定币作为价值尺度进入信贷市场，代替本币用来借贷，实现稳定币的货币创造，那么，利率将以稳定币来标价，国内货币政策对借贷双方的调控能力下降。

"各国间应该加强全球性稳定币的跨机构监管合作，按照相同的标准推出稳定币监管标准，防止监管套利和不公平竞争。我们认为，在法律、监管、风险控制等问题解决之前，不宜推出全球性稳定币。"穆长春表示。

对于非主权的全球性稳定币，在2019年10月举行的G20财长与央行行长会议上，20国央行公开声明称，全球性稳定币发行的前提，是必须解决了反洗钱问题、反恐怖融资问题、诚信问题、消费者保护问题。清华大学五道口金融学院教授谢平认为，这"实际上是把非主权的稳定币，特别是用区块链技术为基础的非主权稳定币暂时冻结了"。

北京大学国家发展研究院副院长、数字金融研究中心主任黄益平认为，未来的数字货币时代，可能是多种数字货币同时并存的体系。在这个体系中，短期内很可能还是各国央行各自发行的数字货币占主导。"如果要有全球稳定币，我还是支持由IMF按照SDR（特别提款权）来发行，简单来说理由只有一条，货币体系无论怎么发展，一定的中心化程度是必需的。"

多位参与讨论的专家都认为，全球性稳定币对弱势货币、非篮子货币国家的冲击更大。对此，穆长春指出，对于中国来讲，如果人民币不可兑换，就会和弱势货币一样，必然会在将来受到全球性稳定币的侵蚀，唯一有效的应对是尽快在合适的时机下，让人民币实现可兑换，这样才能抵御全球性稳定币的侵蚀，在保持人民币在国际货币篮子中现有地位的基础上，争取提升成为强势货币。

普惠金融进行时

在服务实体经济方面，2019年最大的主题莫过于小微金融。在政策号召考核之下，大行、小行都"绞尽脑汁"。

随着金融科技的发展，当前银行服务小微企业不再只依赖人海战术，线上放贷越来越普遍。对此，浙商银行董事长沈仁康表示，线上化模式主要有两方面好处，一是批量获客，二是提高效率、控制成本。

在获客上，传统银行业务需要有物理网点、客户经理去挖掘和维护客户资源，如今可通过金融科技的应用，平台化、批量化、集群化获客，效率大大提高，而且获客触点扩大了。此前，除了大银行，中小银行的物理渠道十分有限。

成本控制方面，沈仁康表示，做小微金融，主要面临业务操作成本、风险控制成本，过去那种模式下两种成本都比较高，导致小微金融可持续性十分差。随着技术的应用，银行大幅度地改造了小微企业业务流程、产品模式，一些流程线上化，由机器替换人工，实现了数据化审查、模型化审批和自动化管理。这样能够在更精准地控制风险的同时，提高工作效率，甚至是"秒贷"。前述两大成本都降下来了，"我们2018年纸质合同省掉了14万份，而这背后对应省下的是人工成本和操作成本"。

不过，银保监会国际咨询委员会委员、工商银行原行长杨凯生表示，开展像小微金融这类的普惠金融业务，要着力扩大金融服务覆盖面，在增加各类人群、各类企业的合理金融服务需求供给方面，踏踏实实下功夫，并非简单的"快捷"二字能够涵盖。

"简单提倡'秒贷'并不科学，一个需要深入思考的问题是：提升处理业务的快捷程度是不是发展金融科技的唯一目的？"杨凯生提出疑问，虽然金融科技给普惠金融发展提供了条件，但是，金融机构是否可以主要寄希望于"线上替代线下"、数字技术和网络技术能否替代传统银行的审批，有待商榷。

杨凯生认为，普惠金融是一个多维度的问题，有一些问题仅靠互联网技术、大数据技术、金融科技难以完全解决。他提醒，如果仅仅通过碎片化数据就完成了对某个客户的信用评估，决定其是否能够融资、能为其提供多少融资，显然是将信贷业务多年来重要的三大问题简单化了——借钱干什么？准备如何还？如果还不上如何应对？

对于普惠金融业务中机器对人工的替换，杨凯生表示，应该区分信贷品种，根据客户类别设置一定阈值。有的业务满足一定阈值就可以实行机器自动审批，有的则需要机器加人工审批，有的业务甚至还要有专家评估才行。

从客户角度，杨凯生亦表示要审慎对待"秒贷"需求。他举例说，除了一些特殊情况，如果客户对自身生产经营所需要的资金到了当天就要、即刻就要的时候才申请贷款，一旦不能够即刻拿到，企业似乎马上就会出问题，是不是在一定程度上反映出企业对自身的经营状况前瞻性不足？这是不是银行考量客户经营管理水平的一个因素？

此外，他提到，普惠金融不应该只简单关注某些特定客户贷款审批的批准率、融资需求获得率、支付便利性，更应该从广义角度，囊括开户、存款、保险甚至进出口结算及农产品期货等各方面内容；此外，还应该综合考虑商业可持续性问题。

提到商业可持续，不得不提到小微贷款定价问题。目前，工商银行等大行可以提供基准利率的小微贷款定价，不禁让市场怀疑，这样的定价能覆盖成本吗？此举可持续吗？

对此，工商银行行长谷澍在财新峰会上回答财新记者提问时表示，工商银行自2017年组建普惠金融事业部，经过多年探索，基本走出一条商业可持续发展之路。2019年，工商银行的普惠金融贷款增长超过50%，不良"双降"，利率保持同业较低水平，实现了增量、扩面、降本、保值。而这主要得益于大行资金端成本本来就低，只要再保持高于同行的风控水平，就可以做到可持续。

不过，从目前市场上多位中小银行人士的感受来讲，大行定价低、风控良好的重要原因，其实是"掐尖"中小银行原有的"好客户"，打的实际上是价格战。

因此，中国普惠金融研究院院长贝多广提到，对普惠金融的考核应该去考核各家金融机构有没有开发、覆盖别家机构没有覆盖到的客户，即考核新增客户、首贷客户。

"谁家做得好，能通过产品创新、数字化方法很好地覆盖和挖掘潜在客户，又受到老百姓的欢迎，这才是特别值得鼓励的。"贝多广称，如果仅仅是增加了同业竞争，把别人的客户抢过去，特别是通过价格竞争，这并不是政策考核的初衷。

此外，小微企业融资成本不仅体现在贷款定价上，还应该看综合成本。近期，国务院通报，多家银行存在要求客户以贷转存、转嫁成本、未按监管法规规定承担融资相关环节费用等不合理抬高小微企业融资成本的问题，其中也不乏大银行。

推动金融科技创新，加强金融科技监管

殷勇　北京市副市长

在2019年财新峰会期间举办 "北京金融科技专题论坛"，探讨金融科技创新与监管话题，反映了业界对北京金融科技发展的高度关注，也体现了北京作为全国金融管理中心和全球金融科技创新枢纽的独特功能。近年来，北京市发挥自身优势，在推动金融科技创新和加强金融科技监管方面积极探索和实践，率先建设金融科技与专业服务示范区，引领金融科技规范健康发展。

深化对金融科技的理解和认识

金融科技的兴起是过去十几年驱动全球金融业变革的重要因素之一。在中国，金融科技向传统金融领域快速渗透，移动支付、大数据征信、数字货币等方面的应用和研究处于世界领先行列，中国金融业在技术体系、业务流程、服务模式、营销渠道、风险控制等方面发生了一系列深刻的变化。值得注意的是，金融科技在带来高效、便捷的金融服务的同时，也给金融治理和监管带来一系列新的挑战，需要进一步深化对金融科技的理解和认识。

2019年2月中央政治局第十三次集体学习时，习近平总书记强调，要正确把握金融本质，深化金融供给侧结构性改革，要抓住完善金融服务、防范金融风险这个重点，推动金融业高质量发展。2019年10月中央政治局第十八次集体学习时，习近平总书记强调，区块链技术应用已延伸到数字金融、物联网、智能制造、供应链管理、数字资产交易等多个领域。要推动区块链和实体经济深度融合，解决中小企业贷款融资难、银行风控难、部门监管难等问题。党的十九届四中全会对推进国家治理体系和治理能力现代化做出部署，在金融治理方面，特别强调要健全具有高度适应性、竞争力、普惠性的现代金融体系，有效防范和化解金融风险。这些重要论述和重大决策，指导我们更准确地把握金融科技的本质。

1.发展金融科技是服务实体经济的需要

当前金融服务实体经济最突出的问题是中小微企业融资难、融资贵，造成这一问题的原因主要是信息不对称、经济规模效益不够、信用风险较高等因素导致的市场机制失灵。这是一个普遍性的难题，依靠传统手段难以有效解决，需要不断深化金融供给侧结构性改革。根据金融稳定理事会2016年的定义，金融科技是技术驱动的金融创新，这些金融创新可能会产生新的商业模式、技术应用、业务流程或创新产品，从而对金融服务的供给产生重要影响。从这一定义可以看出，金融科技创新属于金融供给侧结构性改革的内容，目的是提升金融发展的质量和效率。

2.新一轮科技革命和技术变革兴起，为科技在金融领域广泛应用提供了条件

科技在近些年飞速发展，为解决金融当中面临的新问题、新挑战提供了新路径和新方法。近年来，我们实施创新驱动发展战略，总体上把握住了新一轮科技革命和技术变革的浪潮，包括：移动互联网的广泛普及，大数据的采集和应用，人工智能在越来越多的场景的实际应用，区块链技术在多个行业里已经开始实践。这些新技术进步的集中涌现，为解决金融出现的问题提供了更好的基础条件。

3.金融科技的发展要求金融监管理念和框架不断完善

过去几年，金融科技发展过程中，有不少的成功经验，也有一些教训。特别是一些非持牌金融机构在金融科技名义下违法违规开展金融活动，给整个金融体系和社会稳定带来风险，给人民群众的财产安全造成了损失。金融科技发展要求更好地管理金融和科技融合，这也是金融治理体系和治理能力现代化的重要内容。

建立金融科技与专业服务示范区

当前，北京正在全球金融科技创新中充当引领者。2019年9月，英国智库Z/Yen集团发布的全球金融中心指数报告指出，北京金融科技指数排名全球第一，高于第二名14分，高于第三名17分。北京金融科技发展具有得天独厚的科技与金融叠加的优势，规范有序发展金融科技已成为北京金融业发展的一个重要战略选择。

一方面，北京是中国的科技创新中心，具有得天独厚的科技创新优势。从人才看，全国最好的大学学科一半以上在北京，北京的国家重点实验室数量占全国的1/3。从创新投入看，北京的研发投入占GDP的比重多年保持在接近6%的水平，远远高于全国平均1.75%研发投入水平，也高于不少发达国家的4%左右的研发投入水平。从创新主体看，北京的独角兽企业数量全球排名第二；科技企业平均每天新增200～250家，2018年这一增速比2017年高了1倍。英国的《自然》杂志每年都对全球500个城市的科学能力进行排名打分，北京过去几年蝉联第一。

另一方面，北京金融街是国家金融管理中心，这在新版北京城市总规划中已经明确，因此北京有得天独厚的金融资源优势。北京是国务院金融委、人民银行、银保监会、证监会等国家金融管理部门的所在地，重要金融基础设施的承载地，大型金融机构总部、重要金融行业协会、国际金融机构和国际金融组织的聚集地，北京的金融资产总量占全国的45%，完备的金融体系和巨大市场空间为金融科技提供了丰富的应用场景，也有助于快速形成成熟的商业模式，在行业加以推广和复制。

基于上述优势，北京市从2018年年初开始谋划在西城和海淀交界地区布局建设北京金融科技与专业服务创新示范区。西城区有金融街，是金融管理中心的承载地，聚集了大量金融机构；海淀区有中关村，是科技创新的策源地，聚集了大量的高校院所和创新型企业。西城区的金融机构对科技有大量的需求，海淀区的科技企业有很强的科技能力，也需要拓展金融业的应用场景。在西城、海淀交界的西直门外大街地区，建设金融科技和专业服务创新示范区，是一种最大限度发挥北京优势的选择。

经过一年多的建设和发展，北京市以金融科技示范区为主要载体，采取以下手段，逐步形成了功能丰富、运转有效、市场开放、风险管控的金融科技服务体系。

（1）高标准规划建设金融科技示范区。北京金融科技与专业服务创新示范区以西城区北展地区、德胜地区、广安地区和海淀区北下关地区、中关村大街沿线区域为主体，总面积约15平方公里，其中位于西直门外大街的核心区由西城、海淀分别提供30万平方米的办公场所，共60万平方米左右。主要聚焦监管科技、风险管理、金融安全和专业服务等领域，培育金融科技产业，开展金融科技监管。目前已有70余家金融科技领军企业入驻，注册资本超过700亿元。

（2）不断完善金融科技配套政策。2018年北京出台了《关于首都金融科技创新发展的指导意见》和《北京市金融科技发展规划》，设立了金融科技发展基金和金融科技产业发展的孵化器。2019年8月，人民银行发布《金融科技（FinTech）发展规划（2019—2021年）》，北京将进一步完善配套政策，加大对金融科技创新项目的激励支持力度。

（3）优化金融科技治理体系。在金融科技示范区探索实行理事会制度，由"一行两会"等金融管理部门作为指导单位参与到理事会，完善专业化决策机制，按照"统一规划建设、统一监管准入、统一服务平台"原则，统一管理金融科技与专业服务示范区的发展建设，加强风险防控，保障跨区的项目具有整体性、协同性、安全性。

（4）打造开放的金融科技研发平台。建设北京金融科技研究院，这是北京在金融科技领域打造的国际一流新型研发机构。未来将聚集一批金融科技领域的科学家，为金融科技发展当中的数据安全、技术标准、开源共享、算法优化等重大基础问题，率先探索建立一套制度规则、标准体系和解决方案。

（5）加强金融科技的国际交流和开放合作。开放融合是金融科技的重要特征，在金融科技示范区积极推动金融机构和科技企业加强合作对接，使供给端和需求端有机融合，推动供给端形成产业链和创新链，也推动需求端互相学习，互相拓展应用，形成更好的产业生态。我们还将通过举办国际性金融科技论坛、峰会，进一步深化国际合作。

2018年以来，我国实施新一轮扩大金融对外开放政策，在支付清算、征信评级等金融科技应用重点领域，北京加大率先开放和落地的服务力度。2019年以来，万事达卡（Master Card）与网联清算在北京设立合资公司，维萨（VISA）在北京设立技术研发中心，SWIFT在北京设立中国区子公司，一些国际知名的金融机构与北京的科技公司开展合作，正在筹备设立数字化的消费金融、资产管理、保险等机构，这些都将有助于金融科技创新资源在全球范围内更好地整合。

（6）加强数据资源的开放共享。数据是金融科技底层生产要素，数据只有开放了才有生产力。目前北京正在实施大数据工程，2019年上半年，北京市所有政府部门的数据目录已经通过区块链的形式形成目录链，2019年年底，所有政府的数据实现上云共享。未来将逐步为社会应用提供统一有管理的接入端口。这既有助于提升金融科技创新的潜力，也有助于保障信息安全，提升信息管理的能力。

（7）加强金融科技应用场景建设。将解决科创、民营、小微企业融资难题，作为金融科技首要的应用场景。北京市建立了小微企业金融综合服务平台，主要功能是充分整合政府大数据资源，开展精准画像和精准匹配，构建基于信用的闭环，为企业提供更多无抵押信用贷款的服务。此外北京参加了人民银行牵头的金融科技应用试点，北京市金融科技试点项目审批通过46项，位居10个试点省市地区之首，几乎涵盖了规划涉及的全部重点领域。

（8）营造国际一流的营商环境。北京在国务院组织的中国城市营商环境排名中名列第一。在最新的世界银行营商环境排名中，中国在全球190个经济体中排名第31位，比2018年提升了15位。这是继前一年排名大幅提升32位之后又一次显著的提升。如果把北京的评分单独排名，可排在全球第28位，超过日本东京。北京多项指标成绩达到全球前沿水平。通过营商环境的持续优化，金融科技创新活力得到充分释放。

为金融科技发展营造良好的制度环境

防范金融风险是金融科技发展的根本保障。在推动金融科技守正创新的同时，注重加强金融监管体系建设和加大对违法金融活动的打击力度。加强监管不是扼杀创新，而是创造规范有序的市场环境，确保金融科技行稳致远。

（1）必须坚持金融活动持牌经营原则。金融活动的标的是资金，天然有较强的创新驱动，容易自我循环。同时，金融活动又有很强的外在性，金融风险对实体经济冲击巨大。为此，在纷繁复杂的金融创新面前，必须保持监管的一致性。

（2）持牌的金融机构开展活动必须严格遵守金融行业的监管规则。金融机构应用金融科技要以监管规则为行动指南，恶意的监管套利、恶意的规避监管及完全忽视蔑视法律法规的行为，一定会造成严重的金融安全隐患。

（3）严厉打击违法和违规的金融活动。北京市已建立地方金融监管和金融风险处置协调机制，建立了"及早发现，打早打小，存量整治，应急处置，刑事打击"五位一体的金融风险处置工作框架。对违法违规的金融活动，无论处于哪个阶段，都有相应的监管、处置、打击的流程，使得违法违规金融活动得到及时有效的处置。

（4）大力发展监管科技。金融科技活动以数字化、网络化为特征，传统的人力监管、现场检查等方式不能适应快速变化的金融活动。目前北京市已建立了"冒烟指数"等一系列基于大数据和人工智能技术的监管科技工具，并在实践中投入运用。

（5）开展国际监管合作。金融科技监管是一个全球性话题，不同国家有各自特定的实践。北京作为国际交往中心，要在金融监管的国际交流合作中做好服务支撑，也要为金融科技监管和治理积极提供有益经验。北京版的"监管沙箱"方案，就是在借鉴国际通行的"监管沙箱"经验基础上形成的，希望通过探索，为国际的金融科技监管提供有益借鉴。

大数据与新一轮城镇化

周东旭　财新记者

　　中国的城市化率已经达到60%，但城市化的红利正在逐渐减弱，10年后新的动能又在哪里？另外，随着人口不断向大城市聚积，如何保障人口、资源、产业等有序流动，形成合理布局，既避免"大城市病"，又让中小城市或者小城镇具有活力和竞争力，仍需不断摸索。同时，政策的供给、创新，利用大数据为新一轮的城市化赋能，都是中国城市化需要面对的命题。为此，第十届财新峰会设置"大数据与新一轮城镇化"分论坛，专家学者各抒己见，解析中国城市化的未来路径。

智能城市的未来

　　城镇化的未来会是什么样的？"新型城镇化最典型的特征之一就是数字化。在城镇光鲜亮丽、高端大气的建筑外表之下，隐藏着的是一个立体的、灵动的数字化系统。数据资源成为十分重要的生产要素，全要素数字化转型成为基本的要求，决策谋划以数据为主要支撑，经济社会发展靠数字化推动，数字化系统带给城市的是管理和运行的全方位的创新。"国家发改委原副秘书长范恒山描绘了未来城市的图景，数字化是开启时代转型和人类生产生活方式革命性转变的一个重要内容。

　　与城市数字化、一体化相对应的是城市的智能化，或者叫作智能城市、智慧城市。范恒山称其"不仅更绚丽，而且更加精致；不仅更大气，而且更具效率；不仅更具活力，而且更加显得温馨"。基于大数据等数字技术的重要功能，它们的渗透会带来城镇重塑和脱胎换骨。

　　所以，范恒山认为，数字技术和城镇的融合便成为新型城镇化的一个核心内容和显著标志。这同时意味着实现融合的新型城镇化并不是一项简单的技术活动，而是一项系统工程，必须下大气力，把握正确的路径，解决关键的问题。

如何推动大数据与数字技术支撑的城镇化？范恒山梳理出八个主要方面：第一，要全面形成高速、移动、安全、泛在的新一代信息基础设施，强化城市数字化建设载体，这是基础中的基础；第二，要统筹数据平台开发建设和体制机制的改革创新，推动社会数据资源协同开发，高效集成和相互开放，形成互联互通的大数据体系；第三，要以建筑智能化和产业数字化为重点，全面推进城市与数字技术的融合，使城市发展体现为数字经济与智慧社会的发展；第四，要打造数字政府与智慧政务，推动数字技术在城市规划、建设、运营、治理和服务等领域的全面应用；第五，要统筹包容创新和防控风险两个方面，完善大数据发展和数字城市建设的法律法规制度体系，实现效率与规范、开放与安全的有机统一；第六，要优化政策体系和社会环节，加大对重点领域、重点项目的支持力度，推动相关基础设施和建筑的数字化、智能化建设的便利性和低廉化，要破除一切不利于数字化、智慧化的障碍，最大限度地激发社会参与新型城镇化建设的积极性和创造性；第七，要推进对外开放，积极借鉴成功经验和有效做法，在更大范围内利用和配置资源要素，推动自身质量的提升；第八，适应新型城镇化的要求，探索建立科学、务实的数据资源与数字城市的标准，以及统计、监测与评价体系。

愿景虽然美好，但智能城市的挑战无处不在。国家发改委城市和小城镇改革发展中心副理事长乔润令分析，智能城市至今未形成一个比较好的市场化的商业模式，政府需要投入的太多，但现在资金紧张。下一步，政府和市场应有一个区分，政府要做的是企业取代不了的：

第一，某个城市、区域，将来扩展到国家，一定要建立一个公共的大数据平台，因为70%的数据在政府手里。打破条块分割，解决数据孤岛问题，只有政府能做。政府如果解决了这个问题，建立起一个真正的大数据平台，企业的创新能力自然就上来了。第二，政府还需要解决数据的评估、交换、交易等问题。数据既然是资源，可以买卖，怎么买卖就需要定规则。如果所有人都没有隐私了，数据难题怎么解决？要有一整套规制措施，现在的这套体制无法适应。第三，保护数据的安全。随着刷脸等人工智能技术的推行，隐私可能受到严重威胁，而侵犯隐私的可能是政府，也可能是企业或个人。而数据安全不仅包括个人隐私，还会涉及国家的数据安全。对于数据安全问题，政府要特别重视，现在做得远远不够。第四，知识产权的保护。数据时代的知识产权与过去不同，数据不是物化的，看不见摸不着。

区域协同发展

区域协同和城市群，在经济发展转型中的地位日益突出。京津冀、粤港澳大湾区、长三角等地区成为引领高质量发展的重要动力源。

国务院发展研究中心副主任张军扩以京津冀协同发展战略为例，认为其自2014年提出协同发展以来，在取得积极成效的同时，仍存在发展不够平衡的问题，突出表现为京津冀经济总量占全国比重持续下降，河北与北京、天津经济差距进一步拉大。

张军扩援引了两组数据。横向比较，京津冀经济总量占全国的比重从2014年10.37%降至2018年9.82%，2019年前三季度又降至9.3%，而同期珠三角、长三角经济占全国的比重均呈稳步提升态势，"这与打造京津冀世界级城市群、创新驱动经济增长新引擎的定位和引领高质量发展动力源的要求不相适应。"

京津冀区域内部，河北省发展相对滞后，与京津差距进一步拉大。河北经济总量占京津冀的比重从2014年的44.26%降至2018年的42.3%，2019年前三季度再降至41.13%，河北省人均地区生产总值相对北京的比重从2014年的40%降至2018年的34%，"这与京津冀区域整体协同发展的总体定位和缩小地区发展差异的初衷也不适应"。

"当前面临的主要问题是北京的创新资源和河北、天津的经济结构存在落差，难以紧密结合。"所以，张军扩表示，下一步关键是通过制度创新和环境优化，使北京的创新资源和成果尽可能在天津、河北开花结果。同时，也要进一步优化区域发展战略空间布局，尤其是注重河北的发展。

"打造京津冀引领高质量发展动力源重点在河北，难点也在河北。"张军扩说，今后除了进一步做好雄安新区高质量高标准建设，还要更加重视石家庄的发展、打造河北南部经济增长极，更加重视河北沿海地区的经济发展，打造沿海地区新的增长极。

张军扩进一步解释，之所以提出京津冀协同发展，目的之一就是为了解决京津和河北的发展差距问题，同时，除了珠三角、长三角的发展新引擎，还要打造北方地区的引擎进而带动北方地区的发展，而京津冀区域是最具有条件的。回过头来看，虽然这项任务取得了很大的进展，但在解决差距和打造新引擎方面的作用，还是不够的。

城市群正成为人口集聚带动发展的主要平台，但在乔润令看来，真正成熟的城市群只有长三角，最好的是长三角，珠三角还不错。他认为19个城市群在"十三五"规划虽然提了出来，但未来不可能都成型，因为中国已经进入城镇化的中后期。

为什么说长三角最成熟？乔润令解释，长三角的中小城市高度发达，地方公共服务的差距非常小，但是，从北京到邯郸、邢台、保定，差距则非常明显。"中国的城市群处在不同的发展阶段，南方与北方将来的差距会越来越大，新经济的比例是决定未来的，不要统计钢铁、煤炭，那个时代已经过去了。"

在乔润令看来，城市群面临的挑战，不是制定个规划就可以解决的，"仅仅是个规划，落到地上没有20年、30年，能行吗？根本不可能的事"。那么，挑战又体现在哪些方面？

首先，缺乏城市群跨城市的协调机构。乔润令说，中国现行城市发展体制是纵向高度发达，而横向的只要不是上下级，联系就很少，看看中国的铁路图就一目了然。其次，城市群内部公共服务的均等化进展极为缓慢，因为这涉及"掏钱"，分灶吃饭，北京政府会给河北掏钱吗？不可能。因为都是负责自己的"一亩三分地"，公共服务取决于财政收入，公共服务的水平高低取决于人均财政支出的高低。公共服务差距大，就会直接影响企业迁移和人员流动。再次，城市之间产业同质化非常严重，非良性竞争远远大于合作。最后，除了长三角、珠三角，京津冀、成渝等地区的小城市和小城镇全部没有得到均衡发展。

城镇化新格局

经过21世纪初以来城镇化的加速启动，城市和人口从普遍增长开始了结构性分化。乔润令介绍，城市开始分化，城镇化的人流也开始分化，人口的流向依然是以东部地区为主，进入相对稳定期，大量劳动密集型产业并没有转向西部。

另外，"北雁南飞"是目前城镇化最突出的一个特点。乔润令说，原来中西部人口流向东南沿海和东部地区，如今在这一流向依然保持的情况下，出现了一个全新的趋势——北部人口往南流。无论是珠三角、长三角，还是南部的大中城市，人口基本是增加的。北方则不同，东北人口大量外流，山东人口也在外流。

而中西部并非没有发展起来。近年来，西部发展取得了巨大成就，主要体现在基础设施、生态环境的改善。乔润令认为，均衡发展的意义大体上是人均收入和公共服务的相对均衡，而不是经济总量。"在市场的推动下，中国经济出现全新的特点，东部求效应，西部讲生态，中部讲综合，这一格局已经形成。"

另一个特点，就是一大批中小城市出现人口和城市的收缩。乔润令认为，人口在收缩，GDP肯定也会收缩，而且所占的比重并不在少数。

中国人口的流动有三个因素：就业，寻求好的就业，寻求好的发展。乔润令说，一旦人口流动限制取消，人们开始用脚投票，自然也就展现城镇化的另一面，城市的繁荣和衰退也正是城镇化题中应有之义，有发展就有衰落，城镇本身也要调整结构。

城镇化的人口来源于何处？也许有人会认为，全世界的城镇化都是农村人口转向城市。不过，乔润令认为，根据经济学家蔡昉等人的研究，中国城镇化主要有三类人，一是农民进城，一是城市人口本身的自然增长，一是行政区划调整。根据蔡昉的研究，城镇人口的增长中大概16%属于自然增长，26%由外出农民工构成，常住在城镇却没有城市户口，还有5%的人口属于人户同迁，剩下的53%则是因为行政区划调整。"这个研究可能有点偏颇。我赞成40%到50%之间是中国真正的城镇化，剩下的一部分是城市人口自然增长，另一部分就是行政区划调整。"

农民进城是城镇化的意义所在，提高城镇化的质量是重点。乔润令表示，未来一定要提高农民进城的比例，否则城镇化的带动作用就会大打折扣。无论县改区还是县改市，恐怕都需要再城镇化，比如北京还有那么多农民，到底怎么办？虽然按照行政区划基本上都是城市。城镇化的重点应从行政管理的城镇化转向区域功能的城镇化，这是最重要的。

中国城镇化的另一个特点是大城市引领。乔润令表示，虽然不能说我们已经告别了传统话语中那个以中小城市、小城市为主的城镇化，但这种方式确实已经边缘化了。比如，中国的大学94%集中在大城市，大城市成为发展的主引擎，另外，中国的城市是等级化的城市，俗称"大城市管小城市"。比如，河南郑州得到的土地指标是最多的，也拥有省内最好的教育资源、文化资源、创新资源等。郑州作为高等级的城市向下剥夺，已经成为现有体制很"正常"的现象。而且，大城市的扩张方式也是行政化的。

面对日益严重的虹吸效应，中心城市和中小城市应如何应对？范恒山介绍，城乡区域战略研究学者经常说两句话，一是"大树底下好乘凉"，二是"大树底下不长草"，也就是利弊皆有，就中小城市对于大城市特别是中心城市而言，大体也符合这两句话。一方面，大城市特别是中心城市的综合条件好、实力强，具有很强的吸引力。另一方面，大城市对中小城市也有带动辐射的一面，本身就会给周边中小城市带来良好的促进效应。

面对大城市吸引力的持续增强，中小城市怎么能够走出可持续发展的道路？范恒山认为，首先是走特色发展之路，与大城市错位发展。中小城市走特色之路具有优势，因为包袱小、机制活、船小好掉头。如果能够形成错位发展、形成功能互补，就能够克服大城市，特别是中心城市带来的"虹吸效应"。

范恒山还建议，任何大城市包括综合城市的舒适度不一定赶得上中小城市，所以，中小城市可以在营造幸福感方面做文章，通过营造比大城市、中心城市更好的幸福感吸引人才、产业、资源，支撑自身的可持续发展。毕竟，富裕和幸福并不是同一个概念。

当然，考虑到"大树底下不长草"，还需政策、体制来约束、引导大城市，有效辐射和支持中小城市发展，尽量解决对中小城市的负面效应。

如何发展数字经济

陈永伟 《比较》杂志研究部主管

2019年12月10日至12日，中央经济工作会议在北京举行，会议对2019年的经济工作做了总结，并提出了2020年经济工作的六项任务。在这六项任务中，"大力发展数字经济"十分抢眼。尽管在中央和各部委的文件中，对数字经济已多有提及，但其以如此正式的形式出现在中央经济工作会议中还是首次。那么，数字经济究竟是什么？如何才能促进数字经济快速发展？

何谓"数字经济"

虽然"数字经济"这一词语经常见诸各种文章，但人们对它的确切含义至今仍然没有达成共识。

从现有文献看，"数字经济"一词最早出现于美国学者唐·泰普斯科特所著的《数字经济：网络智能时代的前景与风险》中。在这部出版于1996年的著作中，泰普斯科特并没有给出"数字经济"的确切定义，而是用它来泛指互联网技术出现之后所出现的各种新型经济关系。

在2000年之前，对经济影响最大的数字技术是互联网，因此，在这一阶段，人们对数字经济的认识主要是围绕着互联网技术展开的，并且着重强调由其带来的电子商务和电子业务。[1]例如，曾任美国总统科技事务助理的尼尔·莱恩就在1999年的一篇论文中，将数字经济界定为"互联网技术所引发的电子商务和组织变革"。而美国商务部1999年在一份报告中，也把数字经济理解为"建筑在互联网技术基础之上的电子商务、数字商品和服务，以及有形商品的销售"。美国人口统计局于2001年发布的一份报告，则把数字经

---

[1] "电子商务"指的是经由互联网技术进行的商品和服务交易，而"电子业务"指的则是采用了互联网技术的业务流程。

济分为三个部分：以互联网为核心的电子基础设施，以及建筑于其上的电子业务和电子商务。

2000年之后，信息通信技术产业发展迅猛，一大批新的数字技术纷纷涌现，并开始对经济发展产生重大影响。与之对应的，"数字经济"概念也一再扩展，试图将更多新技术的影响也包含进来。例如，澳大利亚宽带通信与数字经济部于2013年发布的一份报告，就将新兴的移动互联网纳入了数字经济的范畴，把数字经济定义为"由互联网、移动网络等数字技术赋能的经济和社会活动"。经济合作与发展组织于2016年发布的报告则把数字经济的定义进一步拓宽，将物联网、大数据、云计算等新技术，以及由此衍生出的经济和社会活动全部纳入了数字经济的范畴。

通过以上对数字经济概念的简要回顾，我们可以看到两个重要的信息：首先，数字经济的概念不是一成不变的，随着数字技术的演进，它的定义会不断地拓展。其次，数字经济既包括技术本身，又包括由技术衍生出的各种经济活动，其范围比较广。

需要指出的是，尽管目前人们已经逐步认可数字经济不应该只包含互联网经济，而应该包含更多数字技术衍生出的经济形式，但在既有的技术条件下，哪些活动应该被包含进数字经济，哪些活动不应该被包含进来，仍然存在争议。为了避免概念上的混淆，我们可以将数字经济划分为三个层次。第一个层次，也就是核心层，应当包括数字部门本身，用来生产和制造数字技术，是整个数字经济的技术基础。第二个层次，应当包括由数字经济创造的原本没有的经济形态，例如数字服务、平台经济等。第三个层次则应当包括被"数字化"的各种经济活动，这一层次的范围很广，电子业务、电子商务、工业4.0等概念都可以纳入其中。当然，现在有一些经济形式可能会同时涉及以上形式中的两个或两个以上。例如共享经济、零工经济，就依托了平台作为核心，同时也对传统业务实现了数字化，因此应该同时属于上述的第二、三层次。

数字技术、数据与互联网平台

对于数字经济，我们可以从三个维度对其加以理解：构成数字经济技术基础的数字技术、作为数字经济条件下重要生产要素的数据，以及数字经济条件下的重要组织形式的互联网平台。其中，前两个维度构成了数字经济的生产力层面，而最后一个维度则构成了数字经济的生产关系层面。

1.数字技术

构成数字经济的第一个维度是作为技术基础的数字技术。如前所述，这个维度指代的范围是不断拓展的。最早，它仅仅包括互联网等少数数字技术，随后，物联网、移动互联网、云计算、大数据、人工智能、区块链等新技术也被包括了进来。虽然这些技术在形态上有很大不同，但有一些特征是共有的：

第一，它们的演进速度非常迅速，多服从"摩尔定律"或类似的规律。在较短的时期内，会出现价格的急剧下降和质量的快速提升。

第二，它们大多具有明显的规模效应。一般来说，这些技术的初始研发和部署都需要有较大的固定资本投入，而随后的边际成本很小，因此，其平均成本会随着使用规模的扩展不断降低，规模经济表现得十分明显。

第三，它们大多具有明显的网络效应。几乎任何一种数字技术，当只有少数人使用它时，人们对它的评价都不会太高，而在用户数量上升时，人们对其的评价却会迅速提高。

第四，也是最重要的，即很多数字技术都是所谓的"通用目的技术"。所谓"通用目的技术"，是相对于"专用目的技术"而言的。通俗来讲，指的是能够同时使用到多个部门的技术。像互联网、大数据、云计算、人工智能、区块链等技术，都具有很明显的通用属性。理解了数字经济的这个属性，将会帮助我们解开很多和数字经济相关的问题。

2.数据

在英文中，"数据"（data）一词最初源自拉丁语单词"资料"（datum），其本意是对信息进行存储和传播的载体。在计算机出现之后，"数据"一词的含义逐渐窄化，用来专指那些可供计算机存储和传播的信息。

在很长时间内，人们一直没有对数据予以过多的重视。在多数人看来，数据不过是为了帮人们保存一段记忆、讲述一段故事，其价值更多是文化上的，而不是经济上的。但是，最近几年，随着计算机技术的迅速发展和各种统计方法的涌现，人们渐渐掌握了通过挖掘数据来获取信息、指导实践的能力，数据从此成为一种重要的生产要素。

随着人们的开发利用，数据的规模（volume）越来越庞大，越来越多样化（variety），更新速度（velocity）越来越快，而人们从数据中获得的价值（value）也越来越丰厚。在商业界，人们习惯于将具备了以上4个"V"特征的数据称为"大数据"。

作为数字经济时代的关键生产要素，数据在性质上和资本、劳动力等传统的生产要素存在着很多不同：

其一，从使用环节看，数据具有很强的非竞争性。一个人使用了某样数据，并不影响其他人对它的使用。

其二，从生产环节看，数据具有很强的非排他性。在同一时间，不同的数据平台可搜集同一个人的相同信息，彼此互不干扰，也不会相互排斥。

其三，数据具有很强的可再生性。和石油等传统的生产要素不同，数据并不会因为使用而耗竭，反而会随着使用不断地被生产出来。

其四，数据具有很强的规模效应和范围效应。在现有技术条件下，分析规模太小或者维度太少的数据没有意义。随着数据规模的增大、维度的增加，可能从数据中挖掘出的价值将会呈几何级数增长。

其五，数据具有较强的可替代性。传统的资源之间虽然也有可替代性，但其替代率较低，例如，虽然劳动从理论上可以替代资本，但在实际操作中比较难。而为了达到同样的分析目的，可以采用不同的数据。例如，我们要知道一个人住在哪儿，并不一定需要知道他确切的住址数据，只要掌握了其交通轨迹数据，或者邮购地址数据，也可以推断出类似的结论。

随着数据这种要素在社会经济中扮演的角色越来越重要，围绕数据产生的问题也开始增多。数据的权属究竟该如何界定、数据垄断应该如何防范，以及隐私保护应该如何进行，都成了数字经济下热议的问题。

3.平台

在数字经济条件下，平台日益成为一种重要的经济组织形式。从最为一般的定义上讲，所有为人们提供交易、撮合服务的场所、机构或个人都可以被称为平台。作为一种组织形式，平台并不是现在才出现的，其历史甚至可以追溯到几千年前，集市、超市其实都是平台。不过，在传统经济条件下，平台所扮演的角色并不太重要。受制于地理范围、交易成本等因素，传统平台的规模一般不会太大。但是，在数字经济条件下，情况就发生了改变，平台突破了地域的限制，在平台上从事交易和交互的成本也大幅度降低，这使得平台在经济中的作用越来越重要。

平台的兴起，让人们对企业、市场的认识受到了巨大的冲击。自科斯以来，人们都习惯于用二元对立的观点去思考企业与市场。然而，平台却同时具有了企业与市场的特征。一方面，所有的平台都有员工、有资产、有层级结构，对内会用命令来实现资源配置，对外需要参与市场竞争，这些都是和传统企业类似的。除此之外，一些平台还对其利益相关者有着一定的控制力，例如，网约车平台可以对司机实施调度，这就在很大程度上表现出类似企业的性质。但另一方面，平台并不像传统企业一样直接生产或销售商品，做得更多的是匹配供需，让销售者和消费者找到最适合的彼此。例如：电商平台并不销售商品，只提供交易市场；共享住宿平台并不拥有旅馆，只对户主和住户加以撮合。从这点上看，平台更像一个市场，或者更确切地说，一个市场的管理者。

除了本质属性上与传统企业的差别之外，平台还具有很多传统企业所没有的特点，其中最重要的就是"跨边网络外部性"。这指的是平台一侧的用户会关注平台另一侧（或数侧）的用户数量。由于有了这种跨边网络外部性，平台就有机会通过首先撬动一侧的市场来启动"鸡生蛋、蛋生鸡"式的回振作用。例如，网约车平台可以通过补贴消费者来吸引更多用户，而这种效应将吸引更多司机加入平台，让消费者更容易打车，反过来又吸引了更多消费者。

利用这种回振效应，企业就可以迅速成长。需要指出的是，在平台竞争的条件下，先发的平台通常会具有更强的网络外部性，从而对客户产生更大的吸引力，而后来进入的平台则很难吸引到足够的客户。这样，竞争的结果就很有可能造成客户向先发平台集中，最终形成一家独大的格局。

由于平台市场的高度集中，以及平台运营者对平台经营者所拥有的巨大影响力，究竟应该如何理解平台条件下的竞争和垄断，又应该如何引导平台的规范发展，已经成为数字经济条件下亟待解决的问题。

如何认识数字经济的影响

关于数字经济的影响，目前社会上存在截然不同的三种观点。第一种是乐观派，认为数字经济将会成为未来经济发展的新动能，将是未来社会的新希望。第二种是悲观派，认为数字经济对生产力产生的影响远远低于人们的预想，因此，它并不会在未来经济中扮演重要角色。第三种则是担忧派，认为数字经济虽然会促进生产力发展，带来效率的巨大提升，但也会造成大面积的失业和收入分配恶化，对数字经济的发展应当保持谨慎。

作为一名谨慎的乐观派，笔者比较倾向于第一种观点，即总体来讲，问题都可以在发展中得到解决。其余两种看法其实都存在一些偏颇之处。

1.对"悲观派"观点的评析

对数字经济的悲观态度，主要来自两个论据：一是数字产业部门在经济中所占的比例很小；二是所谓的"索洛悖论"，即从统计上看，数字经济的发展对GDP和生产率的正向贡献并不大。

先看第一个论据。显然，采用这一论据的学者，对数字经济的含义存在误解。正如前面所说，虽然数字技术是数字经济的技术基础，但它远不能代表整个数字经济。从全球范围看，数字产业（IT/ICT）在GDP中所占的比重在2%～15%。根据中国信息通信研究院数据，2018年时，中国数字产业的收入规模大约占GDP的7.7%，与农业大致相当（2018年时农业占GDP的比重为7.5%）。根据以上数字，我们很容易得出数字经济其实并没有那么重要的结论。

然而，这种分析显然低估了数字经济的体量，因为它所考虑的只是数字经济的第一层次。如果考虑到第二和第三层次，那么，数字经济的体量就要远远大于以上数值。中国社会科学院研究员蔡跃洲曾在一篇论文中，采用以上观点评估了数字经济的贡献。在论文中，他把数字技术所直接产生的产值称为"数字产业化"的贡献，而将其引发的其他产业的产值上升为"产业数字化"的贡献。根据他的测算，在2016年，"数字产业化"和"产业数字化"所产生的贡献共计达到了GDP的15.2%，其中"产业数字化"的比例高达8%。中国信息通信研究院也采用类似的思路（但是采用了不同的方法）估计过数字经济的规模，结果是数字经济的产值已经占到了整个GDP的1/3左右。

尽管由于方法不同，不同学者对数字经济规模的估算还存在着较大差距，但有一点是明确的，那就是它的体量要远远超出数字技术产业本身，其体量不容忽视。

再看第二个论据。相较于第一个论据，这个论据要深刻得多。20世纪80年代，计算机产业蓬勃发展，但当诺贝尔经济学奖得主罗伯特·索洛试图利用计量技术测算这一新兴产业的经济贡献时，却发现计算机产业几乎对生产率没有贡献，对GDP的贡献也很小。索洛不禁感叹道："计算机带来的改变无处不在，只有在统计数据中例外！"索洛的这一困惑，后来被人们称为"索洛悖论"。很多学者认为，在数字经济领域，"索洛悖论"一直存在。例如，经济史学家罗伯特·戈登就曾在《美国经济增长的起落》中不无忧虑地写道，从20世纪后半期开始，技术对经济增长的贡献就在不断下降，所谓的"数字经济革命"带来的增长，远不如20世纪初的电气化革命。而执教于美国乔治·梅森大学的泰勒·考恩教授则在其畅销书《大停滞》中更悲观地认为，所有"低垂的果实"都已经被摘尽，未来世界很可能出现技术停滞、经济衰退的状况。如果对照一下近十几年的经济史，我们会发现"索洛悖论"似乎是正确的——近十几年是数字经济发展最为迅速的时期，但与此同时，全球范围内的全要素生产率（Total Factor Productivity，TFP）却一直在下降。

那么，"索洛悖论"究竟为什么会出现？难道真像索洛等人所讲的那样，数字经济对于经济增长没有贡献吗？笔者认为，这种观点当然是不正确的，其原因就是他们在度量数字经济的贡献时，选择的方法存在问题。

一方面，索洛等人的分析，主要是基于GDP展开的，其理论基础是国民收入核算。我们知道，在计算GDP时，主要依靠市场价格。而在数字经济领域，市场价格具有很多的问题。在摩尔定律的作用下，商品的质量在迅速改进，价格则在不断下降，而这些是不能被统计核算反映出来的。

举例来说，20年前，一台价格1万元的电脑可能只有1GB的硬盘、32MB的内存，而现在一台同样价格的电脑的硬盘则可以达到1TB，内存可以达到32GB，是20年前的上千倍，然而这一切不会体现在统计数据里面。从这个意义上讲，"索洛悖论"之所以出现，是由于我们选用了一个并不合适的工具来分析数字经济，而不是数字经济本身没有意义。

另一方面，作为通用目的技术，数字技术作用的发挥在很大程度上要依赖于具体产业的技术配套和组织变革状况，这就决定了数字经济的发展与GDP、TFP的提升之间存在着一定的时滞。举例来说，现在人工智能的发展，已经使远程操控无人矿车成为可能。然而，如果没有良好的通信基础，通信的时滞就可能影响这种技术效力的发挥。可以预料，在5G兴起之后，这种技术才有可能得到普及应用，而现在，这一技术可能仍然只能存在于实验室。

笔者曾和学生研究过工业机器人的使用对各地生产率的影响。结果显示，如果只考虑当期，工业机器人的使用与GDP、TFP之间的关联都很弱，但是，这种影响会随着时间不断地加强。这一发现也佐证了以上观点，即要考察数字经济的真正影响，可能需要从一个比较长的时间段来看，而不能只看到当期。

尤其需要指出的是，除了可以用国民收入衡量的因素，数字经济对经济带来的影响还有很大一部分直接作用在人们的效用上。这是因为，数字技术的普及可以让人们的生活更为便利，从而有更多的时间，以更低的成本去享受美好的生活。以埃里克·布雷恩约夫森为代表的一些学者，曾试图从用户时间分配的角度去测算互联网等数字技术带来的福利改进。笔者也利用中国2014年的数据做过类似的计算，发现互联网普及带来的消费者剩余的经济价值大约相当于当年中国GDP的14%，规模相当可观。

综合以上分析可以看到，对于数字经济影响的低估，主要是测算方法的问题。如果采用一套更为全面、严谨的测算方法，就会发现数字经济对经济的贡献是巨大的。在经济合作与发展组织（OECD）的一份报告中，曾经给出过一个评测数字经济贡献的框架。在这一框架中，将数字经济的贡献分为三块：直接价值、间接价值以及消费者剩余。其中，直接价值大约相当于居于第一层次的数字部门的产值，间接价值则相当于建筑于其上的第二、三层次的数字经济的产值，而消费者剩余则用来度量数字经济给人们带来的福利改善。笔者认为，这个分析框架相对来说比较客观、全面，也比较可取。

2.对"恐惧派"观点的评析

与"悲观派"不同，"恐惧派"认可数字经济会对整个经济产生重大的影响，也承认其经济价值，但强调在这个过程中所产生的"创造性毁灭"效应，认为数字经济的发展将会带来大量的失业和收入分配的恶化，因此，应当对数字经济时刻保持谨慎。在"恐惧派"看来，数字技术和在其基础上产生的平台型组织都会产生这种效果。例如，他们认为，人工智能技术会大幅替代人类就业，电商平台的崛起则是以挤掉线下商户的代价来实现的。

回顾历史，我们发现，"恐惧派"思想的根源可以追溯到古希腊和古罗马。在每一次重大的技术变革过程中，这种观点都会出现在公众视野中。例如，工业革命时的"卢德运动"，二战之后关于"技术性失业"的讨论，本质上都是这种观点。

应当肯定，这种论点有一定现实基础，确实捕捉到了一些现实问题。一般来说，技术的发展确实可能会"消灭"一些岗位。从历史上看，蒸汽机的发明"消灭"了很多原本留给矿工的职位，汽车的发明则基本上"消灭"了马车夫这个职业。而相对于以前的历次技术革命，数字经济带来的影响可能更为持久，因此，其"消灭"的岗位可能更多。以近年来发展最为迅猛的一项数字技术——人工智能为例，牛津大学的两位学者曾经做过一个估算，发现在未来20年内，人工智能可能会对全美国47%的就业岗位造成冲击。笔者用他们的方法，对中国也做了类似的估算，发现人工智能对中国就业岗位造成的冲击可能会更大。这些发现都足以证明，对数字技术带来的"创造性毁灭"应当予以足够的重视。

不过，过多地强调"创造性毁灭"，并因此就否定创新本身，是没有意义的。从本质上讲，"创造性毁灭"只会在短期内重构某些岗位，与此同时，它也会创造出很多新岗位，因此而带来的就业总量通常不会减少，反而会不断上升。二战之后，有很多学者考察过"技术性失业问题"，但都没有找到这种类型的失业存在的确切证据。一些研究确实发现某些技术的推广会在短期内造成一定的失业，但是，这种影响通常都只会维持很短的时间。

当然，在数字经济条件下，情况会略为不同。相比于从前的所有技术变化，数字经济带来的就业冲击范围更大、持续时间更长、冲击频率也会更快。但这只说明我们应该在公共政策上予以更多重视，并不意味着我们应该为了保证短期就业，就放弃长期增长、在未来创造更多就业的机会。

需要说明的一点是，在数字经济条件下，就业的形式本身也可能发生变化。我们现在理解的"就业"都是在特定时间、特定地点实现的。这样的工作形式其实只是工业时代的产物。随着数字经济的发展，这种工作形式本身就可能会被取代。例如，现在共享经济、零工经济等多种经济形式都开始崛起。如果以传统的就业观点看，专职从事这些工作形式的人都是失业者，这样，我们就可能高估因数字经济带来的失业。从这个意义上看，如果要全面评估数字经济对就业产生的影响，转变传统的就业观念可能是必须做的一项工作。

除了就业，"恐惧派"还担心收入分配的恶化。确实，很多研究都表明，技术进步可能会带来收入分配的恶化，数字技术的崛起当然也不例外。但是，这只能说是相应的财富分配政策没有跟上技术进步的脚步，并不意味着技术进步本身不好。实际上，如果技术进步可以做大整个社会财富的蛋糕，那么通过合理的财富分配手段，就能让社会上的所有人都分享到技术进步的成果，实现帕累托意义上的改进。

几个重要问题

在全球经济发展放慢、经济增长放缓的大背景下，数字经济将会成为引领未来一段时期发展的重要动力。那么，应该如何促进数字经济的发展呢？在笔者看来，有三个前提工作必须首先着手，即：促进作为数字经济技术基础的数字技术的研发、促进作为数字经济重要资源的数据的资本化，以及探索对作为重要组织形式的平台的有效规范。在完成这三个前提工作的基础上，积极推进传统产业的数字化，让数字经济的力量充分体现出来。此外，做好各项配套工作，有效解决数字经济发展过程中产生的各种问题。

1.加大力度，扶持、鼓励数字技术的快速发展

数字技术是数字经济的基础，因此必须首先保证数字技术能够获得持续进步。应当承认，相比于其他国家，中国在数字技术的发展领域有一定优势。在包括移动互联网、人工智能、云计算、区块链在内的众多数字技术的细分领域，中国都居于领先地位。但是，中国在数字技术领域的短板也十分明显，这主要表现在两个方面：

一是在很多基础领域，中国仍然缺乏足够的技术话语权，在很多关键技术上依然受制于人。在科技圈有这么一句话，"美国人做技术是从0到1，中国人做技术是从1到N"。从1到N也非常有价值，但是，如果不能在基础领域实现突破，中国就只能在国际竞争当中扮演跟随者的角色。

二是在某些技术上，我们虽然处于领先地位，但由于配套产业一时还难以形成，技术产业化比较困难，这导致了很多从事基础研发的企业难以为继。如前所述，数字技术具有通用目的技术特征，其发挥受制于具体产业的配套设施状况，如果配套不到位，技术的优势就很难发挥出来。

笔者曾经考察过一家在国内处于领先地位的人工智能企业，该企业在人工智能领域有很多超前的专利。但是，企业的负责人对笔者坦言，由于5G等基础设施短期内很难完成，他们的技术很难得到普及应用。他表示，如果相应的基础设施建设在近几年难以普及，他们基于利润的考虑，将不得不停止对相关技术的研发。从企业角度看，暂时搁置某些先进技术研发的决策当然无可厚非，但是，如果这一现象十分普遍，站在国家的角度看，就可能让我们丧失未来在国际上领先的机会。

针对以上两个问题，有两点工作值得考虑：

一是积极运用产业政策，对一些关键技术加以扶持，以保证中国在数字技术领域的整体优势。一些学者可能认为，这种带有偏向性的产业政策会造成寻租等问题。不可否认，这些问题是有可能存在，但在涉及中国国际竞争力的重大问题上，"两害相较取其轻"或许是更合理的态度。此外，在产业政策的具体操作上，可以通过设计有效的相关机制，将寻租、腐败的可能控制到一定限度之内。

二是做好基础设施建设，为数字经济的发展奠定坚实的基础。未来数字经济的发展，需要5G等基础设施的辅助。这些基础设施具有巨大的正外部性，能产生巨大的社会效益，但是，对于私人企业来讲，投资又过于巨大，需要政府加大力量积极建设，从而保证数字经济的力量可以充分发挥。

2.积极推进数据要素资本化，让数据要素参与分配

数据是数字经济条件下的重要生产要素，要让其有效发挥作用，就要积极推进它的资本化，让它的拥有者可以从市场上获得对应的经济回报。

首先，应当积极解决数据权属界定问题。在现实中，大多数的数据都是通过平台采集的用户数据，如何界定其权属，一直是一个极富争议的话题。在对具体的归属方案做出评价前，我们有必要明确界分数据权属的目标应该是什么。是效率，公平，还是其他的什么？在笔者看来，如果从整个经济发展的角度看，效率可能是最重要的；在保证效率的前提下，可以进一步考虑公平的因素。如果采用效率标准，就要首先认可企业能在不侵犯用户隐私及其他合法权益的基础上，拥有对用户数据进行搜集和分析的权利。由于数据具有很强的规模经济和范围经济属性，分散在用户个人手中时，没有任何价值；只有被搜集、被分析，才能让数据产生价值。从这个角度讲，只有允许企业对数据进行搜集和使用，才是有效率的。当然，在搜集数据的过程中，出于公平的需要，企业也应该积极探索行之有效的与用户利益分享的机制。目前，国外一些网站已经推出了付费收集用户行为数据的尝试，中国也可以借鉴。

其次，应当对数据的定价机制、交易机制开展深入研究。要让数据的价值得到充分发挥，就需要建立一个可以交易的数据市场，这一点几乎已经成为共识。但是，这个市场怎么建设、交易怎么开展、数据的价值又应该怎么评估，这些问题的争议却很大。在笔者看来，用原始数据直接开展交易并不是一个好办法，原因有二：其一，原始数据的交易很可能带来隐私或信息泄露等问题，从安全角度讲是不合适的；其二，数据本身的异质性很大，交易原始数据的价值很难评估，会极大增加市场的交易成本，让市场很难壮大。针对这些问题，笔者认为，与其交易原始数据，不如交易数据产品和数据服务。由数据分析者先将数据整理成为相关产品，然后再在市场上交易。这样一方面可以将数据有效脱敏，从而解决安全和隐私问题，另一方面则可以实现产品的标准化，从而有效降低市场运作的交易成本，让价格更容易生成。

再次，应当对数据垄断、隐私等问题形成有效应对。关于这些问题，现在各界讨论都很热烈。从现在的讨论看，人们针对这些问题开出的药方主要就是要加强规制，把数据的使用和分析更有效地管起来。这个思路的初衷固然是好的，但是，有一个前提需要思考，即所谓的数据垄断以及隐私等问题本身是不是那么严重，是不是一定要十分严格地监管。以数据垄断为例，现在已经有很多研究表明，担忧企业可以通过垄断数据来增强自己的市场力量，其实没有必要。监管到底应该管到什么程度，需要做成本收益的核算。

最后，数据垄断、隐私等问题，其实可以随着技术的发展得到破解。实际上，无论是数据垄断还是隐私泄露问题，都是由集中化处理的数据分析模式导致的。如果这种模式改变了，这些问题也就会迎刃而解。现在，已经有一些技术可以在不用搜集和集中数据的前提下，完成对算法模型的运算。例如联邦学习、多方安全计算等技术。因此，如果我们要想从根本上破解数据垄断和隐私问题，在法律和制度上下功夫固然重要，但是，最为根本的路子恐怕还是要依靠技术。

3.理性看待平台，合理规制和引导平台

现在，无论是国内还是国外，关于平台的争议都非常多。很多人认为，一些"超级平台"正在日益成为经济中的垄断者，它们在各个市场上占据了巨大的市场份额，并采用各种方法排除、限制竞争，打击竞争对手、剥削消费者，造成了很多不良的社会后果。因此，这些人主张，应该对平台实施强有力的管制，甚至动用反垄断的力量，拆分一些平台。

不可否认，平台的发展，确实衍生出了一些问题，但正如前面所说，平台同时具有企业和市场的二重属性，这决定了它们在竞争形式、后果等方面都和传统企业有很大不同。在思考对平台的规制时，我们必须将这些因素考虑在内。

首先，从结构上看，相对于传统企业，平台企业确实会占有更高的市场份额。但是，这本身并不意味着一定会损害经济效率。实际上，平台作为一个市场，其高集中度本身就意味着市场更好地得到了整合，更多的资源可以在这个整合的市场上更有效地加以配置，因此，它更有可能提升而非损害效率。

其次，平台市场的高集中度也未必会带来对应的市场力量的增长。尽管一些平台可能在某些市场上具有很大的市场份额，但是，由于多归属、跨界竞争、动态竞争等因素的制约，它们很难全面掌控价格、产量、交易条件等因素，其市场力量很可能并没有人们想象的那么高。

最后，很多所谓的平台"滥用市场支配地位"的行为，其实也是一种误解。作为市场的组织者，平台在很多时候必须对平台上的经营秩序加以规范。例如，现在社会热议的"二选一"问题，如果从经济学的层面探讨，它虽然具有限制竞争的一面，但同时也可以起到减少搭便车、促进关系专用性资产投资、降低交易成本等促进竞争的作用。

基于以上原因，笔者建议对平台应该采取审慎包容的态度，对其产生的问题有足够的重视，但不宜进行过于严苛的监管。尤其是分拆等极端的手段，更是不适合采用的。

正如诺贝尔经济学奖得主让·梯若尔曾经指出的，反垄断等严厉的规制手段对平台的规制是十分困难的，不仅因为很多理论问题得不到解决，而且反垄断的漫长流程也难以适应数字经济条件下瞬息万变的形式。在梯若尔看来，针对平台的特殊性，监管机构应该建立一套更为灵活的与平台企业的交流机制，对平台的一些重要决策进行沟通，对其中的一些问题事先地介入和干预。

在笔者看来，梯若尔的这一看法比较有创意，相比反垄断等传统规制手段，这种新的规制方法可能会收到更好的效果。

4.用模块化的思路推进传统产业的数字化转型

如前所述，数字技术多是通用目的技术，要让它们的力量得到全面发挥，就需要将它们应用到传统产业当中去，赋能传统产业，帮助传统产业完成数字化转型。数字化转型的内涵十分丰富，不仅包括对某项或者某几项数字技术的应用，还包括由此引发的对组织形态、业务流程的全面重构。对传统企业来讲，数字化转型可以帮助它们有效降低成本、提升效率。对国家和地区来讲，数字化转型也有助于提升本地企业的市场竞争力，从而对本地经济的发展起到推进作用。因此，无论是从微观层面还是从宏观层面上看，数字化转型的意义都是重大的。

尽管如此，在现实中，数字化转型工作的推进并不是那么顺利，既有需求方的原因，也有供给方的原因。

从需求方也就是传统企业来讲，问题主要有如下几个方面问题：

其一，数字化转型的成本较高，企业难以承受。数字化转型的成本不仅包括购买和使用技术的成本，还包括对组织、流程、商业模式实施重构的成本。所有成本加在一起，往往令很多企业尤其是中小企业难以负担。

其二，市场的需求通常是不确定的，数字化转型的结果往往不能适应需求的变化。一些传统企业的负责人告诉笔者，数字化能提升企业效率不假，但是，如果企业效率上去了，产量增加了，需求却出现了波动，企业不仅不能从效率改进中收益，还将面临产能闲置的成本。而且，数字化的固定成本投下去了，要再调整就很难。相比之下，如果不进行数字化，企业可以更为自如地调整可变成本（例如雇员），来应对需求的波动。

其三，企业要实现数字化转型，就需要向数字化服务的提供者开放一定的数据，很多企业担心在这个过程中可能会泄露企业信息。

其四，现在数字技术的进步日新月异，很多技术出现后不久就被新技术替代，不少企业担心在数字化之后，自己的企业根据某种技术实施了全面调整，反而会将自己固定在这一技术水平之上，难以回应更新的技术。

从数字化转型的供给者，也就是数字化服务提供商的角度来看，面临的困难则是非标准化造成的成本居高不下。不同企业在经营状况、技术条件等方面都有很大的差别，它们推进数字化转型的诉求通常不一样。现在的数字化服务提供商通常要一事一议，针对不同企业的特征，为它们提供不同的整体解决方案，在此过程中产生的数据也不能用到对其他企业的服务当中去。这样，数字化服务提供商每开展一项新工作就要从头再来，成本很难降下来。现实中，很多数字化服务提供商不赚钱，甚至亏本，原因就在于此。

针对以上供需两方面的问题，笔者认为有两项工作需要做。

一是要推进数字化服务的模块化。数字化服务应当摒弃现有的、以提供整体解决方案为基础的思路，转而以提供相应的标准化技术模块为基础。这样，从需求方看，就可以根据自己的需要和市场需求状况灵活选择需要的模块组件，减少了数字化转型的成本。即使未来的技术有升级，也可以通过对现有模块的删改和加减，迅速针对新技术做出调整。从供给方看，模块化将可以实现服务的标准化，大幅降低服务成本，大幅拓展市场规模，确保企业从服务提供的过程中获得足够的利润。当然，要实现模块化，重要的一点是要实现模块技术标准，尤其是接口技术的标准化。对此，国家应该考虑制定相关标准。

二是要推进联邦计算等一些新技术的应用。在数字化的推进中，数据的应用十分关键。但是，在现有条件下，大多数企业出于安全的需要，都对数字化服务的提供者获取数据施加了严格限制，更不允许它们将自己的数据应用到对其他企业的服务当中去。在这种条件下，数据资源事实上就被封闭在了一个个企业的"孤岛"当中，不同企业的数据难以协同，其力量就不能得到充分发挥。针对这种情况，可以考虑推广联邦计算等新型技术，以保证数字化服务的提供者可以在不直接获取相关企业数据的前提下有效利用各企业数据信息。

5.做好公共政策预案，妥善处理好数字经济发展过程中可能产生的失业、收入分配恶化等问题

尽管从长期看，数字经济的发展对经济和社会的发展可以起到重大的推进作用，但如前所述，在短期也可能会引发失业增加、收入分配恶化等问题。如果这些问题处理不好，不仅数字经济的发展可能会受到干扰，还可能激化社会矛盾、诱发社会冲突。因此，在大力推进数字经济发展的同时，我们必须做好相关的公共政策预案，解决好这些潜在问题。从现在来看，以下几个方面的工作可能是比较值得重视的。

其一，应当革新现有的教育和培训体系，保证那些被数字技术替代的劳动力可以及时学习新的岗位知识和技能，实现重新就业。

其二，应当探索新的金融工具，以促进劳动者、雇主及培训机构三者之间的合作。例如，可以考虑推出"工作抵押"贷款，让寻找工作的劳动者以未来的工作收入为抵押，接受相关的技术培训，从而消除劳动者、雇主和培训机构之间的信息不对称和协调失灵，从而保证失业人员的培训和再就业及时进行。

其三，应当拓展就业渠道，用好共享经济、零工经济等新的经济形式，做好就业蓄水池的工作。

其四，应当做好社会保障的兜底工作，保证那些由于新技术冲击而失业且无法再就业的人员的基本生活需要。

其五，应当改革收入分配体系，考虑对因采用数字技术而获得超额利润的企业适当地提高税率，以保证数字经济发展的同时，全社会不会出现过于严重的收入两极分化。

数字经济的蓬勃兴起，已经成为一股不可逆转的潮流。在全球经济增长速度放缓、内外增长压力加大的今天，数字经济将成为实现高质量增长的重要抓手。

在这种背景下，我们必须抓住数字经济的风口，用各种政策积极促进数字经济的发展。要加大产业政策扶持，在关键的数字技术领域实现突破；要建立相关的制度和技术基础，让数据资源更好地实现资本化；要科学认识平台，有效规范和引导平台发展；要用模块化的思路，积极推进传统产业的数字化。除此之外，针对数字经济发展过程中可能出现的问题，还应该做好足够的公共政策预案。

推动 ESG 在中国市场的发展

王遥　ESG30 人专家、中央财经大学绿色国际金融研究院院长

国际 ESG 经验

ESG在国际上已经发展了较长时间，其概念早已深入人心，目前已经逐步形成一套较为完善的ESG信息披露体系和评估体系。在更好地满足投资者信息要求的同时，也促进企业自身治理结构的完善和管理水平的提高，加强管理经营行为对环境、社会的影响，长远来看将有助于改善公司运营和奠定实现公司自身可持续发展的基础。

国际上已有多家交易所、证券监管机构或一些非政府组织要求上市公司披露ESG相关信息，有的交易所还推出了专门的信息披露指引，明确指导上市公司发布ESG报告。而当前中国ESG信息披露还缺乏规范性和专门的引导，企业发布ESG报告基本是自愿性的。根据金蜜蜂的数据统计，2018年1—10月，中国企业发布的社会责任报告中经过第三方专业机构鉴证的比例仅为7.28%，远低于其他新兴市场水平，其中韩国达86%。基于国际经验，中国监管机构亟须尽量完成对ESG信息披露强制化的政策发展步骤，出台一套系统化、完善的ESG信息披露指引，加强对上市公司的约束，进而提高整体ESG信息披露环境。

在国际资本市场，ESG投资理念已经得到社保基金、共同基金、捐赠基金等机构投资者的广泛认可，全球范围内以ESG为标准的基金规模在近年来得到快速扩张，ESG正逐渐成为一种主流投资策略。据全球永续投资联盟的报告，截至2018年，全球ESG投资基金的资产规模为30.7万亿美元，较2016年上涨33%（2017年为28.6万亿美元，2016年为23万亿美元）。而中国ESG发展相对滞后，整体投资规模很小，市场上也缺乏相应的ESG投资产品。近年来，国际主流对ESG的关注也在影响中国ESG的发展。随着MSCI、富时等指数进入中国市场，国外投资者对中国企业的ESG信息披露要求越来越高，进而

倒逼中国企业加速提升ESG的披露水平和表现。一些国内机构投资者逐步加深了对ESG投资的价值认识并把ESG理念纳入投资决策中，当前已经有一些机构推出了以ESG为主题的金融产品。此外，我国社保基金和养老基金也计划将ESG纳入投资决策中，届时将有助于加大国内ESG投资的规模。

中国ESG发展面临的挑战

相较于ESG发展已经较为成熟的欧美国家，中国ESG发展尚在起步阶段，当前还存在多方面的问题与挑战：一是证券监管部门尚未出台强制性ESG信息披露政策，导致资本市场的上市公司和债券发行人缺乏相关信息披露指引规范和披露边界，ESG信息披露环境欠佳。二是投资机构对ESG投资价值的认知有待深化，多数机构投资者和资产管理者尚不具备对环境和社会风险的辨识能力，尚未认识到ESG投资的长远优势，对将ESG因子纳入投资决策持谨慎态度，同时市场上也缺乏与ESG相关的金融产品，市场活跃度较低。三是中国上市公司和发债主体对ESG的认知普遍不足，缺乏主动披露ESG信息的意识。目前，企业的ESG信息零散披露在年报、企业社会责任报告或其他公开报告中，2018年有900多家上市公司披露了社会责任报告，但披露质量参差不齐，为投资提供参考依据的数据信息有限，不利于投资机构对披露信息进行辨别和筛选，加大了决策过程中的时间和人力成本。四是缺乏本土化ESG指标体系，由于中国经济和资本市场发展具有自身特色，国际的ESG方法学和标准并不完全适用于中国市场，缺乏对中国市场的深度了解，因此亟须建立本土化、系统性、具有普适性和普惠性的中国ESG指标体系。

要克服这些挑战，需要从各利益相关方角度共同推动中国ESG发展，首先，要提高ESG发展的整体环境，出台强制ESG信息披露政策，提高上市公司和发债主体ESG信息披露意识，加强机构投资者对ESG投资理念的认知和认可。同时，在媒体传播方面，也要积极应用传播的力量，对ESG理念进行宣传，以形成一种ESG发展氛围。其次，中国的ESG发展需要建立本土化的ESG披露标准和指标体系，为企业ESG信息披露和机构进行ESG相关风险辨识提供规范的框架，并将中国特色指标纳入考量范围，如扶贫、党建工作等，这样才能更准确而有效地衡量中国企业的ESG真实水平，并为投资者提供有价值的参考依据。

发挥相关政策的激励和约束作用

当前，受宏观经济发展、资本市场发展程度所限，以及微观主体ESG投资意识普遍薄弱、信息披露能力尚且不足等多因素影响，推动ESG在中国市场的发展，离不开政府及监管机构自上而下的推动和引导，需充分发挥相关政策的激励和约束作用。

近年来，监管机构和其自律组织已经逐步出台了一系列与ESG相关的政策，未来仍然需要在引导市场机构开展ESG投资及上市公司、发债主体进行ESG相关信息披露方面发挥更大作用。一是监管部门需建立起完善而系统的ESG监管体系，逐步出台强制ESG信息披露政策并建立起相关的约束性法律法规，从政策层面推动中国ESG发展更加规范化，使企业进行ESG信息披露、机构开展ESG投资都能够有法可依。二是监管部门应加强ESG的引导。市场需求与自我调节是ESG发展的必要条件，但如何让对应的ESG市场金融机构辨识风险、如何评估机构自身量化分析 α、β 等金融指标的能力等内容，无不需要政府的监管与引导。三是有关部门及自律组织可以开展ESG相关的教育培训，大力推动ESG投资理念的普适性，加强企业和投资机构对ESG理念的认知，循序渐进地加强企业ESG信息披露意识及能力建设，提高投资机构对社会和环境风险的辨识能力。

ESG 基础设施建设途径

中国ESG基础设施建设更依赖于政府监管机构"自上而下"的推动。基于中国金融市场发展的客观因素，政府政策性意见较市场驱动仍占据主导地位，尤其体现在推动企业实践创新性金融理论方面。而ESG作为一种创新的绿色投资理念，其在中国发展也离不开监管部门的推动和引导。2003年以来，国家监管部门及证券业自律组织出台了一系列相关政策及指引来强调企业环境信息的重要性，鼓励企业公开ESG相关信息。2006年，深圳证券交易所颁布了《深圳证券交易所上市公司社会责任指引》，指出公司应按照指引要求，积极履行社会责任，定期评估公司社会责任的履行情况，自愿披露公司社会责任报告。

上海证券交易所在2008年颁布了《上海证券交易所上市公司环境信息披露指引》，引导上市公司积极参与环境保护工作。2016年8月，《关于构建绿色金融体系的指导意见》出台，明确了我国环境信息披露的"三步走"推动路径：要求到2020年所有上市公司必须强制披露环境信息。

中国证监会于2018年5月发布《公开发行证券的公司信息披露内容与格式准则第2号——年度报告的内容与格式（2017年修订）》，其中第四十二条明确指出，上市公司应结合行业特点，主动披露积极履行社会责任的工作情况。同年9月，证监会正式公布了修订后的《上市公司治理准则》（证监会公告〔2018〕29号），规定上市公司应当披露环境信息、履行扶贫等社会责任相关情况及公司治理相关信息，明确了ESG信息披露的基本框架。2018年11月，中国证券基金业协会相继发布的《绿色投资指引（试行）》及《中国上市公司ESG评价体系研究报告》中，也再次强调信息披露对于企业的重要性，并对投资机构进行ESG投资做出相应要求。2019年3月，上交所发布《上海证券交易所科创板股票上市规则》，特别在第四章中加入第四节社会责任的内容，主要围绕保护环境、保障产品安全、维护员工与其他利益相关者合法权益这几点展开，对ESG信息披露表现出高度重视。

从以上一系列相关政策的发布可以看出，监管部门在中国ESG基础建设过程中扮演了重要角色，是决定整体市场发展方向及发展进度的关键。

为推动ESG在中国市场发展，需加强中国本土ESG投资能力的建设，具体形成以下建议：首先，从监管来看，要加快推动ESG信息披露指引政策的出台，加强对企业ESG信息披露的约束；推动培育本土化ESG第三方评估体系及数据库的建设，通过专业、有公信力的机构搜集、整合企业ESG信息，为投资者提供决策依据，为ESG相关产品创新、ESG学术研究提供可靠的数据支持。其次，从市场参与者来看，一方面要引导更多上市公司和发债主体提高ESG信息披露水平，定期发布ESG报告，逐步建立ESG的"中国标准"；另一方面要加强机构投资者的ESG投资意识，提高环境和社会风险的辨识能力和风险防范能力。再次，加强各科研机构对环境和社会风险的测算、环境压力测试、环境效益评估的方法学，通过能力建设帮助投资者将ESG纳入投资考量因素。最后，要通过媒体宣传，提高公众对ESG投资的认识。

ESG 的指标体系和考量标准

不同行业具有不同的行业特性和业务模式，在ESG方面侧重点也有所差异，因而在制定ESG指标的第一步是根据行业特性对行业进行不同划分，以编制不同行业的指标体系。在ESG指标体系建立过程中，我们对行业指标进行了较为全面的考量，参照《证监会上市公司行业分类指引》，将所有上市公司的行业划分为：制造业、服务业和金融业。在这三类一级行业之下，将制造业细分为16个二级行业，将服务业细分为12个二级行业，将金融业细分为资本市场服务、货币金融服务及保险业。每个行业的ESG评分表中都根据行业特征设置了特色指标，关键指标会随行业特性进行调整，最终每个行业都可以对应3个一级指标，25个二级指标及200多个三级指标。

ESG对非上市公司同样具有参考价值。当前针对非上市公司的ESG相关研究更多集中在债券主体层面，ESG可以识别信用意愿、信用品质和信用能力，将ESG与传统信用指标结合可以更准确地判别企业债券的违约风险，对企业信用风险评价具有重要意义。传统财务指标通常衡量的是企业过去的绩效表现，而ESG更侧重于衡量企业当下及未来的发展潜质，能够弥补传统财务指标的局限性。信用就是一种"长期关系"，ESG又称可持续发展，所以信用与ESG都具有"长期性"的本质。将ESG纳入传统信用模型，结合企业财务表现和ESG表现，可以更准确地判别企业债券的违约风险，对企业信用风险评价具有重要意义。

我们自主创新的ESG信用模型以"三优信用"为核心，即信用环境（宏观经济）、信用能力（财务状况）和信用品质（ESG表现），旨在突破当前信用评级只看到信用能力，但没有看到信用品质的问题。相比传统的卖方信用评级模型，三优信用模型从投资方角度设定模型，能更深度挖掘各种因子与债券信用风险之间的相关性，并从买方角度给出信用评级结果。通过对违约债券主体进行回测和研究，其中包括大量非上市企业，发现ESG信用模型最终风险预警的正确率可达到90%，能够有效衡量企业信用风险，并提前实现风险预警功能。

市场各方如何应对 ESG 的机遇和挑战

ESG信息披露的数量和质量与企业的披露意愿、披露动机息息相关。推动ESG投资的先决条件之一是加强企业的ESG信息披露，避免因为信息缺失而导致错误定价。高质量的企业ESG信息披露可向投资人传递有效价值信息，为投资人投资提供价值判断，引导资本市场的绿色化，发挥ESG投资作为绿色金融体系构成的市场影响力。因此，从上市公司角度，一要将ESG纳入公司战略层面，从公司内部自上而下地贯彻ESG理念；二要提升ESG信息披露意识，通过有关部门的相关培训和指导，提升企业自身ESG信息披露意愿和积极性；三是完善ESG信息披露，发布ESG报告，做好市值管理。

资管方和资金方作为资本市场的重要参与者，在推动中国ESG发展过程中起着重要作用。首先，需将ESG的投资理念纳入整体投资策略，通过将ESG因子作为重要决策依据，增强投资活动中的风险防范，改善环境绩效，同时可以通过筛选出ESG表现好的标的企业，拉动更多社会资本投入这类企业。其次，要建立ESG投资标的评价方法，并形成特定的投资策略，对ESG投资产品进行主动管理，在ESG股票产品、ESG债券产品和ESG混合产品等相关方面积极投入与开展创新。此外，ESG相关人才培养和能力建设是当务之急，资管方和资金方未来需要对ESG相关人才进行培养，提高自身业务人员的专业素养，相关业务人员要了解ESG投资的方法学及业务流程，以更好地帮助投资方提高ESG投资能力。

同时，中介服务机构是宏观调控与市场调节相结合中不可缺少的环节，在金融市场的资金融通过程中及资金供求者之间起着媒介或桥梁作用。中介机构亟须提升对ESG理念的全面认知，与时俱进地有效结合新媒体等互联网传播渠道，更为自发地驱动ESG投资的发展，更好地发挥作为第三方的作用和优势。

推进知识产权治理转型

贾平 华中科技大学公共卫生治理项目执行主任、美国得克萨斯州圣玛丽大学法学院兼职教授

知识产权（Intellectual Property Right，IP）是思想创造之结晶，其形态包括发明、文艺作品、设计及商业使用的标识、姓名与肖像等。

知识产权的概念发轫于欧洲，勃兴于美国。美国于建国之初，在其《宪法》第一条第8款第8项就规定了对知识产权的保护，并视之为立国之本，200年来引导着全球创新潮流。

人类进入第四次产业革命以来，全球科技竞争加剧，美国总统特朗普上台后，担忧中国的崛起，发起贸易战并在知识产权和技术转让问题上多生抵牾。特朗普此举本质在于阻止中国技术超越，但在强对抗中也暴露出中国科技创新体系及理念中的短板。中国应准确把握全球知识产权发展趋势，顺应新产业革命潮流，抓住全球创新范式转型的机遇，适时推进知识产权管理和治理结构转型。

一方面，应纠偏与改革过时的知识产权管理理念，在中美贸易谈判中寻求共同点；另一方面，应磨炼内功，增强战略耐力，建立知识产权全方位管理制度，摆脱过去一些落后跟跑甚至饮鸩止渴，而又容易授人以柄的技术发展模式，进而开辟全新的创新与博弈空间，引领与促进第三世界国家的技术可及性，矫正反市场和过度垄断行为，提倡和推广"元创新"理念，为发展中国家提供可替代的知识产权解决方案，为维护世界贸易体系的公正性做出应有的贡献。

全球知识产权发展趋势

第一，知识产权制度是在"保护人类智慧产品"和"确保知识的有效传播与分享"之间进行平衡的产物，但围绕全球IP体系的博弈未能消解技术鸿沟并对人类共同体未来的命运产生影响。

对IP的保护可以为创新和发明者提供有效激励，有力促进知识的创造，增进人类福祉。但过度保护IP，也可能导致权利持有人或大公司垄断市场，阻碍自由竞争，从而阻碍创新与知识传播，并对弱势人群和发展中国家造成伤害。

研究数据显示，强IP保护可以鼓励生产和研发领域的外来投资，但却并不能增加高科技产品出口（因为公司倾向于通过授权许可来分销其高科技产品）；强IP保护，长远看有利于鼓励本土创新，但弱IP保护在短期内则有利于经济发展。

IP体系对全球健康问题影响巨大，发展中国家在这一领域需要进行以国别为基础的分析和政策制定。IP还会对一国的基因资源和传统知识等产生影响。1995年《与贸易相关的知识产权协定》（TRIPS）就是发展中国家和发达国家博弈与利益平衡的结果。进入21世纪，发达国家开始在自由贸易协定（FTAs）中放置超TRIPS条款，使全球IP保护体系日趋严厉，南半球国家在博弈中处于劣势。其具体表现，就是既要承载知识产权保护不足的后果（发达国家的指责和制裁、投资的止步、因保护不足导致的创新资源的流失，并且缺乏合理的激励机制予以弥补等），又缺乏公平适用TRIPS中弹性条款以平衡知识产权过度保护的能力（原因在于发达国家通过自由贸易区协定添加超TRIPS条款等一系列策略进行压制，以及发展中国家在信息、资源、知识累积和政治意愿上的短板）。这样，发展中国家就面临着与发达国家技术鸿沟日趋扩大的危险境地。

第二，第四次产业革命背景下全球IP体系发展出现全新趋势，发达国家优势进一步扩大。

首先，IP对GDP的贡献呈上升趋势。美国当前IP对GDP贡献率为38%，涉及2800万工作岗位和52%的商品出口。标准普尔500公司市场总价值中，无形资产占87%，这在过去20年增长了20个百分点。到2030年，由于人机互动界面和智能移动设备的普及，IP对GDP的贡献比例将进一步增加，可以说，IP已经成为国家间竞争和经济社会发展必争的一个"高地"。

其次，新技术对知识产权的申请、认定、管理产生革命性影响。由于创新速度提升过程大大缩短，导致现行专利申请体系审查速度（一般要耗时2～5年）不能满足海量新申请的需求（2005年到2015年间，全球专利申请数上升44%，达到近300万件）。技术和自动化的发展及智能计算机和算法将彻底改变IP体系，人工智能和机器学习将有助于分析专利申请，并形成全球数据库，这不仅会提升专利授予的速度，还会提升专利的质量，通过人工智能剔除伪专利和垃圾专利。

区块链则可以作为管理和保护知识产权的新机制，大大提升公司和发明人对知识产权保护的有效性，IP的拥有者可以将产权及其使用情况记录在去中心化的分布式账户中（无法被删除），比如对加密上传的版权内容提供一个无法去除的"时间戳"，证明某人在某时登录使用过；这也可以用来证明自己提供的专利申请文件在先。使用者在区块链系统注册并支付合理费用后，即可在保护智慧产品不外泄的情况下使用产品，这使得IP授权的低成本和授权内容及形态的多样化更加便利；代表知识产权的"代币"可以在个体间转让交易。

再次，知识产权创新范式将出现历史性转移，客户成为创新之源，而员工将成为最重要的合作伙伴。

其一，产业范式从原先的提供产品，转变为提供解决方案（比如自动驾驶汽车售卖的是定期更新的软件，而3D打印的普及将使得卖衣服变成量身定做和卖时尚）。这样，客户需求就成为知识产权创造的驱动力，数据则成为基础，与客户交流成为核心，而这种交流基于信任并将借助人工智能的支持。保护IP由此意味着保护和客户的互动，这将以保护客户隐私和数据安全为核心，因为这是客户信任的基础。

其二，员工将成为知识产权的承载者，通过与公司和研发机构分享他们的专有技术，成为让雇主别具竞争力的核心因素。未来40%以上的员工将成为以项目制为基础的工作人员，他们分享自身经验和专有技术之处，就是IP的增长之处。

最后，发达国家及跨国公司已初步就知识产权全方位管理体系建设达成共识。与传统知识产权管理方式不同，知识产权全方位管理将整合连接研究机构/公司内部所有其他数据（包括去中心化的生产数据、客户需求和反馈以及产品自身产生的数据），这些数据成为知识的新源泉，从而基于数据和知识的整合，举一反三地产生海量新发明，因此全方位的知识产权管理就成了未来新知识产权的"制造机"。算法和机器学习将被更广泛地用于创新过程，智能机器越智能化，越可能更快提供更优的创新建议，从而推动创新向下一阶段发展。在这一体系建设中，人工智能贯穿于知识传播、知识产权管理、法律制定和决定专利价值的全过程。

第三，知识产权在全球贸易和发展中的核心地位，决定全球知识产权保护趋紧，全球知识产权摩擦上升。

首先，全球研发投资增长，自2016年以来连续三年突破2万亿美元。中国的投资从2000年不足GDP的1%，上升到2016的2.1%（全球约为1.7%）；目前中国科研投入保持世界第二（2016年美国为5111亿美元，中国为4510亿美元），而亚洲研发投资已占全球的44%。

其次，全球专利申请数量高企而中国居首。中国自2010年以来专利申请数成为世界第一，2017年专利申请数量则高达138万件，专利、实用新型、外观设计、商标申请数量均雄踞全球榜首。值得注意的是，印度2017年专利授予数量比上一年大幅增长了50%。

再次，发达国家知识产权尤其是专利诉讼呈上升趋势。发达国家在各自由贸易区协定中利用超TRIPS方式在全球范围内大大强化了对知识产权的保护。与此相对应，2009—2013年，英美国内的专利诉讼也均稳步增加，在2010—2012年"全球专利战争"期间达到峰值（美国各联邦地区法院2013年受理案件超过6000宗），显示出其知识产权保护的"标杆"地位，也印证了由于全球层面法律一体化进程遇阻（如WTO机制出现问题），国家层面执法作用更为凸显，中小企业也会更倾向于选择法律执法健全之地去创新、投资和寻求法律管辖。

最后，全球化与民粹和保护主义同步发展，知识价值的提升和中国在这一领域投资和需求的增加，价值链碎片化引发的参与者多元化和外部合作的增加，导致了知识产权竞争趋于白热化和各国对知识资源争夺的加剧。强IP规则区域及全球同一化成为趋势，各国立法趋向于为产业保护而牺牲自由贸易，国与国之间的法律博弈随之加剧，全球争端也随之增加。而中国在应对这些趋势，尤其是对研发投入和专利申请数量增加给民粹主义上升的西方国家带来的心理冲击，以及发达国家内部专利诉讼上升和全球知识产权保护体系趋紧的问题上，都缺乏准备。

第四，对知识产权的保护是美国的基本国策并贯穿于其外交和国际贸易策略，对全球知识产权发展范式转换理解的偏差将在一定程度上为以美国为首的发达国家制造和加剧摩擦提供口实。

首先，特朗普对知识产权策略的"调整"或者说"再强调"，实际是一种服务于其国内政治博弈需求的姿态，背后有着深刻的政经利益背景。知识产权对特朗普意味着GDP和2800万工人的工作岗位（及其家庭），以及由此引发的对2020年大选的影响。他在2017年11月亚洲之行期间宣称"美国致力于保护我们公司的知识产权和工人的工作"，并声称"不能再容忍偷窃美国工作、财富和知识产权的行为"。美国政府由此制定了大量的战略，内容涵盖"与贸易伙伴参与合作""有效利用包括贸易手段在内的所有法律和执法机制""扩张执法行动与合作""与私营部门和其他利害相关方密切联系合作"等四大部分。由此可见，今日中美贸易战中的知识产权冲突，是在美国调整其知识产权全球一盘棋的战略背景下爆发的。

其次，对一国知识产权发展的应对策略，可以分为应激策略（重短期效应）和基础策略（重长期效应）两大类。策略的选择，往往基于决策者对（全球）知识产权范式的理解。

应激策略可以包括利用市场换取外国直接投资、通过风险投资进行购并、成立合资企业获取并消化吸收先进技术（包括技术投资与转让）、通过许可证协议获取技术使用许可、通过招募人才获取技术等（此外还包括网络攻击窃取和商业间谍行为，但这不在本文讨论范围之内）。应激策略在市场发展初期比较有效，但其弱点也明显，包括效益递减、转让的往往是落后技术、人才壁垒的限制，以及依赖外来技术导致的激励机制和资源配置扭曲和由此导致的本土创新能力不足。

基础策略包括了在顺应知识产权发展范式前提下，扩大和鼓励基础教育和科学研究、提供合理的创新激励机制、制定适应性良好及灵活的IP管理和治理体系、开放与包容性的人才培养和吸引战略、法治化与剔除不当行为、客户导向的公司研发战略等。应激策略和基础策略可以交叉使用，但需要顺势而为。

再次，不当的知识产权发展理念和由此产生的策略组合，不仅会给自身的发展造成阻碍，还会给贸易摩擦制造口实。大国博弈的后果，往往可能十分严重，如2018年10月生效的美墨加三国协定加入了"毒丸条款"，规定缔约方不得擅自与"非市场经济国家"签订自贸协定（暗指中国），由于自贸协定中往往有知识产权专章，如果这一策略得以扩张，那么中国未来的技术和经济发展将陷入被动。

第五，对知识产权管理和治理范式的选择，将在一定程度上影响和决定中美贸易战博弈的方向。

出于各种原因，中国未能跟上18世纪肇始于英国的第二次产业革命和20世纪60年代肇始于美国的第三次产业革命，由此产生了灾难性后果，其间教训可谓惨痛。清朝一开始采取闭关锁国政策，将科技视为"奇技淫巧"而排斥之；遭到打击后，又采取了重"术"而轻"道"、重"器物"而弃本源的策略，将科技等同于"坚船利炮"，将发明等同于购买机器和军火，最终导致洋务运动失败。1949年后，中国曾提出"自力更生"的口号，一度在科技发展上有所建树，但发展过程中也一波三折（比如苏联援助的撤出），代价非常大。

在全球化的今天，全球生产价值链碎片化导致参与生产创新的主体多元化，公司和研究机构在创新时寻找外部合作伙伴已经成为趋势，加之员工的项目制化、流动性增强并日趋成为专有知识的载体，完全、独立、隔绝的研发已经不再可能，尤其是全球创新周期缩短和发明专利陡增，导致无法绕开对现有专利的使用。

在技术追赶过程中，另一个策略是获得技术转让或窃取技术，但这些策略都只有短期效应。苏联曾采取技术跟踪战略（甚至窃取西方技术），却由此忽略科技基础研究和教育，甚至对外来技术产生依赖，导致本土创新动力丧失，最终在大国竞争中落败，可谓前鉴未远。

此外，忽视客户需求而导致无法构建信任机制，会丧失创新动力源泉。比如，曲解创新数据处理机制，将其简单理解为是对所有信息的搜集，而无法对潜在的客户提供隐私保障，或者向外部合作伙伴提供可信的安全和法治保护，这将导致在大国竞争中，失去对市场变动需求的及时把握和外部合作伙伴的真诚支持而落败。

由此，我们可以看出，封闭、忽视构筑科研基础、缺乏客户信任与有效沟通和欠缺开放合作特征的强迫性策略，将无法适应今日全球化背景下知识产权范式的转变。

中国知识产权发展路径

笔者以为，在这个关键的历史关口，中国应审时度势，找到符合自身情况的知识产权发展路径。

第一，矫正发展过程中不合时宜的理念，及时调整知识产权战略，使之从应激型走向基础型策略。

首先，应建立以市场为创新核心驱动的理念。认识到政府扶持不能够代替企业和研究机构的一线创新和微观客户管理，政府支持对创新的效用长期来看呈递减效应。

其次，认识到技术转让在初期对经济发展有促进作用，但无法实现最终的技术赶超，只能"跟踪跑"甚至"简单复制"落后技术，因此其作用有限。

再次，要警惕技术至上论、僵化的"科学主义"，以及将科技概念做窄化理解，忽略人文、治理和法治在创新中的决定性作用。

最后，中国虽然早已是专利申请大国，但专利数量多，并不代表质量高，中国申请的应用专利多而涉及基础科技突破的专利少，药品领域中国除青蒿素几乎没有原创专利就是例证；中国应引入"垃圾专利"的概念，严格可专利性标准，杜绝粗制滥造和低水平重复的专利申请，不再将专利申请数量作为创新的主要其至唯一指标。

第二，从短期角度，建议在中美贸易战谈判中就应激性的技术发展策略进行纠偏，以换取全面融入全球知识产权范式转换的时间和空间，切不可因小失大。

应激策略组合（外国直接投资、通过风险投资进行购并、合资与技术转让、许可证协议、特殊人才获取等）具有其短期效应，往往对处于市场发展初期的国家更有效，具有地（区）域限制性特征，无法保证在全球范围不同法律管辖区域均可获得竞争优势，更遑论技术超越。在这种情况下，我方应审时度势，借力打力，在中美贸易谈判中求同存异，寻求共同点并建立共识，以纠偏而融入全球知识产权范式转换进程中，并从中汲取力量，积累知识、经验和网络。

美方的极限施压策略本身，具有局限性，同时也并没有完整预测到全球知识产权范式转换的前景与后果。我方由此可以趋利避害，亡羊补牢，转不利为动力，并赢得更广阔的外部合作空间，为成为全球性创新大国和创新基地奠定基础。

第三，从长远角度出发，应把握全球趋势，适时调整中国知识产权治理体系。一是要树立以客户需求为核心的理念（这里的客户是指全球范围内所有的潜在知识产品使用者和消费者）。国家和政府的支持固然重要，但知识产权发展趋势是随时把握客户需求来驱动创新，这需要对中国目前政府导向的创新驱动机制进行调整，同时要树立起严格的客户隐私保障机制，从而为有效的客户沟通奠定信任基础。

二是要意识到研究人员和员工专有知识的重要作用，进一步完善员工保障和激励机制，采取积极措施营造人才友好型的包容性发展环境，避免将"人才"的概念狭义化，比如在国籍、年龄、性别等与学术造诣无关的条件上人为设置限定。

三是在知识产权的申请、授予、管理过程中，引入人工智能和区块链技术，对接全球专利信息数据库，有效剔除不合格专利，有效防御侵权行为。应深刻认识到由于新产业革命和技术发展，创新的周期大大缩短，知识产权的剽窃未来将几近消亡，因此要从技术、立法、执法及治理结构变迁入手，及早做出政策应对。

四是建立知识产权全方位管理体系，通过对机构内部数据和知识的整合，促进新的创新不断涌现。这一数据及知识整合过程应与创新相关，而不应侵犯公民隐私，不能将信息的过度采集等同于创新，因为这会对客户安全感和忠诚度造成打击，从而失去创新的基础。

为此，在智慧密集型城市（如北京）及全国三大战略发展区域（雄安新区、长江经济带、粤港澳大湾区）选择有条件的地点探索试点先行，不失为一种前瞻性的战略选择。

第四，为了配套知识产权治理体系的调整，需要清理不合理的政策与法律规定，营造良好、可信度高的营商环境。

建议全国人大牵头，梳理相关政策、法律、法规和规章，对其中不合理、过时的部分，及时予以剔除或修订；可通过早期建立起的法律审查机制，允许市场主体获得公平申诉的机会，通过信函、座谈、立法与社会听证、调研、巡视等方式，全方位多角度深入了解情况，获得反馈并解决问题。创新需要基本的信任和安全感，建议强化公民和个人隐私保障，对信息搜集、数据处理、算法、人工智能等方面的规定进行评估和完善，设置伦理和权益保障的审查标准，并就其对国际贸易的影响进行定量评估。

第五，在全面融入全球知识产权范式转移进程和全面提升知识产权治理的前提下，中国应围绕"一带一路"战略，积极推动和维护发展中国家利益保障机制，为全球提供更多公共产品，增进全球福祉。

应认识到，知识产权不仅是权利的平衡，同时也是一个有瑕疵和有限度的创新激励机制，只是目前还没有其他机制能替代这一已运行了数百年的体系。

从权利的平衡角度而言，中国应当承担大国责任，保护发展中国家，尤其是最不发达国家的利益（比如药物可及性和全球公共健康问题）。

从创新激励机制角度而言，应该积极探索，树立"元创新"理念，积极寻找和发展知识产权制度的补充机制乃至一定程度的替代机制。

首先，未来应鼓励完善全球技术转让体系，保护发展中国家，尤其是最不发达国家的利益。

要积极推动全球范围内由发达国家向全球南方国家公正合理的、自愿的技术转让。《与贸易相关的知识产权协定》第7条规定，保护和实施知识产权的目的，在于促进技术创新、技术转让及传播。该协定第66条第2款规定，WTO发达国家成员有义务为向最不发达国家进行技术转让提供激励，使这些国家能"创设出一个合理、切实可行的技术基础"。但这一规定不是强制性的，也没有建立起全球技术转让及监督平台，一些发达国家把技术培训也算成技术转让。

研究显示，2011年前，仅有21个发达国家曾向TRIPS理事会递交过技术转让报告，还不到世界银行定义的高收入国家（共69个）总数的1/3。因此，中国应履行大国责任，一如既往地推动发达国家向发展中国家提供技术转让，加强监督机制建设，促进知识和创新在全球的传播，由此获得全球道义制高点，确保在未来全球政策博弈中立于不败之地。

其次，避免全球知识产权过度保护对最不发达国家与弱势人群的负面效应。

知识产权保护显然促进了科学技术进步和创新，但过度保护将带来负面后果，比如对专利的过度垄断导致药品价格过高，从而对患者获得药物构成阻碍。环保科技专利也面临同样的问题。因此，知识产权尤其是专利的行使，不能违反伦理，不可以进行市场垄断从而阻碍竞争。

在大力保护知识产权的同时，要允许和鼓励对TRIPS弹性条款的运用，合理应对全球范围内对知识产权保护扩大化、过度化的趋势，以保护公共健康、生物多样性、基因资源和地方性知识。积极参与全球知识产权体系建设和范式变革，提高中国在全球经济和贸易治理中的规则书写能力和制度性话语权，为促进中国及全球范围内公共福祉的提升提供保障。

最后，树立"元创新"理念，积极探寻全球知识产权制度和创新激励机制的补充和替代机制。

所谓"元创新"，就是对创新的激励机制进行创新。知识产权是一种激励机制，以法律垄断方式确保创造者在一定时间内获取垄断商业利益，但这也容易引发社会不公。其他的激励机制有公共研发、"脱钩"机制、创新成本补偿及依照市场表现进行奖励等，如健康影响力基金HIF。

中国未来应积极介入这一系列"元创新"机制的研究和推进，从而为现行国际知识产权保护体系和创新激励机制，走出一条互补性的道路。

第 4 章

寻找新增点：
新周期下中国经济的增长路径

乌云的金边：求索中国和世界经济前路

张兰太　财新记者

2019年，中国经济和全球经济同样笼罩乌云，增速下行压力不断增大，两者相互交织，互为因果。在此背景下，中国经济过去的高增长模式已被证明难以为继，转向高质量发展阶段的任务充满紧迫性。面对逆全球化和贸易保护主义的挑战，全球经济和贸易也需要尽快找到出路，早日实现复苏。

在2019年11月举行的主题为"开放的中国与世界"的第十届财新峰会上，与会官员、学者和企业家围绕中国经济高质量发展、全球宏观经济前景等诸多话题展开了深入探讨。

高质量发展的路径何在

中共十九大报告提出，"我国经济已由高速增长阶段转向高质量发展阶段"。那么，高质量发展有何内涵？又该如何实现？

在经济发展问题上，速度与质量是一对矛盾，无疑需要权衡，但两者又并非截然对立。在"中国经济高质量增长"讨论中，第十三届全国政协经济委员会副主任杨伟民指出，高质量发展首先还是要发展，没有发展就谈不上高质量发展，而发展"需要保持一定的速度"。

在杨伟民看来，对于高质量发展的目标，当前社会各方面已形成共识，但具体如何推进还需要探索，还需要一个过程。"推动高质量发展，关键还是要深化市场化改革，扩大高水平开放。"

中共十八届三中全会以来，"使市场在资源配置中起决定性作用"的提法已然深入人心，而如何"更好发挥政府作用"的命题仍需不断探索。本次财新峰会前夕召开的中共十九届四中全会将社会主义市场经济体制确立为中国的一项基本经济制度，引发关注。

对此，杨伟民强调，所谓基本经济制度，就不是短期的临时性措施。"坚持社会主义市场经济体制这一基本经济制度，首先就是让市场在资源配置中起决定性作用，而不是政府或者其他力量。"

他表示，从总体上看，当前中国主要的资源配置已经是市场在发挥决定性作用，但是有些领域仍然有待进一步放开，减少政府对资源的直接配置。

高质量发展要靠市场，也要靠法治，因为市场经济也是法治经济。清华大学法学院郑裕彤讲席教授、博士生导师高西庆在会上表示，希望中国今后的高质量发展建立在法治社会的基础上。

全球新一轮科技革命和产业变革方兴未艾，高科技和新兴产业成为国内各个地方政府眼中的"香饽饽"，纷纷提出"腾笼换鸟""筑巢引凤"，并在环保风暴中密集关停传统的钢铁、养殖等产业。那么，在产业体系上，高质量发展是不是意味着新兴产业全面替代传统产业？

杨伟民认为，中国需要大力发展互联网、大数据、人工智能等新兴产业，推进经济的数字化；但是，在推动高质量发展过程中不能丢掉传统产业。"通过数字化、绿色化、智能化改造，传统产业照样可以生产出高技术的、高附加值的、高质量的产品。"

为此，他指出，各地不应"一窝蜂"地发展新产业，也不应"一刀切"地退出传统产业，不能因为传统产业有污染、有隐患就把它们关掉，更不能打着国家政策的旗号盲目关停传统产业，造成个体好像正确、全局却出现错误的情况。

可见，高质量发展需要现代化的国家治理体系和治理能力来保驾护航，而理顺中央和地方之间的关系是其中的关键。中央政府出台的政策要由地方政府加以落实，因此需要调动地方积极性，既提供激励，又加以约束。

湖北省副省长赵海山在会上表示，地方在落实高质量发展的过程中还有很多操作性的问题。他指出，当前有些政策（如环保、防风险等）刚性很强、力度很大，到了地方没有缓冲和变通空间，而企业无法提前预期，带来了较大问题。"这对地方造成的压力非常大。"

"中央的一个政策下来，要给地方一定的空间。国家部委制定一些产业、行业政策的时候，一定要打出提前量，给地方政府，尤其是要给企业一个预期。这是未来很重要的营商环境。"赵海山建议，中央出台新的政策时可以提前预告，比如提前一年，让企业做好准备。

对此，国家发展和改革委员会副秘书长赵辰昕回应说，当前中国经济体量和规模巨大，而各地差异也很大，所以，中央制定政策面临多重矛盾和制约，也面临多重风险和挑战，"统筹平衡是政策制定过程当中要考虑的非常重要的因素，也是非常不容易的。"

他也表示，当前中央政策制定正在朝着有前瞻性和提前预告的方向努力，每一项政策的制定都要充分反复地听取各地、各部门和社会方方面面的意见。"当然，现在肯定还做不到完美，但是这个方向是非常明确的。"

金融是经济的血脉。关于金融体系在高质量发展中的作用，第十三届全国政协经济委员会主任、时任中国银监会主席尚福林指出，从改革开放以来的历程看，中国经济的高质量发展离不开金融行业不断在供给侧进行改革的促进作用，"技改贷"、"高速公路收费权质押贷款"、资本市场建设等都是例证。

在尚福林看来，当前金融供给侧改革还面临诸多挑战，包括：国内直接融资和间接融资两个市场不匹配，造成资本金不足、负债率过高；由于资本市场发展不足，金融在支持创新方面存在不足，对经济发展的服务不够。

他强调，推进金融供给侧结构性改革要注意，一是紧紧围绕服务实体经济，二是要遵循金融发展的基本规律，三是注重防范风险。

作为金融供给侧结构性改革的重要举措，中国2019年推出了科创板，并进行了注册制试点。尚福林指出，科创板推出的意义十分重大，它是构建多层次资本市场、完善资本市场建设的重要举措，既可以促进中国高科技企业更好地发展，又能给创投基金一个出口，调动其积极性。

不过，科创板建立不久，尚不完善，市场参与者对其制度和规则设计也有一些不同意见，如强制券商跟投。中国国际金融股份有限公司首席执行官毕明建表示，这样券商可能"做一单亏一单"，比较市场化的做法是加强证券机构的投资服务能力，而非强制券商跟投。"（还要）锁定两年，中介服务怎么做下去？"

关于强制券商跟投，尚福林表示，其意义实际上是要共担风险。他指出，在资本市场上，券商"一家担两头"，但目前券商更关注上市公司，而不是投资者能不能赚钱。"现在市场上券商的佣金是从上市公司来的，它有利益关系，为了公平起见，券商要跟投一部分，如果说不负责的话，就要赔钱。这是在目前的市场形势之下形成的一个机制。"

尚福林分析，中国长期处在计划经济体制下，建设资本市场的基础和发达国家不一样，相对缺失商业信用和成熟的股份制。"发达国家的资本市场则是在股份制企业长期发展之后建立起来的。中国恰恰在商业信用上是缺失的，因为计划经济体制下不需要商业信用。"

在他看来，这种差距导致国内资本市场参与者存在各种问题，比如证券公司有些不规范的做法，大部分投资者基本上是"短炒"，而上市公司虽有法律约束，但"不太讲信用，普遍分红也较低"。

因此，尚福林认为，当前科创板在政策上规定券商跟投是必要的，虽然短期内证券公司可能会面临一些困难，但从长期看，这对于建设一个公开、公平、公正的资本市场"是有意义的"。

企业是国民经济的细胞。其中，民营企业虽然多是中小微企业，但具有"四五六七八九"[①]的特征，对于中国经济高质量发展十分重要。一段时间以来，国内民营经济的发展困局引发广泛关注，民企融资难、融资贵问题尤为突出。一年多以来，在中央要求和部署下，各级政府和各个金融监管部门纷纷出台纾困措施，但收效甚微，确立竞争中性原则、恢复民营企业的信心仍任重道远。

对此，赵海山指出，当前在落实支持民企相关政策的过程中，有几个重点：第一，要切实为民营企业"减负松绑"，特别是要将减税降费落到实处；第二，要突出市场法治，持续改善和优化营商环境，打破"卷帘

---

① 指民营企业用 40% 的资源，贡献了 50% 以上的税收、60% 以上的 GDP、70% 左右的专利发明，解决了 80% 以上的城镇劳动就业，占全国企业总数的 90% 以上。

门""玻璃门""旋转门"等不合时宜的做法；第三，要进一步增强政策的连续性和可预期性，不断提高涉企政策的科学性、规范性和协同性。

对于小微企业融资问题，尚福林指出，虽然这两年小微企业贷款难、贷款贵问题有了较大改善，但是，整体上国内普惠金融工作在机构、制度、机制、管理和技术上仍存在很多不足。

他进一步指出，小微企业贷款难、贷款贵的重要原因就是信息不对称，"难"在信息不对称，"贵"在相对成本比较高；而要解决信息不对称，需要一个过程。

2018年的中央经济工作会议提出，推动城商行、农商行、农信社业务逐步回归本源。在杨伟民看来，"回归本源"就是城商行、农商行、农信社要回归本地，不要到处扩张。"（本来应该）主要是为当地企业服务的，结果全跑到全国各地去跟大银行竞争，不仅竞争不过，而且成本很高。"

杨伟民认为，它们在当地熟门熟户，比六大银行更熟悉本地企业的情况，要解决信息不对称问题比较容易。

"前途是光明的，道路是曲折的"，高质量发展亦如此。赵辰昕指出，高质量发展不是一件短期的事，不可能一蹴而就，需要持续用力、久久为功。

为何同步"失速"

近年来中国经济增速持续下行，全球经济增长也呈放缓态势。根据联合国的报告，2019年全球经济增长率为2.3%。这是全球金融危机以来最低的年度增长数字。而根据荷兰经济政策分析局"世界贸易监测"数据显示，2019年全球贸易量下跌0.4%，更是不容乐观。这表明，2019年全球经济和贸易都面临着较大的下行压力。

在"全球新展望与制胜之道"一节讨论中，财政部原副部长朱光耀表示，分析其中原因并找出应对挑战的政策方向至关重要。

中国经济当前GDP总量已居全球第二，即使近年来增速不断下行，对于世界经济增长的平均贡献率仍在30%左右。世界经济复苏乏力的背后，不能不提到中国经济表现的因素。

从2012年开始，中国经济增速开始下行，其背后发生了什么变化？中国社科院世界经济与政治研究所研究员张斌指出，2012年之前，特别是2000—2012年，中国宏观经济的最大特点就是"易热难冷"，经济增长内生动力强，采取宏观政策时"多踩刹车一定是对的，少加油一定是对的"，但2012年以来宏观经济变得"易冷难热"。

张斌分析，其背后的原因是两大支撑增长的动力都出现了问题：一是生产率的增长，二是购买力的增长。他指出，当前中国经济债务增长的内生增长动力很弱，"凡是能借到大钱的企业都不借钱了"，企业部门在整个新增债务里占比不到20%，居民住房抵押贷款占30%，政府债务占50%。而10年以前，企业债务增长动力很强，占50%以上。

全国政协经济委员会副主任、国务院发展研究中心原副主任刘世锦认为，中国经济增长由高速转向中速的背后是潜在增长率的下降，而货币政策不可能改变潜在增长率，放松货币政策、增加货币供给对中国经济增长的拉动效应已经大大减弱。目前中国所面临的挑战是，与高速增长相配套的结构性动能，主要是基建投资、房地产投资、出口等，对经济的拉动作用已经不大，需要把与中速增长相配套的新的结构性动能调动出来，但相当多的新增长动能由于体制政策上的束缚或者困扰，是"看得见但不一定抓得住的"。

"投资仍然是我们经济增长的主要动力。"中国社会科学院学部委员、国家金融与发展实验室理事长李扬认为，当前中国投资形势不太乐观，而阻碍投资增长的主要因素并不是经济因素，而是政治因素和国际因素。

李扬分析，中国经济曾以高投资为主要手段，但后来增速逐渐下行，2012年投资增长率降到20%，2016年降到10%，2018年降到5.9%，"下落速度之快是我们过去没有想到的"。

不只中国，其他国家也出现了投资增长率下降的趋势，全球的投资增速都在下降。李扬指出，美国消费等数据都表现良好，但投资和耐用消费品的数据不佳，最明显的表现就是2年期和10年期国债收益率出现"倒挂"。"倒挂就是大家对未来没有一点信念，对未来不看好，只做眼下的。如果大家都只做眼下，增长的潜力何在？增长的前景何在？"

不只美国表现出这种情况，欧洲、日本都是如此。"投资是一个面向未来的事情，大家对未来看不清、不看好的时候，投资就下降了。"李扬说。

在李扬看来，人们对于未来的信心不足是一个全世界都普遍存在的现象。"大家看不清楚为什么发生'贸易战'，大家都知道不好，但打来打去，愈演愈烈；大家都知道债务是'万恶之源'，但是为什么债务越来越多；大家都知道必须共克时艰，但是现在还是互相防范，互相制造障碍。"

除了投资增长率下降，资本的边际产出率也在下降。李扬分析，中国在1982年到2006年资本边际产出率平均是29%，到2006年降到27%，2013年降到23%，2018年降到17%，"下降速度极快"。

全球经济的景气程度从2018年上半年的高点回落至今已经持续近2年。张斌指出，背后的原因主要是两个方面：周期性的调整和贸易战的冲击。

"哪怕没有贸易争端，2018年以后全球经济景气程度下行也是一个大概率事件。"张斌认为，所谓周期就是周而复始，因此，从2018年开始，特别是2018年第二季度以后全球经济下降，"也是一个很正常的周期性的调整。"

不过，当前全球制造业和贸易下行是2008年金融危机以来最严重的一次。张斌分析，在这一周期性的调整过程中叠加了贸易战的冲击，使调整更加剧烈。

除了英国脱欧、地缘政治（特别是中东地区）等一些突发事件对全球经济和贸易下行产生的压力，朱光耀认为，当前经济层面主要有两大挑战亟须应对：一是贸易保护主义、单边主义对多边国际贸易体制形成重大挑战；二是全球逐渐形成一种负利率的趋势，尤以欧洲央行和日本央行为代表。

此外，2019年下半年以来，美联储的货币政策发生重大变化，在2019年7月30日、9月18日、10月30日连续三次降低联邦基金利率，降至1.5%~1.75%，其货币政策空间已很小。同时，从2019年10月15日开始，美联储转变了此前削减资产负债表的方向，由"缩表"变为"扩表"，按照现有计划，其资产负债表规模要恢复到4.5万亿美元，甚至更高。

在朱光耀看来，上述全球主要经济体和工业化国家货币政策的转变，对于这些国家经济发展的影响，以及对于国际金融市场和全球经济发展的影响值得高度关注，"因为这是我们没有遇到过的政策挑战"。

如何"拨云见日"

当前，全球经济的一些积极因素已经开始发挥作用，比如主要央行的降息。张斌指出，尽管这不能让全球经济马上回弹，但起码能让经济下行幅度有一定减缓。"结构改革可能是最管用的，但结构改革在短期内很难做得出来，发挥的作用很有限。"

他认为，全球的经济景气程度关键要看中国，特别是看中国接下来的政策调整。"如果中国的政策能够更积极一些，中国经济能够'筑底反弹'的话，对全球的经济景气程度会形成一定的支撑。不然，全球经济的拐点可能还要再等一些时间。即便是有反弹，全球经济反弹的力度也是非常微弱的。"

面对经济增速下行，货币政策空间已然不大，积极的财政政策被寄予厚望。然而，当前增加投资仍面临不少掣肘因素。李扬分析，如果企业信心不足，投资就只能靠政府，而政府的资产有限，当前各国财政赤字已是常态；到2019年9月，中国2019年的财政赤字任务已经完成并超出预期。

在李扬看来，以后各国不得不在债务高企的环境下谋划投资。"投资主体基本上就是政府，政府没钱就要发债，债务涨了就是危机。我们要在这里面找到一个平衡，'刀刃上的平衡'非常不容易"。

国内投资乏力，跨国投资也难以指望。2007年之前，全球跨国投资不断增长；2007年发生断崖式下跌，此后长期低迷，经过各国共同努力，到2015年恢复到2007年的水平，但是好景不长，从那之后又一路下滑。李扬指出："在国际投资上，我们也看不到一个前景。当然，各国自己不好，全球也显然不可能很好。"

全球宏观经济政策协调机制失灵，是世界经济复苏陷入低迷的重要原因。在此背景下，朱光耀指出，G20机制如何有效地发挥其全球宏观经济政策协调主要政策平台的作用，值得重视。"中美两国在G20发展进程中起着重要的作用，中美贸易争端对全球宏观经济政策协调产生了影响。中美恢复全面的政策沟通，进而在G20机制下加强所有成员的协调合作，变得至关重要。"

与此同时，朱光耀认为，在全球范围内所有的多边合作机制都非常重要，如"金砖国家"领导人峰会。"它们在促进多边合作、发展多边框架下的政策协调上也是至关重要的。"

在李扬看来，当前有两条对策：第一，加强国际合作，捐弃前嫌，共克时艰；第二，各国和全球的治理体系需要迅速稳定。"十九届四中全会就是要确立社会主义市场经济的治理体系和治理能力。如果我们认真地落实这样一些指示，中国大概能够在很困难的局面下率先走出来，并且为世界做出贡献。"

具体到中国，深化改革、扩大开放仍是必须坚持的大方向。刘世锦认为，中国下一步应当把着眼点放到通过深化改革开放，释放被抑制的增长潜能上。

"一般而言，改革是慢变量，影响的是中长期增长，但在特殊情况下，改革也可以是快变量，影响到短期增长。"刘世锦强调，当前要逼出一些平时不大容易推出的需求侧和供给侧结构性改革的重大举措。在他看来，需求侧结构性改革的一个重要目标，就是增大中等收入群体的规模，创造大量而稳定的市场需求，并适度缩小收入差距，防止收入差距过大导致的需求不足。

同时，刘世锦指出，供给侧结构性改革依然是重心所在，要开放提升要素市场，切实保护各类产权，特别是知识产权，加快形成中共十九届四中全会所提出的高标准市场体系。

具体来说，刘世锦建议：第一，加快推动城乡之间生产要素的双向流动，可以考虑在保证农民利益、尊重农民自由选择权、获取土地收益后优先完善社会保障制度的前提下，在城乡接合部开展宅基地对外部流转的试点。第二，在石油、天然气、电力、铁路、通信、金融等基础领域打破行政性垄断上要有标志性的大动作，实质性地放宽准入、促进竞争。第三，在对外开放上谋划一些更具想象力的重大举措，比如把自贸区开放和国内改革相结合，公平竞争、产业政策、国企补贴、知识产权等议题可以在自贸区率先改革、主动改革；还可以在更大范围内，开展"三个零"（零关税、零壁垒、零补贴）的试点。

加强全球央行间的协调合作机制

周小川　中国金融学会会长、中国人民银行前行长

　　围绕"开放的中国与世界"这一话题，我想讲的是当今世界主要央行之间的协调机制，这种需求正在逐渐显现。在全球金融危机过程之中及近来，主要央行货币政策的溢出效应比较明显。大家也在讨论如何防止下一轮金融危机的出现，如果出现了，应该有什么样的响应。全球很多新兴市场国家又面临着资本流动的风险，究竟应该用什么样的政策来加以应对？

　　此外，大家现在比较关心全球性金融基础设施究竟应该怎么建设，当然这个题目在很大程度上也是由于数字货币，特别是Libra的出现给大家提出了很多新的议题。

　　在这种情况下，越来越有必要开始讨论，全球范围内的央行功能怎么才能够更好地实现。历史上，央行都是每个国家自己的，因为那时候全球化程度没那么高，特别是金融方面的相互作用、相互影响也没那么大，所以，一个国家的货币政策主要是针对本国的价格水平或者金融稳定、就业、经济增长等目标。但是，这些情况正在慢慢发生变化，所以我选择了这么一个题目。

　　首先，中国政府，特别是习近平主席多次强调中国支持全球的多边主义。从经济上来讲，全球的多边主义主要是三大机构：世界银行、国际货币基金组织（IMF）和世界贸易组织（WTO）。首先是亚洲金融危机以后，成立了G20部长会议和央行行长会议，要协调如何克服亚洲金融危机。在2008年全球金融危机出现后，就把这个会议升格为G20峰会，到现在已经开了十几年了。2019年6月底，2019年度G20峰会在日本大阪举办。

　　全球多边主义里头的机构可能还需要进一步加强。现在有不少人在议论，要加强全球央行之间的协调和合作的机制，增强这方面的功能。

　　第一个原因刚才说了，就是货币政策的溢出效应，在本轮全球金融危机过程中有两次处于高峰状态，一次是危机在克服到一定程度以后量化宽松政策开始退出，首先从美联储开始提出这个想法，金融市场产生了很大的动

荡，同时对很多国家价格、汇率、货币政策以及资本流动都产生了影响。随后，美联储正式进入了加息的阶段，这也引起了很多有关货币政策溢出效应的讨论。最近，很大程度上由于贸易战，美联储又开始降息，世界也有很多国家降息，引起广泛的讨论。由于全球之间联系的紧密，恐怕这种共同行动是有必然性的，或者一些主要央行如果开始进入降息的阶段，全球其他经济体都必须认真考虑这种相互影响，也需要考虑自己的应对措施。

这确实和以前大不一样。以前，各国经济增长、就业、通货膨胀的数字差异很大，有的国家物价很稳定，甚至发生通缩，但同时另外一些国家，比如过去若干年的津巴布韦，发生了天文数字的通货膨胀，所以国与国之间有很大的差别。这在很大程度上取决于国内政策体系调整的结果。但是，现在情况就有很大的变化，总体来讲，通货膨胀率比较低，而且除了个别小型经济体或者是相对比较封闭的经济体，全球通货膨胀都较低，具有共性。物价水平作为货币政策调控的主要目标，也呈现出共同运动的方向。

第二个原因是资本流动。过去，国际货币基金组织总体上还是倾向于不要为资本流动设置过多的障碍，还是要提高全球资源配置的效率。如果出现一些问题，国际货币基金组织会要求这些新兴市场国家自我评估：是不是导致了资本流动异常？哪个地方做得不对？但是，全球金融危机到了中期以后，国际货币基金组织开始出一些工作论文，开始提出可能还需要重新考虑资本流动的问题，原因也是全球化全国与国之间联系更加紧密，跨境贸易投资水平比以前大大提高。此外，还有不少新兴市场国家出现美元化。过去的美元化容易理解，比如津巴布韦在高额通货膨胀以后出现美元化。但是，现在不只这些，如果从各个国家支付使用美元的比例、存款使用美元的比例等几项指标最后来衡量一个国家美元化的水平，有不少新兴市场国家美元化水平还是相当高的，它也导致资本的流动。如果下一次金融危机发生，它的政策响应究竟应该是什么样的？全球主要央行所承担的责任也越来越大。

最近的冲击是针对全球性的金融基础设施。金融基础设施的定义更加清晰了，对其的一种重大冲击来自数字货币。数字货币可能一开始就试图解决全球金融基础设施，特别是跨境支付方面的一些弱项，希望通过新的科技手段来提高效率，减少障碍。同时也提出了一个问题：这样的基础设施究竟应该怎么管理，全球主要央行在中间应该起到哪些作用？特别是2019年6月Libra

拿出了一个白皮书，Libra最开始强调它可能有用的应用方向是跨境汇款。我个人觉得这个选择方向也是有道理的，因为目前区块链和分布式记账技术每秒处理的交易笔数还没有那么高，所以如果把这种加密数字货币应用于零售环节，实际上它暂时还做不到。而跨境汇款笔数相对比较少，可以作为一种应用选择。另外，跨境汇款当前的效率确实有问题，很多人还不满意，Libra从这儿起步确实是具有吸引力的。

紧跟着的问题是，它既然采用了一个稳定币的形式，就有所谓一对一储备准备的问题，要选择一个篮子货币，那么，篮子货币存在哪儿？如果存在Libra协会，由Libra协会进行管理，那么，由私人组织汇集起来的Libra协会是否能够全心全意地做好公共服务？大家是否会产生足够的信心？在随后几个月里，这方面的质疑声音越来越大。

我首先想说，跨境汇款是一个问题，现在依靠的主要是大型银行之间提供的跨境服务，而这些银行不见得在每个国家都有分支机构。另外还大量使用了环球同业银行金融电讯协会（SWIFT），其实，SWIFT成立的时候还是应用了很多先进技术的，但是，现在对它的管理、治理提出了不少了质疑。在Libra出现的前后产生了很多议论，议论涉及全球主要央行之间应该采取什么样的行动，如何提供更好、更可靠的全球的基础设施。

IMF出了一篇工作论文，提出电子货币既可以有账户背景，也可以是基于区块链的。电子货币要保持稳定，还是要盯住特别提款权（SDR），所以就又提出了eSDR，或者写作dSDR。总之，这意味着还是应该由国际货币基金组织来管理这件事。全球央行的交流机制国际清算银行也在讨论这件事，同时理清了概念，提出了区别于央行数字货币和私人数字货币的概念。

前不久，英格兰银行行长马克·卡尼提出了"合成的强力货币"，想在概念上与Libra做出一定的区别，他觉得这种货币要由公共部门提出。他整篇讲话中也讲了很多其他关于金融基础设施的想法，思路跟央行数字货币（CBDC）的路子是比较接近的。

2019年10月底，希腊原财长瓦鲁·法基斯提出，要由IMF接管Libra协会。他是在希腊要处理主权债务危机的关头当选了财长。这个人很有意思，他经常非常反潮流地提出很多有争议的看法，尽管当选财长时间不长，但挺有名。他提出，Libra这个概念里面有很多好的东西，但是Libra应该由IMF接管，否则就不具有公共性。人们必然怀疑一个私人的Libra是否会有很强的利益动机，它是否会拿准备金托管的钱去做别的事，诸如做贷款或者是在金融市场做其他事。这样的话，就会出现稳定币是否能够稳定、公众是否能够有信心等问题。

我本人在Libra刚发行以后的2019年7月1日，在上海交大做了一个关于金融基础设施的发言，当时也回答了一些问题。当时，我们也质疑Libra发行准备金的数量究竟是怎么确定的，会不会缺乏公众性。另外，托管的钱是不是真的作为备付使用，还是有别的使用安排，它会不会有赚取利息的动机？在中国，很多第三方支付的机构声称是通过科技发展支付，但是有的机构实际上眼睛就瞄着预付金带来的利息收入，或用其做其他投资，从中获得收益。

以上我只是举几个例子，背后反映的是全球金融基础设施的建设问题，以及新科技今后怎么管理的问题。全球央行之间应该有一个大致的协作机制，特别是涉及主要货币组成部分的央行，以便使全球金融系统更稳定，让大家更加有信心。

之所以发生这些变化，主要原因是全球化的进展已不同于以前各国央行都在管理自己国内事务的时代。在近20年全球化过程中，我们看到贸易的作用越来越大，跨境投资的作用越来越大。由于全球交通更加便捷，人员之间的交往、跨境的劳动力、旅游者都大幅增加。我们可以看看中国20年前的出境人次，而现在每年都有超过1亿人次出境。

所有这些的变化，也都带来对金融市场、对金融基础设施的新要求，SWIFT等现有结构还需要进一步提升。当然，还有一个原因是有些国家出台了很多金融制裁措施，另外一些国家试图探讨建立SWIFT以外的基础设施。

SWIFT本身也在推出一些新的产品，令跨境汇款、跨境交易等变得更加简便。实际上，我本人也始终感觉跨境汇款的不便利主要不是技术选择、技术系统上的障碍，而是政策和体制上的。因为有的国家可能对外汇有管理，有的国家汇出有障碍，有的国家汇入有障碍，汇入以后对兑换也有障碍。另外，一旦涉及兑换就涉及全球汇率体制的协调问题，这也是与IMF等其他机构相关的内容。

也许有的人认为，全球已经有增强央行之间协调合作机制的框架，我认为实际上是没有的。在中国可能好多人都知道，中国人民银行联系IMF，财政部联系世界银行，商务部联系WTO，但实际上，如果回顾二战以后IMF成立的过程及IMF的章程和IMF自己定义的功能，会发现它有稳定全球金融系统、金融系统出问题后实施救助、汇率机制等多项功能。但是，它的主要决策机制IMFC 80%以上都是由财长出席，所以在金融稳定、处理金融危机、救助等问题上会起很大的作用，但还是缺乏刚才所提到的协调货币政策功能。

另外，国际清算银行为各国央行提供了一种交流的平台，但是，在制度上和在授权上都没有真正的作为央行主要功能的协调机制和执行能力。我们可以看到国际清算银行发出了各种声音，但在制度上没有执行力。再有一个就是G20从部长会议提高到全球峰会，把全球的金融稳定论坛提升为金融稳定理事会。这在很大程度上能够协调央行在稳定金融方面的职能，但是，在货币政策协调和金融基础设施方面仍旧是很不充分的。

我们在跟美联储打交道，那里有很多朋友私下都说美联储公开市场委员会讨论的时候，很多理事、主席、副主席对国际问题非常关心。实际上，他们制定政策的时候也会考虑政策溢出效应和对全球的影响。但是，一旦正式提交说明，特别是向美国国务会提交说明或者是对外发表讲话的时候，是非常明确地说明美联储只对美国负责，不对全球问题负有任何责任。这就是当前的现状。

加强全球央行间的协调合作机制还只是开始，今后还会有很长一段路要走。如果我们力主全球多边主义并朝着这个方向去发展，加强全球央行间的协调合作机制还需要进一步的进展，才能回答"开放的中国与世界"这样的大题目。

中国经济向何处去

李伟　中国经济和可持续性发展研究中心主任、长江商学院经济学教授

根据长江商学院数据，2019年12月的长江商学院中国企业经营状况指数（CKGSB Business Conditions Index，BCI）为49.8，与上月的51.5相比有小幅下滑。近期BCI变化不大，但12月的数值已降至50的分水岭以下。

12月的指数中有一些非常值得我们关注的数据，首先是组成BCI的企业销售前瞻指数、企业利润前瞻指数和企业融资环境指数都有下滑：销售指数有一定的幅度的下滑，但不大；利润下滑幅度相当大，接近8个百分点；融资环境指数在低位小幅下滑。从这几点来看，受调查企业的日子的确有点不好过，社会上传得越来越多的经济下行趋势看来不是毫无根据的。

其次，与经济增长密切相关的是就业问题。12月企业招工前瞻指数有微幅下跌，虽然还高于前几个月的低点，但自有数据以来，目前的招工和就业肯定是处于低水平的。

最后，企业消费品价格前瞻指数基本保持稳定，这与官方CPI明显上涨的情形非常不同。需要注意的是，我们的样本企业主要是非农企业，而官方的数据是覆盖所有领域的。根据官方的数据，11月的食品价格同比涨幅接近20%，从各路解释来说，大家好像已经把"非洲猪瘟"列为食品涨价和CPI上扬的主要原因，因为中国既是全球第一大养猪国，也是全球第一大猪肉食用国。2018年，全球一共生产猪肉1.13亿吨，中国人吃掉了其中的5595万吨。换句话说，中国以约18%的人口，消耗了全球近一半的猪肉。"非洲猪瘟"导致肉猪大量死亡，"能繁母猪"这次也没逃过一劫。结果猪肉供应量大跌，猪肉进口无法弥补缺口，其他种类的肉要么是量不够大，要么是饮食习惯短时间内无法改变。猪肉涨价了，那么牛羊禽肉能坐得住吗？结果食品价格就来了个"大涨长红"。而剔除了食品价格的11月CPI同比涨幅，其实只有1%，该指标近期表现比较稳定，和消费品前瞻指数所表现出来的态势差不多。从这一点来说，笔者认为目前的CPI虽然已经过了政府的"红线"，但是否使用紧

缩的货币政策还可以再看看。

多事之秋与刺激经济

下面，我们来讨论一下目前的中国经济格局。2019年的经济形势非常复杂，外有贸易战，说中国不怕贸易战是正确的，但说贸易战对中国没影响恐怕也有点"打肿脸充胖子"的嫌疑。在贸易战时断时续的同时，人们突然发现GDP增速不断下滑，融资成本上升，投资意愿下降，失业率似乎也开始走高。在一堆令人眼花缭乱的数字面前，大家或有心或无心地都开始感叹：经济是不是要衰退了？慢慢地，悲观的情绪开始扩散。就在大家都有切肤之痛却又没有点破之际，中国社科院学部委员余永定于2019年12月1日在媒体上刊文，认为目前中国经济最突出的问题是增速持续下降。为了保证经济增速不进一步下滑，需要采取有力的扩张性财政政策，辅之以宽松的货币政策，中国还有相当大的政策空间，不能让经济增速再突破6%这个底线了。

余委员研究宏观经济多年，在业内外口碑甚佳，更重要的是他的这篇文章"来得正好"。他的观点一经提出，立刻成为全社会讨论的焦点，再加上2019年12月召开了中央经济工作会议，一时间，"中国经济向何处去"成为上至庙堂，下至街巷，都共同关心的话题。于是，笔者也摩拳擦掌，希望能为这场辩论贡献一份绵薄之力。

我们先来谈一些容易产生共识的问题。我们都知道经济增速在下滑，现在有一部分人认为需要运用宏观经济政策来刺激增长，而且为此划定了底线。这里面实际上包含两个问题。

一是经济增长的底线应该划在哪里。余委员认为是6%。实际上GDP同比增速6%，这对于世界上大部分国家而言，都是一个可望而不可即的数字，只是在中国我们对高速增长习以为常，反而不适应下行了的增速。不过，大家对这个数字还是有不少的争议，其他各种各样的增速底线也不断涌现。余委员也明确表示，6%并不是他想强调的东西，他希望引起大家注意的是我们需要刺激经济增长以防其不断下滑，至于这个底线到底是多少，则是可以讨论的。看来要想在这个问题上取得一致，除非出现很低的数字，例如4%以下，否则要凝聚共识颇为不易，好在这个问题并不是那么关键。

二是关于方法的争论。余委员的观点是以财政政策为主，辅之以货币政策，这点出了一个大问题。自从2008年的"四万亿"经济刺激计划以来，中国的财政政策在宏观调控中发挥了很大作用，但相对于货币政策来说，还是有点"小巫见大巫"的感觉。

财政政策和货币政策各有所长，也各有所短。货币政策，尤其是信贷政策，可以在短期内上量，无须通过人大等机构的审查，但在效果上缺乏针对性，经常是"大水漫灌"。财政政策需要接受更多的监督，但针对性强，经常被誉为"滴灌"。除此以外，中国还有一些颇有特色的宏观调控政策，例如经常由发改委掌管的产业政策，业内外和国内外对此一直争议很大，这里笔者就不细谈了。

估测未来中国经济增长的潜力

既然要谈如何阻止经济下滑，那我们不如反过来想一个问题：经济增长的动力从何而来？"他山之石，可以攻玉。"我们来看看别国的经验及与中国的对比（见图1）。

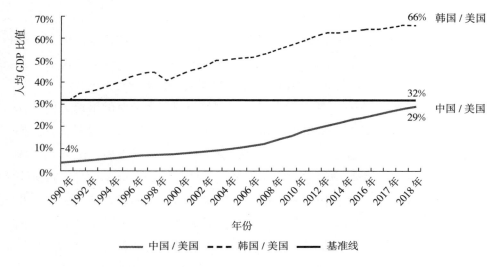

图 1　中韩在同一历史时段中人均 GDP 与美国人均 GDP 的比值
资料来源：世界银行。

图1表示的是中国和韩国在同一历史时段中，其人均GDP与美国人均GDP的比值。这个图有两个好处：一是虽然时间段相同，但韩国的人均GDP是明显高于中国的，因此我们可以姑且以之为"榜样"，来估测中国的潜力；二是这里的单位为2011年的不变美元（购买力平价），这在很大程度上剔除了市场汇率的波动和通胀等因素对跨国比较人均GDP的干扰。

比较的时间起点为1990年，当时韩国的人均GDP为美国人均GDP的32%，我们将此定为基准线。同样在1990年，中国的人均GDP仅为美国人均GDP的4%，显著落后于美国，与韩国之间的差距也是巨大的。最新的数据节点是2018年，韩国相当于美国的约2/3，早已是发达国家了，中国也获得了长足的进步，相当于美国的29%，但仍是一个发展中国家。尤其需要重视的是，中国目前尚未触及基准线，也就是1990年时韩国的水平。

图1表明，中国过去虽然起点低，但实行了大体上正确的经济政策，因此迎来了长达几十年的经济增长，在一代人的时间内将国民的生活水平提升了很多倍，称之为"中国奇迹"是当之无愧的。鉴于中国庞大的人口规模，下一个可能再现这一"奇迹"的恐怕只有印度了。

1990年时，一个美国人的产出相当于25个中国人的产出；到2018年时，该指标已降至不足4个。假如美国在未来的28年里保持其过去28年的增长率，同时假如中国持续改革开放并能够重复韩国从1990年至2018年做到的事，那么28年后，中国的人均GDP可以达到美国人均GDP的2/3。为了达到这个目标，在未来28年里中国的年人均GDP增速必须维持在约4.5%的水平上。

或许你觉得4.5%有点低，毕竟过去中国经济常见到10%的增速，但有几点笔者需要说明：第一，这里指的是人均GDP，在人口增长的情况下，人均GDP增速是低于GDP增速的；第二，假如中国按这个速度发展，除非到时候美国出现大问题，否则中国进入发达国家俱乐部应该是大概率事件。过去中国与美国的差距大，增长快并不太难，前面有发达国家的企业带路，中国在发展中不仅方向比较明确，而且在很多时候通过模仿先进的技术和商业模式就可以实现高速发展。但随着差距的减小，中国很多行业都会相继达到世界先进水平，再往前走，就要进入"无人区"，不能再依靠模仿，而必须加大自主研发投入，在探索和试错中前进。在这种情况下中国的增速慢下来是必然的，我们不能对此有太高的憧憬。这方面可以看看中国另一个邻居——日本的经验。1990年，按照2011年的不变美元（购买力平价）计算，日本的人均GDP相当于美国的83%；但到了2018年，这个数字已跌至71%。经济史上，发展中国家跃过发达国家这道"龙门"的例子虽谈不上是俯拾皆是，但也绝不罕见；同样，中断上升势头的也绝不止日本一个，有的国家，譬如阿根廷，甚至大有要回到发展中国家行列的趋势。

以上有关中国、韩国、日本和美国等国经济增长的分析只是推算了中国未来几十年可能存在的经济发展潜力，但买过东西的人都知道，只有成交的价格才是商品的价格，光有出价却无成交被称为"有价无市"，这种价格不能当真。中国有一定的经济增长潜力很好，但假如没有合适的内外条件予以孵化，那么这样的潜力也只是纸上的潜力。现在中国的问题是经济增速下降了，于是一堆问题随之产生：要不要刺激经济增长？怎么刺激？重点何在？用什么手段和方式比较合适？……

关键是 TFP

这些问题实际上不太容易回答，大家翻翻近日的相关媒体报道就可以知道，9个人有10种意见绝对不稀奇。我们可以反过来思考：从1978年至今，中国的GDP年均同比增速（不变价，但非购买力平价）接近10%。虽然1978年时中国的起点非常低，但连续40年的高增长在全球也是很罕见的。

中国获得了一个如此高速的经济增长，这是如何实现的呢？在2017年的《经济学展望杂志》（*Journal of Economic Perspectives*）冬季刊上，来自美国哥伦比亚大学的魏尚进教授及另外两个机构的研究人员发表了一篇名为《从"中国制造"到"中国创造"：必要性、前景和挑战》（From "Made in China" to "Innovated in China"：Necessity, Prospect, and Challenges）的论文，里面就有对中国改革开放以来经济增长源泉的探讨。

该文将经济增长的源泉分为三个部分，分别是：实物资本、人力资本和全要素生产率（TFP）。实物资本和人力资本都比较容易理解：第一类主要指的就是某种人造物，比如机器；第二类主要指的是人及附着于其身上的教育、技能等。TFP这个词日常生活中较为少见，但却是衡量经济效率的重要概念。从严格意义上说，TFP是一种残差或者余值，所有搞不明白但却对GDP增长产生影响的要素，都可以归入TFP中去，但大体来说，经济学家一般会把TFP看作是技术进步所带来的效率提升。只不过这种技术进步不是只涵盖了一般意义上的技术，也包含了制度创新等看得见的和看不见的相关因素。

举例来说，假设2019年GDP同比增速为6%，经过计算后发现实物资本和人力资本的同比增速都是6%，由于GDP同比增速＝实物资本同比增速和人力资本同比增速的加权平均＋TFP同比增速，因此2019年的TFP同比增速肯定是0。进一步说，在GDP同比增速不变的假设下，假如实物资本和人力资本的同比增速是5%，那么TFP同比增速就为1%；假如实物资本和人力资本的同比增速是7%，那么TFP同比增速就为－1%。

TFP这个概念的提出及其相关研究的推进是经济学发展中的一个里程碑，因为通过研究学者们发现，那些在历史上实现了长期经济增长并成为富国的经济体，比如美国，其主要的经济增长源泉就是TFP的增长，而一些依靠加大实物资本和人力资本投入以实现经济增长的国家，虽然能实现一时的高速发展，甚至成为超级大国，但最终很难避免经济增速的大幅下滑，甚至出现经济崩溃，例如苏联。

这些实证上的研究成果及历史上的案例给予后人非常深刻的启发，那就是要实现可持续的经济发展，从长远来看只能依靠TFP的持久提升。

目前关于中国经济的争论可谓是纷繁芜杂，但很多人都赞同的是，2008年的国际金融危机及随后出现的"四万亿"经济刺激计划对现在的中国经济产生了巨大而深远的影响。2009年天量的信贷"开闸放水"，效率高的企业纷纷"收缩战线"，降低借贷需求，地方融资平台如久旱逢甘霖一般获得了"大干快上"的机会。地方政府的"投资饥渴症"和"融资饥渴症"永远也无法得到满足，本来银行和中央政府是可以对其有所制约的，但国际金融危机和"四万亿"经济刺激计划完全改变了这种对冲的局面，三方合力将钟摆推向一边。借给地方政府的钱、借给基建项目的钱，有多少能到期还钱呢？虽然我们可以自我安慰，它们会产生长期的效应，有正的外部性，但假如这些项目都那么好，TFP又怎么会为负数呢？

最后只能给这些地方融资平台贷款展期，借新还旧，在表内挪不动的时候再挪到表外去，结果又是银行理财产品大爆发。监管层看到表外的问题有失控的危险，于是就开始整顿金融，到头来又让中小企业承担了整顿的成本。问题贷款挪来挪去，还款日不断推后，我们希望以时间换空间，但结果是花的时间越来越多，问题贷款的数量却越来越大。这样的局面导致资金等稀缺资源逐渐沉没在低效领域，整个经济的效率越来越低，TFP下滑也就在情理之中。在一定条件下，TFP的下滑可以用实物资本和人力资本投入的增加来弥补，但这两项投入的增长会随着其边际成本的急剧升高而变得不可持续。到头来，假如我们不能扭转目前的逆势，让TFP重回增长的轨道，那么中国经济十有八九将会在不远的将来面临一次严峻的考验，其最主要的表现很可能就是GDP增速的大幅下滑。

我们应该怎么办？

在本文中笔者已谈了中国未来的经济增长潜力，又讨论了TFP的相关问题，下面一个重要的问题是：针对目前的形势，我们应该怎么办？

余委员的表态将经济增长的问题推到了前台，笔者部分赞同他的观点，部分认为可以进一步发展一下。赞同的地方是中国现在的确面临经济不断下滑的风险，确有必要采取一定的措施阻断这一风险，这就好像是2008年美联储在金融危机中采取的一系列救助金融机构的措施，虽然有扩大了道德风险之嫌，但为了整个市场的稳定，有时候也只能如此。

然而，经过前文的分析我们要清楚地明白，当前的困局是哪里来的。很明显，假如不是当初采取了过激的宏观经济政策，日后又没有进行足够的经济结构改革，中国经济是不会陷入TFP长时间为负的泥潭的。假如现在我们再次仿效"四万亿"经济刺激计划，为GDP增速托底，而在结构改革方面再次拖拖拉拉、无所作为，那是不是有点"错上加错"的嫌疑？所以笔者的药方是一对组合拳。

一方面用宏观经济政策，最好是财政政策，给经济托底。其实，最好是给民众的生活托底，比如可以给低收入人群适当增加收入，他们的消费倾向高，增加的收入容易转化为消费而非储蓄，更多的消费也有利于提振经济。对民众来说，GDP其实不是那么重要，只要实际收入是增长的，GDP增速是6%还是5%，其实差别不大。

另一方面，加大结构改革的力度。时不我待，过去我们在这方面的赤字太多了，现在不管外界的经济状况如何演变，结构改革都是不能停的。在最近的讨论中，很多人也提到了20世纪90年代末中国政府一边为经济增长托底，一边进行结构改革的例子。在笔者的印象中，当时中国遭遇了亚洲金融危机的冲击，外贸遇冷。与此同时，1992年邓小平南方谈话后，国内掀起了经济建设的浪潮，但很快出现了经济过热。大幅度紧缩宏观政策后经济热度迅速降低，但巨额不良贷款也逐渐浮出水面。大量国企效益低下，行走于破产的边缘，假如让这些企业破产，工人失业马上就会造成社会问题，但继续维持这些企业又会给中国经济背上沉重的包袱。

在这样的局面下，中国政府实行了一系列保增长的政策，其中最著名的就是发行特别国债，用于基础设施建设。同时，中国政府顶住压力，让一大批低效国企破产。有时候，资源跨时间、跨地域、跨行业和跨机构的重新分配，是可以对提高TFP带来立竿见影的正面效果的。举例来说，当时中国政府让国企破产的做法使大量国企工人失业，对这些工人来说，这绝对不是什么好事，但从经济效率的角度来说，这些低效国企过去主要依靠银行的信贷生存，这些信贷对它们来说和政府的财政拨款无异。换句话说，它们可能既无能力偿还贷款，也没打算归还信贷。这样的话，那不是等于在白白浪费国家宝贵的信贷资源吗？现在这些企业破产了，银行也不用再借钱给它们了，以后银行可以按照商业性原则来进行放贷。从全社会的角度来说，那些效益更高的企业有了更大的可能性来获得信贷。资金从产出低的地方流向了产出高的地方，这肯定有利于TFP的上升。

只要中国能改变目前TFP的颓势，让其重新走上增长的轨道，那么目前的问题过段时间来看就都不是问题。就像21世纪初始，中国经济面对的问题可谓是堆积如山，光一个银行业不良贷款就能把整个财政全部吃光还不够，但当时中国持续进行了结构性改革，TFP一直为正，后来随着内外环境的转暖，中国经济重新开始了一轮高增长，一直持续到2008年。事后来看，经济的高速增长使过去的很多大问题都突然间变小了，甚至消失了，比如20世纪90年代末出现的银行业不良贷款的问题就是一个典型。但假如没有前面的结构性改革，没有新一轮的经济增长呢？恐怕银行业的不良贷款还压得经济喘不过气来呢！所以余委员提示大家重视经济增速是正确的，但更重要的是我们要找到经济增速下滑的原因，并出台有针对性的政策进行应对。不然，可能我们真的会面对一种局面，即：财政杠杆一发力，经济增速就稳住；财政杠杆一停，经济增速马上就往下掉。

如何应对利益集团？

从很多角度来看，中国在近现代史上可谓命运多舛，但改革开放无疑是一步好棋，这点恐怕很多中国人都还没有完全意识到。我们经常说中国人口多、底子薄。这句话既可以从消极的一面理解——中国基础太差，发展经济的难度很大；也可以从积极的一面理解——中国是个大市场，未来的发展前途不可限量。说的话几乎完全相反，但实际上指的是同一件事。

1949年中华人民共和国成立，国内的战乱很快平息，这时我们本来是有条件构建一个发展经济的和平环境的。但囿于国内外的种种形势，以及当时中国政府对周遭环境的研判，我们选择了一套发展军事经济、国有企业且较为封闭的治国方案组合。这个方案有其优点，比如它非常有利于进行军事动员，但几十年过去了，国际上小的战争不断，但第三次世界大战却始终没有打起来。等"文革"结束时，我们突然发现这个世界的主题早已从"战争与革命"演变为"和平与发展"了，过去那些"万恶的"资本主义国家——美日德英等，现在是世界上生活水平最高的国家，中国当时的人民生活水平与这些国家相比，简直是到了触目惊心的程度。

好在当时中国的政府和老百姓没有被这一切吓倒，而是立足于本国国情开始了经济改革，哪里的政策束缚生产力的发展，就改变哪里的政策。这里举三个例子：

集体经营和包产到户相比无法刺激农民的生产积极性，于是经过几年的实践和争论，包产到户最终取代了集体经营，并延续至今。与集体经营相比，包产到户改变的主要是经营机制，并没有增加实物资本和人力资本的投入，但无数的研究和统计数字都证明，这种改变给中国带来了不断的粮食丰收。从学理上说，这就是典型的通过改善TFP来获得经济增长。

又如城市化的问题。根据世界银行的数据，1978年时中国、美国和全球的城市化率分别为18%、74%和39%，到了2018年时该指标已变为59%、82%和55%，中国超过了世界平均水平。在这个地球上的绝大部分地区，尤其是发展中国家，一个同样的人，其在城市的产出一般都会明显高于其在农村的产出，因此随着城市化的推进，农民的市民化实际上就是把劳动力从产出低的地方转移到产出高的地方。在这个过程中，即使实物资本和人力资本都没有增加投入，该劳动力的产出一般也会有大幅提升，这明显也是一种提升TFP的方法。

再来看看外贸方面，在中国加入WTO之前，曾有一种观点认为加入WTO可能会对中国经济造成较大的冲击，因为中国有些产业的生产率较低，很可能无法应对国际竞争。这种观点不能说全无道理，但无论是"东亚四小龙"，还是"四小虎"，打开国门，接纳外资，积极加入国际产业分工，都是其提高经济效益的不二之选，中国又怎么能因为有风险而回避这条路可能带来的巨大红利呢？况且有些事情不去做是永远也猜不到结果的，中国加入WTO就是如此。

当年我们担心自己是"小羊羔"，会被外面来的"狼"吃掉，但数据告诉我们，加入WTO，积极融入世界经济，从总体上加强了中国经济和中国企业的竞争力，我们不但没有被"狼"吃掉，相反还从中获利良多。当然，这种情形所带来的副作用就是中国经常被别人污蔑为"狼"，尤其是挥舞贸易战大棒的美国总统特朗普。不用多说，相关的经济增长在很大程度上仍然是TFP改善带来的。

可以说，1978年以来的中国经济增长，在大多数时候就是一部改善资源配置、提高TFP增长的历史。过去几年，由于种种原因导致中国的结构改革出现了"雷声大、雨点小"的局面，我们的BCI数据也充分地反映了这一点。

图2的企业融资环境与竞争力指数问题我们已经在我们过去的数据报告和数据评论中多次说过了，但最近不但没有改善，还有所恶化。企业竞争力反映的是受访企业在同行业中的相对效率，数值越高，企业在行业中的竞争力越强，效率也就越高。按说这种高效企业应该比较容易受到金融机构的青睐，但企业融资环境指数完全是另一幅景象，这些企业的竞争力指数长期在50以下，这意味着它们是金融市场上的"弱势群体"。高效的企业拿不到资金，那资金去哪里了呢？怪不得TFP上不去。

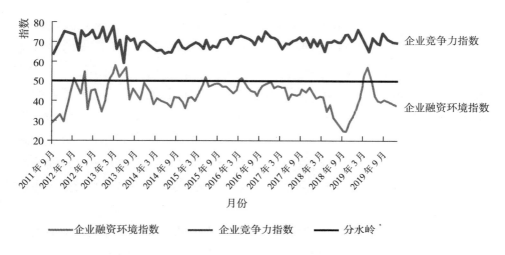

图 2　2011 年 9 月—2019 年 9 月企业融资环境与竞争力指数
资料来源：长江商学院案例研究中心与中国经济和可持续发展研究中心。

现在笔者要把本文的讨论引入政治经济学领域，而这也是笔者认为本文最重要的地方。读过前文的读者很可能会产生这么一个疑问：文章说得头头是道，那我们接下来是不是只要按图索骥、照方抓药即可了呢？很遗憾，事情远没有那么简单。从理论上来说，笔者讲的东西并不复杂，也谈不上什么大的创新，本质上是很多人都知道的事情，但我们为何知道了什么才是合适的政策，仍会在现实面前踟蹰不前呢？这是因为再好的方案都有执行的问题，而执行往往是一个政治经济学问题，而非一个简单的经济学理论问题。

具体来说，结构改革，或者提高TFP的政策，虽然最终会利国利民，但在短期内这些政策都会产生赢家和输家，和很多国际案例相似，这些改革所带来的好处很可能由全民分享，而其代价则往往要由一些利益集团承担。在这样的情况下，我们屡屡看见这样的情形上演：可以得到好处的民众由于在政治上过于分散而成为"沉默的大多数"，而承担代价的少数利益集团由于政治上的集中而形成了远大于其人数比例的政治势力，最后利益集团的意志控制了公共政策，有效的改革延宕多年无法推行。

各位读者千万不要以为这是发展中国家的特有现象，发达国家在这件事情上同样不能幸免。美国金融学家弗雷德里克·米什金曾将美国储贷协会（S&L）的经历视作这方面的经典案例。根据米什金教授的叙述，1986年年底，美国储贷协会危机达到了临界点。储贷协会业的联邦政府存款保险机构——联邦住房贷款银行委员会没有充足的资金来关闭资不抵债的储贷机构。里根总统和美国国会受到储贷协会的积极游说，储货协会不愿提供足够的资金，因此危机继续恶化。1989年年初，老布什总统上台后才开始收拾储贷协会的烂摊子。1989年通过的《金融机构改革、复苏和实施法》和1991年通过的《联邦存款保险公司改进法》最终对储贷协会进行了重组，改善了储贷协会和商业银行的审慎监管基础。米什金教授认为："如果更及时地关闭资不抵债的金融机构，拯救成本就'仅需'500亿美元而不是最终所需的超过1500亿美元（占GDP的3%）。"

在可以预见的未来，能否应对各类利益集团的压力，很可能将是中国经济能否走出目前"险滩"的最大挑战。这方面的讨论目前尚未开始，或许我们要做的第一步将是开诚布公地讨论这些问题，力争杜绝某些利益集团未来对公共政策和公共利益的"劫持"。

中国制造业高质量发展的新方位和新起点

张世贵　中央党校（国家行政学院）报刊社编辑、法学博士
许召元　国务院发展研究中心产业经济研究部第四研究室主任、研究员

2018年中美经贸摩擦以来，中国在实体经济特别是在制造业方面的优势与短板，受到国内外的广泛关注。中美经贸摩擦的核心，在于美国认为中国制造业发展可能对其形成重要的竞争与挑战。这从一个侧面说明，中国制造业已经具有较强的国际竞争力，具有对制造强国形成重大挑战的潜力。另一方面，中美经贸摩擦也凸显出中国制造业在关键技术、核心零部件等环节的巨大短板和薄弱环节。在此背景下，如何看待自2012年前后中国进入工业化

后期以来制造业转型升级的进展，如何准确判断中国制造业在全球的位置，特别是明晰中国制造业的国际竞争力状况、竞争力的源泉和发展态势、面临的主要机遇和挑战，对于更好地理解党中央、国务院提出推动制造业高质量发展的重要意义，明确制造业高质量发展的有效路径，具有重要意义。

中国制造业综合实力已跻身世界制造强国第二方阵

中国制造业综合实力在全球处于什么位置，是政府和企业制定正确发展方向和政策的立足点和出发点。2015年，《中国制造2025》出台，对中国制造业的总体发展水平有一个总体定位：中国处于世界制造业第三方阵前列，美国为第一方阵，德国、日本为第二方阵。做出这一判断的依据，是中国工程院课题组构建的制造强国评价指标体系。中国工程院战略咨询中心和机械科学研究总院联合发布的《2015年度中国制造强国发展指数报告》中指出，2014年中国制造业综合指数为96.36，离第二方阵的门槛100还有一点距离。2015年以来，中国制造业综合指数进步很快。根据中国工程院战略咨询中心、机械科学研究总院、国家工业信息安全发展研究中心发布的《2018中国制造强国发展指数报告》，2017年美国制造业发展综合指数为170.99，德国为124.96，日本为111.84，中国为108.94，韩国为78.11。虽然《2018中国制造强国发展指数报告》仍将中国划为第三方阵，但是，无论是从指数看，还是从制造业的国际竞争力看，中国制造业总体已经跻身制造强国第二方阵之列，和日德属于同一阵营。

1.中国制造业的规模优势更加突出

改革开放以来，中国制造业总规模呈迅速追赶趋势。世界银行的数据显示，1978年，中国制造业增加值为600亿美元，仅为美国的12.2%；2000年以后，连续完成了"三连超"。

2001年，也是中国加入WTO的元年，中国制造业增加值4191亿美元，首次超过德国（4000亿美元），但仅为日本的45.8%、美国的28.3%。可见当时中国制造业的规模与美日仍有相当大的差距。

2007年，中国制造业增加值达到11497亿美元，超过日本当年的9968亿美元，达到美国的62.0%，占美国的比重6年间提高了33.7个百分点。

2010年，中国制造业增加值达到1.9万亿美元，首次赶上美国（18306亿美元）。到2017年时，中国制造业增加值达到3.6万亿美元，为美国的1.67倍，世界第一制造业大国的地位更加稳固。

2.制造业内部转型升级取得持续进展

21世纪以来，中国制造业内部行业结构升级较快。根据发改委的数据，从各行业出口规模看，2002年，中国中高技术制造业总出口额为965亿美元，占出口总额的18.7%，高技术制造业总出口1500亿美元，占比29.1%，到2017年，这两类行业在中国总出口中的比重分别上升9.3个和7.5个百分点。

3.中国在全球价值链中的位置正在不断提升

学术界经常用后向垂直专业化指数和前向垂直专业化指数衡量一国的垂直专业化分工类型及程度高低。后向垂直专业化指数越高表示外国进口价值在一国出口总值中所占份额越大，即后向垂直专业化分工程度越高，前向垂直专业化指数越高表示一国的出口被下游国家用于再出口的比例越高，即前向垂直专业化分工程度越高。后向垂直专业化指数与前向垂直专业化指数的比值可用于反映一国在全球价值链中的大致位置，比值大于1表示一国出口所用的进口中间品多于该国为其他国家出口提供的中间品，说明该国处于价值链的相对低端，比值小于1则表示该国处于价值链的相对高端。中国后向垂直专业化指数对前向垂直专业化指数的比值一度大于1，但随着近年来后向垂直专业化指数的明显下降，2014年后向垂直专业化指数对前向垂直专业化指数的比值开始小于1，说明中国曾长期处于全球价值链中下游位置，但正在转向中上游位置。

从细分行业来看，中国很多行业都出现了本地化程度不断提高的现象，突出表现在不少行业的增加值率不断提高，即在一个单位的出口额中，来自中国创造的增加值份额不断增加，这也是产业升级的一个重要体现。1995年以来，特别是2000年以后，中国纺织服装业、化学工业、运输设备制造业、电子电气设备制造业、机械设备制造业的贸易增加值率均呈现先降后升的趋势，反映了这些行业在中国加入WTO之后，先是大量使用进口零部件用于出口生产，而后再逐步提升零部件国产化率的过程，这是中国制造业在全球价值链分工位置不断提升的重要表现。

中国制造业的国际竞争力仍比较弱

2012年以来，中国制造业面临着成本上升较快的巨大挑战，但是，在全球货物贸易中的份额仍在上升，说明制造业在困难环境下仍然保持了较强的国际竞争力。

1.中国货物出口占全球的份额稳步提升

根据联合国贸易与发展会议的数据，2012年时中国出口占全球的比重为10.1%。2015年中国出口总额达到2.23万亿美元，占世界总出口的14.9%，2016年有所降低，但2017年又回升到14%以上。

2.不少行业已经建立了很强的国际竞争优势

在当前全球一体化充分发展、各国经济深度交融和竞争的情况下，一国产业在全球价值链的位置和产业升级的状况，最终体现在产品的国际竞争力是否稳定提高，尤其是中高技术产业的竞争力是否有所提升上。

2012年以来，中国中等技术制造业国际竞争力稳步提升。2012—2017年，中国中等技术产品的出口额从4183亿美元增加到4735亿美元，增加了13.2%，同期其他制造强国基本处于收缩状态。例如：同期美国从4213亿美元下降到4139亿美元，下降了1.8%；日本下降幅度最大，从3901亿美元降至3405亿美元，降幅达12.7%；韩国从2041亿美元增长到2082亿美元，只微增了2.0%，只有德国从5587亿美元增长到5933亿美元，增长了6.2%，提高幅度较大，但也远低于中国的增长幅度。

中国高技术产品的竞争力也有一定的提高，但竞争力还不稳定。2012年至2017年，中国高技术产品出口总额从6725亿美元增加到7515亿美元，增长11.7%。同期美、德、日、韩四国的高技术产品出口总和从7672亿元增长到8169亿美元，增长6.5%。不过，2016年与2015年相比，中国高技术产品的出口大幅度下降了7.7%，而其他四国仅下降0.9%，说明中国高技术产品的竞争力还不够稳定，知识产权、关键零部件等受国外的制约还较大。

3.中国制造业的优势较为脆弱

无论是从总体规模，还是从市场份额看，中国制造业仍有较强优势，但也要看到，这种优势并不是来自核心技术和品牌等较为持久和难以模仿的因素，较易被其他国家模仿，比较脆弱。

（1）中国制造业尚未形成普遍的核心技术或者品牌优势

中国的核心技术整体仍存在不少短板，与发达国家存在不小差距。近年来，中国在载人航天、高速铁路等多个领域实现了重大突破，但核心技术的突破是一个系统工程，部分领域的突破还不足以形成中国的核心技术优势，与发达国家几十、几百年的长期积淀相比，核心技术的突破仍需更长时间。例如，根据工业和信息化部副部长辛国斌在"2018国家制造强国建设专家论坛"上的发言，工信部对全国30多家大型企业的130多种关键基础材料的调研结果显示，32%的关键材料在中国仍为空白，52%依赖进口，绝大多数计算机和服务器通用处理器约95%的高端专用芯片，70%以上的智能终端处理器及绝大多数存储芯片依赖进口。在装备制造领域，高档数控机床、高档装备仪器、运载火箭、大飞机、航空发动机、汽车等关键件精加工生产线上逾95%的制造及检测设备依赖进口。再如，反映技术水平的重要指标——隐形冠军[①]数量方面，中国也处于落后水平。德国管理学家西蒙教授在2018首届隐形冠军国际研讨会上指出，2014年德国有1307家隐形冠军企业，占全球总量2734家的近一半，美国有366家，日本也有220家，而中国仅有69家，甚至低于法国和意大利。

与技术突破相比，产品品牌的培育更加困难。长期以来，中国不少企业走的是贴牌代工的模式，虽然近年来已经有许多企业注重培育自主品牌，但自主品牌的培育，特别是要形成国际竞争力，需要长时期的培育和用户口碑的积累，在这方面，中国企业仍然任重而道远。2018年，中国在世界企业500强中占据120家，已经非常接近美国的126家，但在世界品牌500强中，中国仅有38家企业入选，而且其中很多企业为非制造业企业。

（2）目前中国制造业的竞争优势主要源于规模经济和产业配套优势

近年来，中国制造业的要素成本已经显著高于东南亚等国。例如，劳动力成本已经是越南、菲律宾等国的2～4倍，电力、土地等要素成本也明显高于这些国家。但是，迄今并未发生大规模的产业转移，主要原因是中国具有产业配套优势。许多企业反映，它们之所以没有转移，甚至有些转出去的企业又回来了，主要因为东南亚等国产业链不完整，缺乏配套能力，基础设施

---

① 指在国内或国际市场上占据绝大部分份额，但社会知名度很低的中小企业。——编者注

也不完善，虽然要素成本较低，但综合成本和生产效率并不比中国高。前些年已经转移的主要是纺织服装等产业链较短、对配套能力要求低的行业。

一些研究成果发现，产业配套对中国企业生产率提高具有重要作用。许召元等发表的论文《产业配套能力对中国制造业生产率的贡献》显示，2000年以来，产业配套能力增强使制造业生产率平均每年提高2个百分点左右，与研发投入对生产率提升的贡献差不多。这说明产业配套能力是中国制造业竞争力的重要来源。

由此可见，当前中国制造业与发达国家相比，不具有核心技术和品牌的优势，与发展中国家相比，也不再具有成本优势，目前主要存在的是规模经济和产业配套优势。还要注意到，这种产业配套优势比较脆弱，并非不可模仿。一方面，随着中国进入新的经济增长阶段，企业数量和规模增长的速度放缓，产业配套能力对制造业企业生产率提升的贡献将呈现下降的趋势。另一方面，随着东南亚国家经济的发展，其产业配套能力也将越来越完善，这些国家虽然经济体量小，不可能打造和中国媲美的完整工业体系，但是，它们集中力量在部分产业形成较完全的配套能力有很大可能。因此，塑造更加根本、更加难以模仿的核心竞争力已经成为中国制造业进一步发展的重要课题。

全球制造业格局变化的新趋势对中国既是机遇也是挑战

一般认为，近代以来，全球已经发生四次技术变革，相应地发生了四次产业革命。第一次是蒸汽技术的发展，带动了纺织、机械、铁路等产业的发展，引发了第一次产业革命，实现了人类历史上的生产机械化，英国引领了第一次产业革命；第二次是电力、内燃机、电磁技术的发展，带动了电力、钢铁、化学等产业的发展，引发了第二次产业革命，生产模式实现了电气化，德、美取代英、法成为新的世界强国；第三次是电子计算技术、自动控制技术、空间通信技术的发展，带动了石化、汽车、计算机和通信、电子商务等产业的发展，引发了第三次产业革命，生产模式实现了自动化和信息化，美国成长为超级大国。

21世纪初以来，新一轮技术变革和产业革命开始孕育并取得了快速发展，新一轮技术革命不仅在物联网、云计算、大数据、3D打印等基于信息通信技术发展起来的数字技术方面取得突破，在基因、仿生、生物医药、新能源、新材料、人工智能等一系列技术方面也取得了较大进展，多方面的技术都出现颠覆性创新的可能，特别是随着智能制造和人工智能的兴起，给全球制造业的发展格局带来深远的影响，也给中国制造业发展也带来新的挑战和机遇。

一是劳动力数量和劳动力成本的重要性降低，发达国家吸引制造业回归的可能性显著增强。二战以后，全球产业转移的基本规律是发达国家将低端制造业向欠发达国家转移，背后的原因在于劳动力成本上升，低端制造业难以招到足够多和合适的劳动力，低端产业的比较优势不断丧失，因而不得不向劳动力成本更低的国家转移。但新一轮产业革命通过智能制造技术特别是低成本智能化机器人替代人工，大幅度降低了对劳动力的需求，劳动力因素在制造业产业分工中的地位和影响日渐弱化，这一变化，既使中国有可能继续保留相当大一部分劳动密集型产业，也使发达国家具有了吸引中低技术产业回流的可能性。

二是产业配套和规模经济的重要性降低，创新能力的重要性更加凸显。新一轮产业革命提高了生产线柔性程度，同一生产线能够生产更多种的产品，甚至各种零部件，产品分工和配套能力的重要性下降，这使得小规模国家也有可能发展起一些以前难以发展的大工业。另外，各种新技术出现的速度比以前有极大提高。传统的以稳定工作、工匠精神塑造高质量优势的国家，比如日本和德国，产业竞争力可能由于适应能力较慢而逐渐削弱，制造业向那些最具创新精神的国家，如中国和美国集聚。

三是厂商个性化、定制化更加普及，生产企业将更加贴近消费地。随着消费者个性化需求程度上升，以及3D打印、工业互联网等柔性制造技术进一步发展，制造业很可能逐步转向就地生产的模式，也就是向企业、向市场目的地扩散，这样会使各国消费规模的重要性进一步上升。中国、美国、欧洲、日本这样的经济大国（经济区）会受益，印度这样的人口大国也可能会受益（但会受到其收入水平和消费能力的制约），生产的分散化会进一步促进区域一体化和贸易自由化的发展。为更贴近市场、更快响应市场需求，企业会更多地选择在消费地进行本地化制造。部分外资企业考虑贴近消费者、规避市场风险、享受发达国家再制造业化政策及中国成本上升等因素，会将在中国的部分外资回流到发达国家。

四是新一轮全球制造业转移可能会打破以前的模式。全球范围内已经出现了四次大规模制造业迁移。第一次在20世纪初，英国将部分过剩产能向美国转移；第二次在20世纪50年代，美国将钢铁、纺织等传统产业向日本、德国这些战败国转移；第三次在20世纪60年代至70年代，日本、德国向"亚洲四小龙"和部分拉美国家转移轻工、纺织等劳动密集型加工产业；第四次在20世纪80年代初，欧美日等发达国家和"亚洲四小龙"等新兴工业化国家，把劳动密集型产业和低技术高消耗产业向发展中国家转移，于是，30多年来，中国逐渐成为第四次世界产业转移的最大承接地和受益者。

根据新一轮产业革命对制造业生产发生的各方面影响，它有可能颠覆传统的产业转移模式。前四轮国际产业转移都表现为经济体发展到一定程度后，将低附加值的劳动密集型产业向欠发达国家转移。如果按照这种规律，今后中国的低端制造业会开始向欠发达国家转移。但新一轮产业可能会出现智能化发展（低成本智能机器代替人），从而大幅度降低劳动力成本的重要性，这有可能使中国能够保持更长时间的竞争力，能够继续保留相当大一部分劳动密集型产业。同时，全球制造业向发达国家回归的现象会越来越多，呈现出发达国家产业"向下延伸"的特点。

塑造基于技术和品牌的核心竞争优势

基于中国制造业发展的新坐标、新方位，面对全球各国加强制造业争夺的新挑战，党中央、国务院提出了促进制造业高质量发展的重大战略，制造业高质量发展的具体方向和政策有很多，其中有三个方面值得高度关注。

一是打造更高质量的产业集群，发挥更高层次的产业集群优势。

产业集群和完善的配套能力是中国重要的制造业传统优势之一，但是，中国传统的产业集群普遍存在规模小、集聚程度不高的问题，当前不少地方的传统产业集群还面临新兴产业的资源及要素侵占和挤压。

在这种背景下，更好地发挥中国规模优势和体制优势，在国家层面、区域层面打造一批系列世界级产业集群，在区域层面打造一批高层次产业集群，很可能会成为中国独特而持久的竞争能力。

中共十九大报告提出，"要加快建设制造强国，加快发展先进制造业……促进中国产业迈向全球价值链中高端，培育若干世界级先进制造业集群"。

2016年《长江经济带发展规划纲要》中，提出要打造电子信息、高端装备、汽车、家电、纺织服装等世界级制造业集群。2019年2月《粤港澳大湾区发展规划纲要》提出：要以珠海、佛山为龙头，建设珠江西岸先进装备制造产业带；以深圳、东莞为核心，在珠江东岸打造具有全球影响力和竞争力的电子信息等世界级先进制造业集群。但不同于以前小范围地区的产业集群，世界级产业集群、高层次产业集群往往跨市甚至跨省，需要综合考虑地区间的合作、信息基础设施、行业研发创新平台、生产性服务业等一系列的支撑。

二是加快技术突破，形成核心技术优势，形成与发达国家在关键技术方面相互制约的格局。

随着中国制造业进一步升级，发达国家可能对中国关键零部件、关键技术"卡脖子"的风险愈加突出。

一方面，要看到全球分工与合作是主流，中国不可能脱离世界去另外构建一套体系，中国需要世界，世界也需要中国。但另一方面，也要引导企业着力提高研发的有效性，提升对关键和引领技术的掌控能力，力争培育出少数具有世界引领作用的关键核心技术，形成在关键技术领域相互制约的竞争格局。

要做到这一点，除了加大研发投入，更要进一步优化科研创新环境，提升创新能力。要进一步研究创新的规律，特别是针对从跟随和模仿式创新转到原发性创新所需要的体制机制环境开展研究，创造宽松的研究氛围，更加尊重、容纳和激发突破式创新，提高创新的质量。发挥好中国创新人才多、综合实力强、高技能劳动力数量多、敬业心强的"两多两强"人力资本优势。还要严格执行知识产权保护政策，加大对侵犯知识产权行为的惩罚和执行力度，克服知识产权侵权案件中的地方保护、国内保护倾向，改变一些企业"赢了官司，输了市场"的现象。

三是进一步降低成本，优化营商环境，防止产业过快转移。

产业对外转移是一个自然规律，但要防止短期内产业过快转移对中国制造业发展带来重大冲击。抑制产业过快转移的关键是着力优化国内营商环境，进一步降低不合理的成本，要通过进一步大幅度降低企业税费，降低物流、人工和制度性交易成本，为技术创新、品牌塑造和转型升级赢得更多的时间和空间。优化营商环境还包括促进房地产行业健康发展，引导房价平稳发展，克服由于房价和房租上涨带来的成本上涨压力，化解钢铁建材等行业的供求矛盾，减少由于基础原材料价格上涨对下游行业造成的成本冲击。

总体来看，近年来中国制造业在面临经济增长阶段转换的新情况、新挑战下，保持了产业持续稳定增长，产业转型升级取得了持续进展，国际竞争力也保持在较高水平。

同时也要看到，中国制造业竞争力的来源还不够稳固，还没有建立稳定和不易被模仿、不易被赶超的基于核心技术和品牌的核心优势，目前的优势容易被其他国家模仿和追赶，因此，需要坚定实施制造业高质量发展的政策，多策并举，促进中国制造业发展迈上新台阶。

激发健康产业发展新动能

杜珂　财新记者（整理）

随着《"十三五"国家科技创新规划》和《"健康中国2030"战略规划纲要》等一系列规划和方案的颁布实施，人民健康被置于中国卫生与健康事业的优先发展地位，改革创新成为卫生与健康事业的核心动力。医保政策调整、药品监管政策持续改革、《中华人民共和国药品管理法》（下称《药品管理法》）等法规的落地、鼓励医疗机构多元化发展等一系列新的政策、法规密集出台，与科学技术的创新一道，为中国健康领域迎来了新的政策环境、机会和挑战。

如何解读当前医疗健康领域一系列的新政策和法规的政策内涵？这些政策和法规会给行业发展带来什么变革？中国医药产业创新之路如何走下

去？第十届财新峰会"财新健康圆桌：新健康·新动能"分论坛上，来自政界、学界和企业界的行业领袖分享了他们对中国医疗健康产业高质量发展的见解。

现状与挑战

经过70年的发展，中国人民的健康水平已有大幅度提高，医疗健康事业取得长足进展，"用相对较小的投入获得了较高的健康绩效"。国家卫生健康委副主任、中国科学院院士曾益新指出，中国在卫生健康科技创新方面取得了一定成果，尤其是2016年以来，在基础研究领域、疾控领域、新药创制领域均取得了一定成果。

但在成果以外，"我们也要清醒地认识到，我国健康科技创新还存在一些亟待解决的突出问题"。曾益新提出，这包括优质卫生资源不足与人民群众日益增长的健康需求间的矛盾，卫生健康服务能力和水平与先进国家存在相当大的差距，科技创新质量和水平仍待提升，原创性科学发现和颠覆性技术研究有待加强。

"未来需要解决的问题并不比过去十年少。"国家卫生健康委员会医药卫生科技发展研究中心副主任代涛提出，随着人民生活水平的提高，多样化、多层次、个性化的医疗健康需求快速增加，叠加老龄化的快速到来和疾病谱的变化，人民健康以治病为中心向以健康为中心转变。然而，服务提供体系、医保、医药难以跟上人民群众的时代需求，"三医联动得也不够"。在供给端，医疗卫生服务体系依然碎片化，服务链条不够长，前端服务和后端服务严重不足。基层和公共卫生体系仍然薄弱，医疗与预防分割，医疗体系不连续、不协同，分级诊疗还没有完全形成。医保水平偏低，统筹层次依然不高，管理专业化、科学化水平仍需提高，支付方式仍不合理，多层次医保体系不健全。医药研发、生产、流通、使用等环节都需要加强。

代涛认为，需求变化要求服务体系拉长，其中最重要的便是转变公立医院的发展模式，从规模扩张转向质量效益，提高质量；管理模式从粗放转向精细，以提高效率为主；投资方向从投资医院发展转向扩大分配，提高待遇转变，构建协同高效、整合的医疗服务体系。"加强基层、分级诊疗、取消药品加成、三医联动、'4＋7'带量采购、DRG支付、一致性评价、支持民营机构等政策，为撬动并转变公立服务体系的发展模式建立了一些基础。"

中国医药企业管理协会常务副会长牛正乾进一步提出，新医保局成立后，招标采购、医保付费改革、医保目录调整、医保基金监管条例等医保方面的综合改革对整个医疗健康产业影响都很大，"医院的药品市场结构的调整，或者说医生这支处方笔如何能够更科学、合理，影响也很大"。

新政及政策效应

从以治病为中心到以人民健康为中心，医保、监管层面一系列政策的出台，正在重构整个医疗健康产业生态，颠覆的不仅是公立服务体系的既往模式，更是医药产业生态。尤其是2019年12月1日施行的新《药品管理法》和《疫苗管理法》，以法律形式固定下2015年以来大部分管理制度创新成果，对行业影响深远。

"'两办36条'在新《药品管理法》中都得到了充分体现。正式实施后，国内医药整个生态会重组，全部链条会改变。"牛正乾提出。"两办36条"即2017年10月，中共中央办公厅和国务院办公厅联合发布的《关于深化审评审批制度改革鼓励药品医疗器械创新的意见》，被视为药审改革的纲领性文件。

新《药品管理法》刚刚开始实施，"三医联动"改革下多种政策的叠加效应已经开始显现，尤其是医保端的相应改革。牛正乾强调，应该特别关注医保付费机制改革，"由过去的按项目付费逐步实现按病种（DRGS）为主的复合付费方式，这更能够发挥市场配置资源的作用"。

对于带量采购，牛正乾认为，其直接结果是加速国内药企分化和淘汰，激烈竞争下的降价提高了药品的可及性，让患者得到实惠，但是，"带量采购和医保付费机制改革下，国内仿制药企业竞争将转向高品质下的低成本模式，很多企业可能被淘汰出局，少量的可能干得下去，更应该考虑可持续性"。

牛正乾进一步展望了政策叠加产生的市场影响。他认为，首先会推动医生和医院分开。医生自由执业后，可离开医院单独组建医院，"这将会改变传统药品推销、营销、学术推广的方式"。其次是医药分开。随着医保付费机制改革，药品不再是医院收入和利润来源。再次是药品批文和药厂分开，最后是分销和配送分开。后两者都得益于上市许可持有人制度落地。"这四个'分开'带来整个生态的重组和产业链的改变。业界最期待的是现在扭曲的产业链能够得到矫正，这需要更多更加合理的政策出台。"牛正乾称。

牛正乾还认为，医院药品市场结构的调整或者医生这支处方笔，对医药企业影响特别大。2019年的《国务院办公厅关于印发国家组织药品集中采购和使用试点方案的通知》中"两个允许"若切实落地，即"允许医疗卫生机构突破现行事业单位工资调控水平，允许医疗服务收入扣除成本并按规定提取各项基金后主要用于人员奖励"，医生的处方行为就会理性、科学，"这个机制形成以后，再来考虑药品企业包括器械、耗材等怎么发展的问题"。

在中央党校（国家行政学院）社会生态教研部教授胡颖廉看来，医保、药审一系列新政的背后是国家治理能力提升的宏观大势所趋，"药品监管作为行政管理体系中的一部分，属于党的十九届四中全会提到的还没有显著优势的制度之一，其本质是处理好政府和市场的关系。"在胡颖廉看来，新《药品管理法》和《中国华人民共和国疫苗管理法》的核心特征为：以人民健康为中心、科学监管、四个最严和社会共治。以人民健康为中心就不是以治病、产业和个别企业的利益为中心，意味着过去粗放的药品和医疗服务的生产方式、行业混乱的竞争局面，以及低质量仿制药的高毛利、暴利时代一去不复返，"整个产业界不论是央企，还是民企，都在进行大规模的疫苗产业兼并重组，这个趋势在药品行业也会很快出现"。

科学监管的核心是要处理好监管和产业发展的关系，即监管制度如何更好地主动地推动产业和技术的进步，实现风险与获益之间的平衡。首个全球治疗阿尔茨海默病的创新药在中国获批上市，这是一个风险和获益平衡的典型案例。接下来类似的案例会越来越多，这是一个立法原则。

四个最严即最严格的标准、监管、处罚和问责。"企业违法违规成本以后会不可估量，去年的长生疫苗事件，企业被罚了90亿元，是涉案金额的3倍，现在法规规定最高可罚30倍到50倍，违规成本和违法成本不可估量，足以让违法违规企业倾家荡产。"胡颖廉说。

社会共治即借助于第三方来认证，这包括第三方稽查、第三方GMP

（Good Manufacturing Practice，良好操作规范）认证。胡颖廉称，第三方认证会取代官方认证，这将成为非常有力的增长点。

胡颖廉提出，在2019年1月国家药监局召开的全国药品工作会议上，已经讲到目前药品监管面临机构改革塑造期、士气重振期、高质量爬坡期和历史遗留问题化解期。"第四个最为关键，目前药品监管领域的质量难题本质是历史遗留问题，比如去年某茅药酒的问题，就是从处方药转化为非处方药过程中的遗留问题，长春长生事件是中国制药企业或多或少都存在工艺变更的问题。"如何化解这些历史遗留问题？胡颖廉表示，监管要做的是在不戳破气球的前提下，让问题漏气漏得更快一点，把水分挤出来，防范和化解重大风险。"盖子一定会一个一个被揭开，什么时候、用什么方式被揭开？对此，大家一定要做好心理准备。"

赋能和转型

政策变革和需求变化，给中国医疗健康企业提出了转型要求。牛正乾认为，医学模式的变化、治疗方式的变化、生物药等可能出现一些意想不到的新领域。"随着'两个允许'的落实、落地，招标采购的进一步完善，药品价格机制如果真正发挥市场调节机制的作用，市场在药品资源配置中也能够充分发挥决定性作用，产品价格虚高或者虚低的企业必须转型，这是唯一发展之道。"

迈瑞生物医疗电子股份有限公司创始人、董事长李西廷则提出，对于医疗器械核心技术已突破领域，应营造同台竞争环境，打破流通环节利益链条，政策应当引导小企业聚焦空白领域创新，加强知识产权保护。李西廷称，当前医疗器械各细分领域，输注泵、冠脉支架、生化试剂、灯床塔、监护仪等产品已基本完成进口替代，血球、麻醉机、呼吸机、超声、大型影像设备等领域已完成技术突破但未完成进口替代，而在骨科关节、化学发光、放疗、透析、内窥镜等领域，还未完成技术突破。2018年中国一、二、三类医疗器械企业分别有9189家、7513家和1997家，行业总体呈现小、散、乱、多的状况，重复投入，浪费资源严重，价格战盛行，劣币驱逐良币。对比行业集中度，中国前20位的医械企业行业集中度2017年达到14.2%，远低于

54.9%这一全球数据。目前，高端医疗仪器市场外国品牌在中国市场占绝对优势，市场占有率在70%~80%，国产大概占20%，"我们就应该让有条件的产品进入公平竞争，一视同仁"。

联影医疗董事长兼首席执行官薛敏提出，高端医疗设备领域有特殊现象，很多原始创新专利早就过期了，这给了中国企业可以站在巨人肩膀上重新发展的机会。同时，"一个企业要想长久地发展，必须掌握核心技术，在创新方面不断发力，只有掌握了核心技术和核心部件，才有长久的未来"。

迎接未来，代涛强调，信息技术的运用最为根本，应该大力发展"互联网＋"及健康医疗大数据的应用。他表示，健康医疗大数据的发展要求大力发展医学人工智能，提高效率以弥补人才的不足，提高质量，降低成本。代涛建议，加大科技创新投入，面对国家重大需求、重大疾病防治等问题，专项投入创新新药、医疗器械，发挥政府和市场的多元作用，同时创新体制机制，推进政府主导和市场机制的结合，推动医研企的结合。

曾益新提出，科技的发展将向健康产业的发展持续注入新的动能，医学将成为前沿技术应用的最大场景，科技在前沿纵深交叉融合，智能信息化等方向的快速发展将进一步推动系统医学、精准医学、智慧医疗的发展，新理论、新技术、新方法将助力医学技术向个性化、精准化、微创化、智能化、集成化和远程化发展，为疾病的诊疗模式带来重大突破，为中国医药卫生事业的发展提供强大的原动力和技术支撑。"脑机接口技术、合成生物学、医学工程技术、基因技术等新技术确实发展很快。一方面，我们要进一步加速将技术用在临床上，加快技术的发展，更早地、更快地惠及老百姓；另一方面，需要政府有些措施，来鼓励技术的转化，加快往市场推进。"

创新之路

中国医疗健康行业如何走上创新发展之路？具体到医药行业，政策端、市场端和研究端同步发力，中国新药研发的机遇已来。清华大学药学院院长丁胜认为，人民对新药、好药的需求不断提升，全球新药研发能力也正在飞速提升，医药领域颠覆性的新技术出现速度越来越快，干细胞、基因编辑、人工智能等研究不仅加快了研发者对个体的认识和对疾病的认知，同时加快了认知能够转化成有效治疗手段的速度。另一方面，科研人才及平台正不断扩展，"只要在生物医药领域，最尖端的技术我们都有人才去做"。丁胜说，而且在新药研发的每一个环节，都有CRO（研发合同外包服务机构）、CDMO（合同开发与加工外包）等外包企业的身影，"代工做得很好，每一个环节都可以做得相当不错"。

在政策端，2015年药品审评审批制度改革启动以来，医疗规划、医保及药监政策改革逐步为新药研发铺平道路，中国制药企业开始进入战略重新调整和产业格局重塑的特殊时期。国内外新药以前所未有的速度进入中国市场，以新药为主业的生物初创企业成规模出现。在融资渠道方面，港交所、上交所纷纷为新药初创企业上市融资敞开大门。与国际接轨，尤其是科学创新能力上的接轨、药监体系接轨和投资环境接轨，也为加速中国新药研发助力。"包括加入ICH（国际人用药品注册技术协调会），在评审上，我们很多政策其实跟美国或欧洲的药监政策同步化，包括数据可以互用，也能加速我们创新药的开发。"丁胜说。

从审评审批端到使用报销端，再到上市退出，中国药品创新之路已经形成一个基本清晰的闭环。麦肯锡的报告也指出，中国已经从2015年全球医药创新第三方阵进入到2018年的第二方阵。然而，中国的医药创新虽然取得了实质性进步，但是，每个环节都存在发展的瓶颈。目前究竟还有哪些提升的空间？如何推进下一步的改革？

丁胜提出，总体而言，中国新药研发仍面临多重挑战。其一是许多以仿制药起家的传统企业要逐渐向研发创新转型，其转型过程可能面临阵痛；其二是中国对基础研究关注不足，相关研究经费与欧美有较大差距，而在热点新药领域却研发扎堆，微妙的国际形势和政策变化也为新药研发的持续性蒙上一层不确定性。最突出的问题还是人才缺乏，"我们有尖端的人才，但是，人才数量远远不足、积累不够，不光是科研人才，包括对投资、对创业有经验的人才远远不足"。丁胜说："我们需要更多的耐心，资本市场也需要进一步成熟。"

生物医药产业具有高技术性、高科技性和高风险性，社会管理和监管科学对于资本市场就十分重要。目前，随着药品监管审批审评制度改革的深入推进，在监管的加持下，交易所对开放生物医药企业IPO的风险大为降低，

"港交所、科创板对零利润的生物企业开放IPO，科创板也对已完成二期临床的创新药研发公司开放上市，一些投资者可以在更早的时间点退出，激励投资者的信心，这在以前是不可能的。"中国医药创新促进会会长宋瑞霖提出，注册制改革能够让国内投资者更加理性，回归到理性价格。

宋瑞霖补充道，新药研发的支撑条件除了基础研究、人才、资金之外，包容失败和不同观点，也是创新型社会必备要素。具体到医保新政对创新药的支持，宋瑞霖认为，通过医药支付让创新药占领更大市场，让每一个品种都能及时进医保目录并不现实，"医保在目前面临两难困境，钱就这么多，人们对健康的需求又越来越高"。

宋瑞霖建议，让医保真的"保基本"，让商业保险为医保分忧。这需要进一步推进改革，拓宽中产阶层购买商业保险的渠道。"现在面临的问题是，国家医保局确定医保目录、谈判价格，但是，筹资的是地方，形成了确定目录部门与筹资部门的脱节，值得商榷。"宋瑞霖认为，中国有14亿人口、南北气候差异、地理差异、用药习俗和疾病谱都不一样，如果全国就一个医保目录，难以满足人们全方位的用药需求。而且，医保缴费是按照工资比例上缴，发达地区人均工资高于西部，缴费金额自然更高，两地的医疗保障在同一个水平存在不公平的问题，也会对各地发展医药创新产生影响。

平衡创新与仿制

让创新成为经济发展的引擎和企业高质量发展之锚，具体到医药领域，一方面需要通过保护知识产权来鼓励创新，另一方面又要让老百姓能够尽可能地使用价格可负担的药品。建立药品专利链接制度、专利期补偿制度和数据保护制度这样一套完善的药品知识产权保护制度，是美国等国际制药强国的基本经验。宋瑞霖提出，美国独有的药品专利链接制度在给予创新药合理数据保护期和专利补偿期的基础上，为仿制药提前上市提供了一条新渠道——专利挑战。该制度从药品注册阶段就为仿制药与创新药搭建了良性竞争的平台，在保护创新药研发热情的同时，鼓励高质量的仿制药生产者进行挑战，实现了创新药和仿制药的平衡，促进了美国医药市场蓬勃发展。如今，美国已发展为全球药品研发的中心，也是许多仿制药企业寻求提前上市的重要市场。"我给出一个数字，美国自从有了这个制度之后，处方药中的仿制药占比从1985年的20%涨到了2016年的90%。所以，这个法案极大地刺激了美国的仿制药的发展；同时，繁荣了美国的创新药。"宋瑞霖说。

2017年10月，中共中央办公厅和国务院办公厅联合发布的《关于深化审评审批制度改革鼓励药品医疗器械创新的意见》第十六条提出，探索建立药品专利链接制度。文件解释称，探索建立药品审评审批与药品专利链接制度，是为了保护专利权人合法权益，降低仿制药专利侵权风险，鼓励仿制药发展。其具体要求是，当药品注册申请人提交注册申请时，应说明涉及的相关专利及其权属状态，并在规定期限内告知相关药品专利权人。如果专利权存在纠纷，当事人可以向法院起诉，期间不停止药品技术审评。对通过技术审评的药品，药监部门根据法院生效判决、裁定或调解书做出是否批准上市的决定。如果超过一定期限未取得生效判决、裁定或调解书的，药监部门可批准上市。

"作为医药政策的研究者，专利链接制度没有写入《药品管理法》，主要原因在于有关部门认识尚未统一，这绝对是一次重大的遗憾。"宋瑞霖说。

中小微企业发展之路

滕泰　万博新经济研究院院长

在新型冠状病毒疫情冲击下，很多中小微企业运营更加艰难，甚至命悬一线，但疫情却并非中小微企业运营困难的全部原因。虽然政府的各项救助措施都是花了真金白银、诚意满满，但也只是帮困难企业缓解短期经营压力以渡难关，长期还得靠企业根据市场的变化，加快创新和转型步伐，以求发展。

明确造成企业经营困难的中长期因素

最后一根稻草可以压垮骆驼，但是骆驼被压垮的最重要原因却不是这根稻草；肺炎疫情让很多中小微企业走到更加艰难的境地，但肺炎疫情却并非中小微企业运营困难的全部原因。

其实，近几年很多民营企业、中小微企业一直都在反映"生意越来越难做"。其背后的原因，有的是周期性问题，比如金融伸缩周期、需求周期、库存和基本建设周期等，更多的其实是长期性问题和受经济结构转型的影响。

从需求侧看，长期性的问题主要有快速工业化的后期阶段传统制造业的增长空间必然长期受限，快速城镇化后期相关的产业已经过了历史最佳发展时期，以及前期与出口高增长相关的企业，在新背景下需求增长速度也必然有所回落。

从供给侧看，长期性的问题主要是劳动、土地和资本等生产要素的供给成本上升问题，以及渐进式改革遗留在很多领域的计划经济"沙砾"——产品和服务的"供给约束"问题，这都需要深化要素市场改革、各行业领域的管理体制改革、逐步扩大放开管制，才能真正让财富的源泉充分涌流。

显然，与上述中长期因素的影响比起来，甚至与这几年由于执行偏差而加重了中小微企业经营困难的"去产能"、"去杠杆"、环保"一刀切"等影响比起来，疫情的冲击真的只不过是"最后一根稻草"而已。

疫情的冲击有多大？短期不能低估，长期不可高估。短期防控措施越严厉，对经济和企业的冲击就越大；同时，短期防控措施越严厉，疫情肆虐的时间就越短，对经济的中长期影响就越小。显然，肺炎疫情本身并不是直接影响经济、冲击中小微企业的原因，新的时代背景和面对疫情的全社会反应模式才是真正值得企业家重视和研究的问题。

想象一下，假设明朝时期，居住在洛阳、长安的商家们聚集在一起讨论"为什么生意越来越难做"的问题，他们能够想到根本原因是万里之外的航海大发现和全球贸易路线的转移吗？他们能够想到海上大船运输的效率远远超过丝绸之路上的骆驼和马车吗？如今我们的中小微企业在面临重大挑战时，能够区分哪些是长期性因素的影响，哪些是短期冲击吗？能够区分哪些是不可逆转的社会潮流和社会行为模式变化，哪些只是疫情防控的影响吗？

积极利用各项政府扶持政策

由于处在连续10年经济增速下行周期的尾端，事关经济和就业稳定，中央政府和各级地方政府格外关注疫情冲击下的民营企业、中小微企业。人民银行、财政部、银保监会等多部委联合发布通知，要求金融机构对有发展前景但受疫情影响暂遇困难的企业，特别是小微企业，不得盲目抽贷、断贷、压贷，对受疫情影响严重的企业到期还款困难的，可予以展期或续贷。财政部已安排了667亿元专项资金用于疫情防控。各级地方政府也分别从加大减负支持力度、加大金融支持力度、加大财税支持力度和加大稳岗支持力度等多个方面，发动一切资源支持中小微民营企业。

由于中小微企业的工资、五险一金、房租占成本支出的主体，且疫情冲击下收入减少、现金储备不足的情况比较普遍，因此，各地政府出台的支持政策中大部分都涉及延期五险一金缴纳、延期缴税、减免商户租金等办法。例如，四川省发布规定中小企业可申请3～6个月的养老、失业和工伤保险费的缓缴期，同时规定承租国有资产类经营用房的中小企业，减免1～3个月房租，并要求省内各地可对减免租金的业主给予适度财政补贴。

由于正常营业受到影响而收入剧减，各地中小微企业大部分在疫情期间都面临着一定程度的资金周转困难。根据《中欧商业评论》的一项调查，很多中小微企业在一两个月内就会有资金周转困难，85.01%的企业资金最多能维持3个月。针对这一情况，各地除积极贯彻中央关于金融支持的政策之外，都出台了协调中小微企业周转资金的支持政策，其中广东在2020年1月31号率先推出了金融支持的7项政策，苏州则在2月2日率先推出了一揽子支持政策，四川省政府推出的各项支持政策不仅可操作性强，而且落实了具体责任部门。例如，在贯彻中小微企业存量或续贷展期、新增贷款的基准利率下浮方面，四川省财政安排了较高比例的再贷款利率补贴，要求确保2020年中小企业信贷规模持续增长、中小微企业综合融资成本下降0.5个百分点。同时作为保障措施，四川省政府承诺，金融机构在疫情防控期间为中小企业提供续贷支持而造成贷款损失的，市（州）、县（市、区）政府给予损失分担，省财政按地方政府承担损失额的50%给予补助。

此外，上海嘉定区在增加小微企业房租补贴方面，北京在安排专项资金支持、山东滨州稳岗返还资金、重庆在降低住房公积金缴纳比例等方面出台的支持政策都各有特色。

以上，无论是"五险一金"延迟缴纳或部分减免，税收的延迟缴纳和部分减免，还是一两个月的房租减免，甚至是少量的贴息贷款、减免担保费及专项资金支持、技术改造资金支持、就业补贴等，都是真金白银的支持，体现了各级政府在能力范围内满满的诚意。考虑到疫情还没有完全受控，防控措施造成的短期市场冲击、供应链冲击、劳动用工冲击还将持续一段时间，中小微企业切不可"轻敌"而不去重视上述政策支持。尤其是受疫情冲击有经营困难或现金周转困难的企业，应认真研究本地出台的支持政策，积极申请相关支持。

然而，这些措施仅仅是中小微企业可以短期渡过难关的借力手段，从长期来看企业还是要靠自身力量来求发展，比如包括员工薪资和大部分企业经营的相关费用都是无法转移的，最终还是要企业自己承担。而要挽回疫情期间的重大经济损失，则更需要依赖疫情受到控制之后的正常经营。归根到底，销售的损失，要靠市场恢复来补偿；供应链的冲击，要靠运转恢复来解决；劳动用工冲击，也要以人们正常出行为前提。

好在"燕子飞了，还有再来的时候；桃花谢了，还有再开的时候"，对于大部分中小微企业而言，只要理性应对危机，以多种方式渡难关，同时抓住当前中国经济的根本矛盾和主要特征寻求发展和转型，春天就一定会来临。

围绕新供给、新需求，加快企业创新转型

从2010年第一季度以来，中国经济增速已经连续10年下行。经历此次肺炎疫情冲击，2020年第一季度很可能创下10年经济增长的季度低点。同时考虑到疫情受控后经济强大的反弹复苏动力，这个低点可能也是未来若干季度的经济低点。

然而，此阶段不仅仅是个经济增速的转折期，也是一个重要结构转型期的关键阶段。宏观上，每一次经济低迷的时候，都会孕育出新的增长力量；结构上，每一次传统产业结构受到冲击最大的时候，几乎都是一轮新供给和新需求的结构升级起点。

1998年曾经是中国经济比较困难的时候，但那一年也是中国互联网新经济的起点，阿里巴巴、腾讯、京东、新浪、网易、百度等几乎都在那一年出现，以新供给创造出如今各种新的需求。

2008年曾经是全球经济的低谷，但以3G/4G、智能手机为代表的移动互联技术带来了新的增长机遇，苹果、谷歌、Facebook的崛起也孕育了各种与移动互联技术相关的新供给，并进而演化出各种新的需求满足模式。

2020年，从新供给路线看，5G通信、人工智能、物联网、新能源、创新药等新技术批量进入新供给形成和扩张期；从新需求视角，以智能手机为载体，各种线上知识消费、文化娱乐消费、信息消费和健康养老、医疗服务等高端服务业等软产业正在将逐渐成为消费的主流。同时，不仅上述新供给、新需求正在带来广阔的经济增长前景，而且越来越多的传统产业也正在加快转型。

面对新的社会行为模式变化，很多传统零售行业、传统服务业、传统制造业也在加快转型。比如，传统零售商物美创造了"物美＋多点Dmall"模式，加快向数字化转型；很多传统汽车制造商加快向新能源汽车转型；以美的、海尔为代表的部分传统家电巨头，也分别引进目标与关键成果法（Objective and Key Results，OKR）、集成产品开发（Integrated Product Development，IPD）战略，甚至量子管理等前沿管理机制，像华为公司一样逐步转型为具备持续新产品开发能力的新型企业组织。

如今面对疫情的冲击，更多的中小微企业也积极利用新技术带来的社会行为模式变化，加快了转型的步伐，以缓解经营压力。例如，疫情期间很多广东的餐饮企业不等不靠，通过提高自身产品标准化、供应餐饮半成品、线上销售、店门前销售，甚至利用食品供给优势服务客户等创新方式来恢复销售，不仅减少了疫情对经营的影响，还降低了成本、提高了收入，探索了新的业务模式。

随着复工期的到来，越来越多的企业为了避免员工被传染和企业被隔离的问题，采取了软性就业、弹性工作制的新管理模式。这样不仅可以降低企业成本，也可以保护员工健康，但是为了配合软性就业和弹性工作制，也建议中小微企业根据自身情况积极引进或借鉴先进的目标管理和关键绩效、关键结果等管理和考核办法，这样不但可以化解疫情冲击，还可趁机带来企业管理效率的提升和效益的提高。

面对疫情冲击，我们一方面要积极利用各种力量，全力化解短期经营压力，同时也应该对长期性问题、结构转型问题和新经济的广阔增长前景有更深刻、更清醒的认识。对大部分中国企业而言，如果不能降低"硬成本"来维持生存，那就必须通过创造更多"软价值"来求发展。之前靠较低的劳动、资源、环境成本来搭乘快速工业化、快速城镇化、出口高增长快车的历史阶段正在过去，而以研发、设计、品牌、创作、创意、便利性、快捷性等美好生活需要为特征的软价值创造时代正在到来。

"沉舟侧畔千帆过，病树前头万木春。"在疫情防控中积极复工的中小微企业，只要能够利用好各项支持政策、想方设法渡过难关，并积极研究经济转型阶段的新规律、适应新变化，就一定能够迎来更广阔的发展空间。